Theorie und Empirie Lebenslangen Lernens

Herausgegeben von
Ch. Hof, Frankfurt/Main, Deutschland
J. Kade, Frankfurt/Main, Deutschland
H. Kuper, Berlin, Deutschland
S. Nolda, Dortmund, Deutschland
B. Schäffer, München, Deutschland
W. Seitter, Marburg, Deutschland

Mit der Reihe verfolgen die Herausgeber das Ziel, theoretisch und empirisch gehaltvolle Beiträge zum Politik-, Praxis- und Forschungsfeld *Lebenslanges Lernen* zu veröffentlichen. Dabei liegt der Reihe ein umfassendes Verständnis des Lebenslangen Lernens zugrunde, das gleichermaßen die System- und Organisationsebene, die Ebene der Profession sowie die Interaktions- und Biographieebene berücksichtigt. Sie fokussiert damit Dimensionen auf unterschiedlichen Aggregationsniveaus und in ihren wechselseitigen Beziehungen zueinander. Schwerpunktmäßig wird die Reihe ein Publikationsforum für NachwuchswissenschaftlerInnen mit innovativen Themen und Forschungsansätzen bieten. Gleichzeitig ist sie offen für Monographien, Sammel- und Tagungsbände von WissenschaftlerInnen, die sich im Forschungsfeld des Lebenslangen Lernens bewegen. Zielgruppe der Reihe sind Studierende, WissenschaftlerInnen und Professionelle im Feld des Lebenslangen Lernens.

www.TELLL.de

Herausgegeben von

Christiane Hof
Goethe-Universität
Frankfurt/Main

Sigrid Nolda
Technische Universität
Dortmund

Jochen Kade
Goethe-Universität
Frankfurt/Main

Burkhard Schäffer
Universität der Bundeswehr
München

Harm Kuper
Freie Universität
Berlin

Wolfgang Seitter
Philipps-Universität
Marburg

Michael Schemmann · Wolfgang Seitter
(Hrsg.)

Weiterbildung in Hessen

Eine mehrperspektivische Analyse

 Springer VS

Herausgeber
Michael Schemmann
Universität zu Köln
Deutschland

Wolfgang Seitter
Philipps-Universität Marburg
Deutschland

ISBN 978-3-658-05359-8   ISBN 978-3-658-05360-4 (eBook)
DOI 10.1007/978-3-658-05360-4

Die Deutsche Nationalbibliothek verzeichnet diese Publikation in der Deutschen Natio-
nalbibliografie; detaillierte bibliografische Daten sind im Internet über http://dnb.d-nb.de
abrufbar.

Springer VS
© Springer Fachmedien Wiesbaden 2014

Gedruckt auf säurefreiem und chlorfrei gebleichtem Papier

Springer VS ist eine Marke von Springer DE. Springer DE ist Teil der Fachverlagsgruppe
Springer Science+Business Media.
www.springer-vs.de

Geleitwort
Jochen Kade

Wer bisher noch meinte, dass Forschung, die von Ministerien, in diesem Fall
vom Hessischen Kultusministerium zusammen mit dem Landskuratorium für
Weiterbildung und Lebensbegleitendes Lernen, in Auftrag gegeben wird, die
sog. (politische) Auftragsforschung, erziehungswissenschaftlich nicht ernst genommen werden müsse, der sieht sich durch die vorliegende Studie zur gegenwärtigen Weiterbildung in Hessen, die auf dem von Michael Schemmann und
Wolfgang Seitter verantworteten Weiterbildungsbericht 2010 basiert, eines Bes-
seren belehrt. Sie stellt einen Markstein in der erziehungswissenschaftlich an-
spruchsvollen Erstellung von Weiterbildungsberichten dar, hinter den man zukünftig nicht mehr wird zurückgehen können. Beschränkten sich Berichte
bislang vor allem auf die Darstellung der Institutionalstruktur, so öffnet diese
Studie nunmehr den Blick für die ganze Komplexität der Weiterbildung, wie sie
von der Erziehungswissenschaft inzwischen als Mehrebenenmodell theoretisch
erschlossen ist. Die Studie fokussiert entsprechend, wenn auch in unterschiedlicher Gewichtung, die Institutionalebene als räumlich, organisationsstrukturell
und thematisch näher bestimmbare Anbieterstruktur, die Politikebene unter dem
Aspekt von Steuerungsformen, die Professionsebene im Blick auf das entwi-
ckelte Spektrum von Reflexionsformen und die Adressatenebene unter der Frage der Weiterbildungsbeteiligung. Es weist diesen Weiterbildungsbericht, und
dies nicht zuletzt, als erziehungswissenschaftlich gediegene empirische Forschung aus, dass neben der detaillierten Bestimmung des Problembezugs die
methodologisch-methodische Reflexion auch in der Darstellung einen relativ
großen Raum einnimmt. Und dies nicht nur unter den Aspekten der Datenerhebung und Datenauswertung, sondern auch im Blick auf das äußerst vielschichti-
ge und zugleich fragile Verhältnis, das Erziehungswissenschaft und Politiksys-
tem im Zusammenhang von Auftragsforschung eingehen. Weder wird sich in
der Studie der Erwartung auf Empfehlungen, die mit diesem, bildungspolitisch
gerahmten Forschungstyp als in der Regel umstrittensten Teil verknüpft sind,
gänzlich verschlossen noch werden Empfehlungen, gleichsam naiv aus den
strukturellen Befunden über die Hessische Weiterbildung abgeleitet, ohne dass
die Folgen für die Erziehungswissenschaft ebenso wie für die Weiterbildungspraxis ausreichend bedacht worden wären. So liest man es etwa mit größter
Aufmerksamkeit, wie theoretisch differenziert und kommunikativ sensibel bei
der Erstellung des Weiterbildungsberichts trotz eines zunächst weit darüber hin-
ausgehenden empirischen Fokus mit der politischen Erwartung umgegangen

wurde, dass Weiterbildung auch unter den Bedingungen einer lebenslaufbezogener Neuausrichtung des Bildungssystems unter dem Stichwort des Lebensbegleitenden Lernens einerseits und einer Regionalisierung der Bildungslandschaft unter den Stichworten Kooperation und Vernetzung andererseits im Kern Öffentliche Weiterbildung ist. Damit sind indes auch bildungspolitische ‚Wahrheiten' verbunden, wie die, dass politisch verantwortete finanzielle Förderung dieser Zentralstellung nicht auch nur annähernd – ein Zufallsfund der Analyse – gerecht wird. Der Studie schließt mit einer skrupulösen Selbstbeobachtung über die im Rahmen von (politischer) Auftragsforschung bestehenden „Grenzen des Sagbaren" ab. Man wird ein solches Schlusswort üblicherweise in diesem Kontext nicht erwarten. Dass die wissenschaftliche Beschreibung eines Feldes mit der „Fokussierung von Perspektiven, der spezifischen Methodisierung von Erkenntnisgewinnung und der entsprechenden Relativierung des Geltungsumfangs von Befunden" nicht nur „selbst höchst voraussetzungsreich" ist, sondern überhaupt auf die „Grenzen von Evidenzbasierung und Verantwortungsdelegation von Politik auf Wissenschaft" verweist, die Bedeutung dieses Ergebnisses der Studie geht weit über diesen Bericht über die Hessische Weiterbildung hinaus. Sie führt mitten in das aktuelle brisante erziehungswissenschaftliche Problemfeld empirischer Bildungsforschung hinein. Nicht nur deswegen ist die Studie äußerst lesenswert.

Inhaltsverzeichnis

Vorwort

Im Jahr 2009 wurde die beiden Herausgeber vom Hessischen Kultusministerium und vom Landeskuratorium für Weiterbildung und Lebensbegleitendes Lernen beauftragt, den Weiterbildungsbericht Hessen 2010 zu erstellen, der dann 2011 vom Ministerium publiziert wurde (vgl. Schemmann/Seitter 2011). Das vorliegende Buch ist hinsichtlich der Texte und Befunde in weiten Teilen mit dem Weiterbildungsbericht identisch. Die einzelnen Aufsätze sind jedoch mit einem umfangreicheren Fußnotenapparat und mit ausgiebige(re)n (Unter-)Kapiteln zur methodischen Reflexion versehen worden. Dies gilt insbesondere für Teil I zur Anbieterstruktur. Die Einleitung und der Aufsatz im Teil V sind neu akzentuiert, der Epilog sowie die Synopse der Gesetzestexte im Anhang sind vollständig neu hinzugekommen.

Wir danken allen Verantwortlichen und Beteiligten im Hessischen Kultusministerium und im Geschäftsführenden Vorstand des Landeskuratoriums für Weiterbildung und lebensbegleitendes Lernen, ohne deren Engagement und dialogische Offenheit weder der Weiterbildungsbericht 2010 noch das vorliegende Buch zustande gekommen wären. Unser besonderer Dank geht an Frau Ilonca Merte für die kompetente Unterstützung bei der technischen Erstellung des Bandes sowie an Francesca D'Ambrosio für ihre Unterstützung bei der Bereinigung und Kontrolle des Datensatzes zur hessischen Anbieterstruktur.

Einleitung

Michael Schemmann/Wolfgang Seitter

In der gegenwärtigen bildungspolitischen Diskussion über das Lebenslange Lernen lassen sich zwei Megathemen identifizieren, welche die zukünftige Verfasstheit der institutionalisierten Weiterbildung zentral berühren. Zum einen ist dies die Frage nach einer lebenslaufbezogenen Neuausrichtung des Bildungssystems unter dem Stichwort des Lebensbegleitenden Lernens, zum anderen die Regionalisierung der Bildungslandschaft unter den Stichworten Kooperation und Vernetzung.[1]

Lebenslaufbezug als *vertikale* und Regionalisierung als *horizontale* Achse bilden zusammen ein Koordinatensystem, das von Weiterbildungseinrichtungen sowohl eine temporal-bildungsbereichsübergreifende als auch eine räumlich-einrichtungsbezogene Öffnung gleichermaßen erfordert. Konkretisiert werden beide Öffnungsperspektiven durch bildungspolitisch lancierte Programme, Initiativen und Projekte wie etwa Bildungspläne, Übergangs- und Schnittstellenmanagement, Lernende Regionen, Lernen vor Ort etc., die zusammen bereits eine erhebliche Steuerungswirksamkeit entfaltet haben. Beide Öffnungsperspektiven berühren allerdings grundlegende Fragen des Selbstverständnisses und der zukünftigen Positionierung von Weiterbildung(seinrichtungen) und werden daher breit diskutiert (vgl. etwa Tippelt u. a. 2009; Dollhausen/Feld/Seitter 2013; für Hessen vgl. etwa Landeskuratorium 2008a,b).

Auch in Hessen lassen sich entsprechende Trends beobachten und haben bereits in der Fassung des Gesetzes zur Förderung der Weiterbildung und des lebensbegleitenden Lernens im Lande Hessen (Hessisches Weiterbildungsgesetz – HWBG) von 2006 einen juristischen Niederschlag gefunden. So werden in § 1 nicht nur Volkshochschulen und Freie Träger als Einrichtungen der Weiterbildung im Sinne des Gesetzes genannt, sondern auch Regionale Zentren des lebensbegleitenden Lernens und Lernende Regionen. In § 4 wird die Zusammenarbeit dezidiert auch auf bildungsbereichs- und trägerübergreifende Netzwerke sowie auf bildungsbereichs- und trägerübergreifende Kompetenzzentren des

---

1 International ist das lebenslange Lernen zu *dem* programmatischen Fluchtpunkt avanciert (vgl. dazu Schemmann 2007; Commission of the European Communities 2006, 2007). Auch in der Bildungspolitik der Bundesrepublik spielt das Lebenslange Lernen eine zentrale Rolle, spätestens seit sich Bund und Länder in der Bund-Länder-Kommission für Bildungsplanung und Forschungsförderung (BLK) im Jahre 2004 auf eine gemeinsame Strategie für das Lebenslange Lernen verständigt haben. Zudem sind mit den Programmen ‚Lernende Region' und ‚Lernen vor Ort' wichtige Impulse im Blick auf Regionalisierung und Vernetzung gesetzt worden.

Lebensbegleitenden Lernens fokussiert. Die Formulierungen des Gesetzes lassen sich sowohl in deskriptiver als auch präskriptiver Weise interpretieren: Sie nehmen bereits vorhandene Entwicklungstrends auf und wollen gleichzeitig zur Institutionalisierung entsprechender Entwicklungsprozesse beitragen. Diese Gleichzeitigkeit von Deskription und Präskription zeigt das Spannungsfeld, in dem sich die hessische Weiterbildungslandschaft bildungspolitisch und institutionell bewegt und das vor allem in der Hessencampus-Initiative des Landes seinen prägnanten Ausdruck findet.[2]

Die Brisanz dieser bildungspolitischen Tendenzen wird dadurch erheblich verstärkt, dass viele Bundesländer ihre – die regionalen Weiterbildungsstrukturen – fundierenden Landesgesetze befristet haben. Dadurch entsteht seitens der Politik die Notwendigkeit, aber auch die Möglichkeit, in regelmäßigen Zeitabständen die regionalen Weiterbildungslandschaften neu zu vermessen und sich der eigenen bildungspolitischen Zielsetzungen und Prioritäten zu vergewissern. Begleitet wird dieser Vergewisserungs- und Neujustierungsprozess in der Regel durch die Vergabe entsprechender Gutachten, Berichte und Evaluationen, welche die Aufgabe haben, die weiterbildungsbezogenen Institutionalstrukturen des jeweiligen Bundeslandes zu beschreiben und Empfehlungen für die zukünftige Entwicklung abzugeben.[3]

In Hessen ist die Erstellung von Weiterbildungsberichten seit 2001 gesetzlich geregelt. So formuliert das Hessische Weiterbildungsgesetz von 2006 in § 22, Abs. 1 folgendermaßen: „Das Hessische Kultusministerium beruft ein Landeskuratorium für Weiterbildung und lebensbegleitendes Lernen. Dieses hat die Aufgabe, (…) die Weiterbildung durch Gutachten, Empfehlungen und Untersuchungen zu fördern und zu entwickeln und alle vier Jahre gemeinsam mit dem Hessischen Kultusministerium einen Weiterbildungsbericht vorzulegen, der

---

2 Hessencampus ist eine seit 2007 vom Land Hessen geförderte Initiative mit dem Ziel, durch eine staatlich-kommunale Entwicklungspartnerschaft zu einer regionsbezogenen Vernetzung (weiter-)bildungsrelevanter Akteure zu kommen. Die Frage, ob und wie Hessencampus aus der Projekt- in die Regelförderung des Landes übernommen und wie das Hessische Weiterbildungsgesetz entsprechend weiterentwickelt werden sollte, war einer der Knackpunkte bei den Diskussionen über die Gesetzesnovellierung (vgl. hierzu auch die Synopse im Anhang dieses Bandes).

3 Schon in den 1990er Jahren sind auf diese Weise eine Reihe von Gutachten und Evaluationen in Auftrag gegeben worden, so etwa für Hessen, Nordrhein-Westfalen, Schleswig Holstein, etc. (vgl. im Überblick Nuissl/Schlutz 2001). Diese Praxis ist bis heute fortgeführt worden, neben dem Weiterbildungsbericht Hessen 2010 ist hier in jüngerer Zeit sind vor allem die Evaluation der Wirksamkeit der Weiterbildungsmittel des Weiterbildungsgesetzes NRW (vgl. DIE 2011) und die Evaluation der regionalen Weiterbildungsverbünde Schleswig-Holstein (Ambos u.a. 2013) zu nennen. Die Studie von Josef Schrader (2011a) über die Entwicklung der Weiterbildung in Bremen unterscheidet sich von den o.g. Gutachten und Weiterbildungsberichten auf Landesebene insofern, als hier zum ersten Mal mittels Programmanalysen der Weiterbildungsanbieter in Bremen eine Längsschnittanalyse über zwei Jahrzehnte durchgeführt worden ist.

Aussagen zur Zielerreichung auf der Grundlage eines qualitativen und betriebswirtschaftlichen Kennzahlensystems trifft".[4]

Im Jahre 2005 wurde der erste Bericht vorgelegt (vgl. Faulstich/Gnahs 2005), in dem ,Systemstrukturen der Weiterbildung in Hessen' vor allem im Hinblick auf Fragen der finanziellen und institutionellen Struktur analysiert, Befunde aus einer Befragung von insgesamt 46 Weiterbildungseinrichtungen (u. a. VHS, Schulen für Erwachsene, Hessenkollegs) sowie weiteren Experteninterviews zusammengefasst, ,Tendenzen und Innovationen in der hessischen Weiterbildung' beschrieben und ,Gesamteinschätzungen und Empfehlungen' abgegeben wurden.[5]

Der zweite Weiterbildungsbericht von 2010 (vgl. Schemmann/Seitter 2011) schloss einerseits an diesen ersten Weiterbildungsbericht an – im Sinne der Entwicklung eines kontinuierlichen Berichterstattungssystems für die Weiterbildung in Hessen. Andererseits fokussierte er die o. g. zentralen Problemlagen des Lebenslaufbezugs und der Regionalisierung von Weiterbildung und fragte, vor welchen Herausforderungen und Relationierungsaufgaben die hessische Weiterbildung mit Blick auf die vertikale und horizontale Öffnung steht. Dabei bezog sich der Bericht nicht nur auf das Anbieterspektrum der öffentlich finanzierten Weiterbildung, sondern untersuchte diese im Kontext einer breiteren Mehrebenenperspektive.

Konkret umfasste der Weiterbildungsbericht 2010 vier komplementäre Untersuchungsdimensionen: Anbieterstruktur, Steuerung, professionelle Reflexionskultur und Teilnahmestruktur:

Mit Blick auf die *Anbieterstruktur* wurde eine Vollerhebung der hessischen Weiterbildungsanbieter durchgeführt, um einerseits Aussagen über Segmente von Weiterbildungsanbietern treffen zu können, andererseits aber auch das komplexe Relationsgefüge der Anbieter insgesamt in den Blick nehmen zu können (Institutionalebene).

Für die *Steuerungs*thematik wurden die verschiedenen Steuerungspolitiken erhoben, die über Gesetze, förderpolitische Anreize und Programme sowie das ministerielle Expertisewissen insgesamt die Struktur der hessischen Weiterbildung beeinflussen (Politikebene).

---

4 In der Fassung von 2001 lautete die gesetzliche Grundlage in § 22, Abs. 2 wie folgt: „Das Landeskuratorium führt in Zusammenarbeit mit dem Hessischen Kultusministerium alle zwei Jahre eine Weiterbildungskonferenz durch [...] Aufgabe der Konferenz ist es, einen Weiterbildungsbericht vorzulegen." In der gegenwärtigen Fassung des HWBG heißt der entsprechende Passus im § 18 wie folgt: Das Landeskuratorium hat die Aufgabe, „in der Regel alle vier Jahre gemeinsam mit dem Hessischen Kultusministerium einen Weiterbildungsbericht vorzulegen, der qualitative und quantitative Aussagen zur Zielerreichung dieses Gesetzes trifft."

5 Einen Vorläufer der hessischen Weiterbildungsberichte stellt die Untersuchung von Faulstich u.a. (1991) Anfang der 1990er Jahren dar.

Hinsichtlich der *professionellen Reflexionskultur* wurden die Reflexionsorte und -medien analysiert, an denen und durch die die professionellen Akteure in einen Diskurs miteinander treten, um die Verschiebungen des Feldes, der eigenen beruflichen Identität und der daraus abgeleiteten professionellen Entwicklungsaufgaben zu reflektieren (Professionsebene).

Schließlich wurde das *Teilnahmeverhalten* untersucht und über sekundärstatistische Analysen das Weiterbildungsverhalten der hessischen Bevölkerung in einer Binnenperspektive bestimmt (Adressatenebene).

Eine derartige Struktur des Weiterbildungsberichts bedeutet – im Verhältnis zum ersten Weiterbildungsbericht – eine Erweiterung und Fokussierung gleichermaßen. *Erweitert* wird das in den Blick genommene Spektrum an Einrichtungen und Steuerungspolitiken auch jenseits des Geltungsbereichs des Hessischen Weiterbildungsgesetzes. *Fokussiert* wird die Struktur des Weiterbildungsberichts durch den Problembezug, der aus unserer Sicht aus der Notwendigkeit des Feldes resultiert, eine Positions- und Relationsbestimmung mit Blick auf die doppelte Öffnungsanforderung (temporal und regional) vorzunehmen. Dies ist insbesondere auch und gerade eine professionelle Reflexionsaufgabe, weshalb für uns die Analyse der professionellen Reflexionskultur zentral zum Konzept des Weiterbildungsberichts gehört. Schließlich wird erst mit der Aufnahme der Nachfrageseite das Gesamtbild der hessischen Weiterbildungslandschaft komplettiert. So ist es möglich, genauere Aufschlüsse über beteiligungsbezogene Parameter im internen und externen Vergleich zu bekommen.

Methodisch basiert der Weiterbildungsbericht auf einer Kombination aus quantitativen und qualitativen Methoden. Verfahren der deskriptiven und schließenden Statistik werden verknüpft mit Dokumentenanalysen und inhaltsanalytischen Auswertungsverfahren.[6] Neben der Erhebung und Sichtung der ,natürlichen' Daten im Feld war für uns allerdings auch und gerade ein dialogisches Verfahren von Bedeutung, das auf die Beteiligung der Akteure im Prozess setzte und sie schon bei der Konzeption und Datenerhebung aktiv mit einbezog. Insbesondere die beiden Dimensionen der Steuerung und der Reflexionskultur waren ohne das Expertenwissen der Akteure kaum zu bearbeiten. Die regelmäßige Kommunikation mit dem geschäftsführenden Vorstand des Landeskuratoriums sowie die zahlreichen Gespräche mit Vertreterinnen und Vertretern der Weiterbildungseinrichtungen wie der Ministerien stellten insofern zentrale Bestandteile einer dialog- und feldbezogenen Datenerhebung und -auswertung dar.[7]

---

6   Eine genauere Beschreibung der methodischen Vorgehensweisen findet sich in den jeweiligen Aufsätzen des Buches.
7   Zu den Herausforderungen und Schwierigkeiten einer derart dialogorientierten Berichterstellung vgl. Teil V und Epilog.

Die Gliederung des Bandes erfolgt entlang der vier zentralen Untersu-
chungsebenen Struktur (Teil I), Steuerung (Teil II), Reflexionskultur (Teil III)
und Weiterbildungsbeteiligung (Teil IV). Teil V bindet zentrale Ergebnisse der
Studie fokussiert zusammen. Im Anhang finden sich Abbildungen und Tabellen
zu den einzelnen Teilen sowie eine Synopse des Hessischen Weiterbildungsgesetzes in den zwei Fassungen von 2006 und 2012.

I Anbieterstruktur – Institutionalebene

Anbieterstruktur der hessischen Weiterbildung. Zur Einführung

Franziska Loreit/Michael Schemmann/Dörthe Herbrechter

Allgemein ist immer wieder die Klage über die Unübersichtlichkeit des Weiterbildungsbereichs und die damit verbundene Schwierigkeit zu vernehmen, Transparenz über die bestehende Struktur herzustellen. „Es ist angesichts der Unabgegrenztheit und Unübersichtlichkeit des Feldes sowie der ungesicherten Datenlage äußerst schwierig, auch nur ansatzweise einen Überblick zu gewinnen" (Faulstich/Gnahs 2005: 11). Dies wird wesentlich auf die plurale und subsidiäre Verfasstheit der Weiterbildung zurückgeführt, denn im Unterschied zum Schul- und Hochschulsystem ist die Weiterbildung durch Trägerpluralismus zu kennzeichnen (vgl. Strunk 2005; Wittpoth 2003; Dietrich 2007a). Begleitet wird diese Einschätzung nicht selten durch die Klage über eine lückenhafte, keine den gesamten Weiterbildungsbereich umfassende und wenig einheitliche Datengrundlage, die zudem mit zum Teil hohen Fehlerquoten behaftet ist (vgl. u.a. Bellmann 2003; Dietrich 2007a). Gleichwohl sind gerade in jüngster Zeit vermehrt Aktivitäten zu beobachten, die darauf zielen, die Struktur des Weiterbildungsbereichs zu erfassen oder gar die Systemgestalt abzubilden (vgl. u.a. Grotlüschen/Beier 2008). Ambitioniertestes Projekt in diesem Zusammenhang ist die im Jahre 2008 vom Deutschen Institut für Erwachsenenbildung (DIE) durchgeführte bundesweite Erhebung unter dem Titel ‚Weiterbildungskataster' (vgl. Dietrich/Schade/Behrensdorf 2008; vgl. Homepage des DIE). Als Ziel weisen die Autoren Folgendes aus: „Das Projekt strebte an, eine um möglichst hohe Vollständigkeit bemühte Erfassung der Weiterbildungsanbieter in Deutschland durchzuführen, um einerseits für die Neuauflage des wbmonitor ein aktuelles Verzeichnis der in diesem Bereich agierenden Anbieter zu erarbeiten und andererseits durch nachfolgende Aktualisierungen Veränderungen in der institutionellen Struktur abzubilden" (Dietrich/Schade/Behrensdorf 2008: 5). Die Studie kommt nach diversen abwägenden Schritten zu einer Schätzung von etwa 25.000 Weiterbildungsanbietern in Deutschland (vgl. ebd.: 24).

Auch in Hessen hat es Versuche gegeben, Strukturdaten von Weiterbildungsanbietern zu erfassen. Dabei reichen die Initiativen von einer Studie über Gesamthessen Ende der 1980er Jahre (vgl. Faulstich u.a. 1991) über eine Erhebung des Frankfurter Weiterbildungsmarktes (vgl. Dröll 2001) bis zu einer Studie, die für die Stadt und den Landkreis Gießen 2008 von Herbrechter, Loreit und Schemmann (vgl. Herbrechter/Schemmann 2008) vorgelegt wurde.

An das Konzept, die Erhebungsinstrumente und auch die Auswertungsstrategien der letztgenannten Studie wird mit dem Teilprojekt „Anbieterstruktur" des Hessischen Weiterbildungsberichts 2010 angeknüpft. Verbunden ist damit das Ziel, die in den Landkreisen und Städten Hessens ansässigen Weiterbildungsanbieter möglichst vollständig zu erfassen und dabei ausgewählte Strukturdaten zu erheben, die Aufschluss über das gesamte Funktionsgefüge der Weiterbildung geben, aber auch interregionale Vergleiche erlauben. Die empirische Erfassung des hessischen Anbietergefüges im Zeitraum von Juli 2009 bis Juli 2010 stützte sich dabei auf eine internetbasierte Datenrecherche von Weiterbildungseinrichtungen mit eigenständigem, regelmäßigem und offenem Angebot innerhalb der hessischen Landesgrenzen. Zur Datenkontrolle und -ergänzung sind in einem zweiten Schritt telefonische Befragungen mit den so identifizierten Anbietern durchgeführt worden (vgl. Loreit in diesem Band). Insgesamt sind für das Bundesland Hessen 1.478 Weiterbildungseinrichtungen einbezogen sowie organisationsbezogene Strukturdaten erhoben worden. Mehrheitlich verfolgen diese Anbieter gemeinnützige Zwecke (67%, n = 953) und sehen ihr Haupttätigkeitsfeld, obgleich eines regelmäßigen Weiterbildungsangebots, nicht im Bereich Weiterbildung (60%, n = 871). Im Schnitt sind sie Anfang der 1970er Jahre (MEAN 1971; SD 39) gegründet worden. Der thematische Schwerpunkt liegt im Bereich der beruflichen Weiterbildung (53%, n = 786), denn im Vergleich ordnen lediglich 12% (n = 176) der befragten Anbieter ihr Angebot ausschließlich der allgemeinen Weiterbildung zu. (vgl. Schemmann/Herbrechter/Loreit in diesem Band)

Der vorliegende Beitrag fokussiert, ohne den ergebnisdarstellenden Teil des Projekts vorwegzunehmen, ausgewählte zentrale Befunde und kennzeichnet daran zwei Aspekte näher, die im Auswertungsprozess des Projektes kontinuierlich mit verfolgt worden sind: Einerseits in historischer Perspektive bildungspolitische Forderungen bezüglich eines flächendeckenden Mindestangebots an Weiterbildung und andererseits auf eine Gestaltungswirkung hinweisende Spuren im zum Zeitpunkt der Erhebung gültigen hessischen Weiterbildungsgesetz (HWBG).

In bildungspolitischen Programmatiken hat es über die Jahrzehnte hinweg immer wieder die Forderung gegeben, ungleichen Lebensverhältnissen entgegenzuwirken und in diesem Zusammenhang Bildung flächendeckend und in der Breite zugänglich zu machen. Die weiterbildungspolitische Programmatik hebt dabei insbesondere auf die Strukturierung des Anbietergefüges und des Angebots ab. So findet sich zum einen, mit ausdrücklichem Verweis auf regional differente Zugangschancen, die Forderung nach einem Mindestangebot an Weiterbildung und zum anderen die Forderung nach der Sicherstellung von Angeboten aus den Bereichen allgemeiner, politischer und beruflicher Weiterbildung

(Deutscher Bildungsrat 1975: 363 ff.). Der Deutsche Bildungsrat formuliert die entsprechenden Entwicklungsziele wie folgt:

„Die Bildungspolitik verfolgt das Ziel, den einzelnen zu befähigen, sein individuelles und gesellschaftliches Leben selbständig zu gestalten. Dieses Ziel kann nur unter Einbeziehung einer lebenslangen Weiterbildung verwirklicht werden. Es deckt sich gleichzeitig mit den gesamtgesellschaftlichen Erfordernissen einer kontinuierlichen Weiterbildung für eine große Zahl von Menschen. [...] Den berechtigten Interessen an allgemeiner, politischer und beruflicher Weiterbildung kann aufgrund regional unterschiedlicher Gegebenheiten nicht überall in gleichem Maß entsprochen werden. Die Bildungspolitik im Bereich der Weiterbildung sollte jedoch einen Abbau der regional ungleichen Weiterbildungschancen anstreben. Dazu ist es notwendig, ein diesen Zielen entsprechendes Mindestprogramm flächendeckend sicherzustellen und die Inanspruchnahme dieses Angebots zu fördern" (Deutscher Bildungsrat 1975: 364).

Im Anschluss an diese bildungsprogrammatischen Forderungen sind regionale Disparitäten vor allem hinsichtlich eines Stadt-Land-Gefälles der Weiterbildungsdichte (Unterrichtsstunden je 1.000 Einwohner) vereinzelt thematisiert und untersucht worden (vgl. für Hessen z.B. Klaus-Roeder 1983). Und vor diesem Hintergrund wurde staatlichen Steuerungsinstrumenten wie den Weiterbildungsgesetzen die Funktion zuteil, einer Unterversorgung ländlicher Regionen entgegenzuwirken (vgl. Weishaupt/Böhm-Kasper 2009). Auch im Hessischen Weiterbildungsgesetz sind, ganz im Sinne der Realisierung der Forderungen des deutschen Bildungsrates, hierzu Regelungen enthalten, mit dem Ziel der Förderung einer flächendeckenden (Grund-)Versorgung der hessischen Wohnbevölkerung (vgl. HWBG §3 und §15, Abs. 2). Der mit dem Weiterbildungsbericht Hessen 2010 verbundenen Untersuchung des hessischen Anbietergefüges in regionaler Perspektive liegt deshalb unter anderem die Annahme zugrunde, dass diese staatliche Einflussnahme in Form des HWBG die regionale Anbieterstruktur prägt und dazu beiträgt, dass vor allem öffentliche und öffentlich geförderte Einrichtungen die Funktion der Versorgung des ländlichen Raumes übernehmen und stärker als andere Anbieter auch in weniger verdichteten Regionen zu finden sind.

Das zur Bevölkerungsdichte der drei Regierungsbezirke analoge Verteilungsmuster der hessischen Anbieter – in der einwohnerstärksten Region Südhessen sind zugleich 61% (n = 905) der hessischen Anbieter vorzufinden – deutet auf regionale Unterschiede hin. Dies zeigt sich auch unter Berücksichtigung der strukturräumlichen Gliederung, denn hier wird eine Konzentrierung der Anbieter in Verdichtungsräumen (67%; n = 994) sichtbar. Um nun die zuvor formulierte These zu überprüfen, ist eine bivariate Auswertung der Variablen „Anbietertyp" und „Strukturraum" vorgenommen worden.

Anhand dieser kreuztabellarischen Betrachtung lässt sich zum einen nachvollziehen, dass die hessische Weiterbildungslandschaft deutlich durch private (37%, n = 509) und durch von Vereinen oder Verbänden getragene Anbieter

(17%, n = 234) geprägt ist. Allein auf diese zwei der insgesamt 13 Ausprägungen des Merkmals ‚Anbietertyp' entfallen immerhin rund 50% (n = 743) der erhobenen Einrichtungen. Ihre zahlenmäßige Überlegenheit spiegelt sich auch in den einzelnen regionalen Strukturräumen wider: Im ländlichen Raum, Ordnungsraum und Verdichtungsraum sind wiederum private Anbieter und Anbieter in der Trägerschaft eines Vereins oder Verbandes am häufigsten vertreten.[1] Innerhalb der hessischen Weiterbildungslandschaft ist also, relativ unabhängig von den regionalen Bedingungen, eine vermehrte Ausgründung privater Einrichtungen zu konstatieren. Dieser Trend einer verstärkten Konstituierung privater Anbieter wird in der Grundlagenliteratur für den bundesdeutschen Weiterbildungsbereich insbesondere auf die veränderte Förderungspraxis durch die Arbeitsagenturen seit Beginn der 1990er Jahre zurückgeführt (vgl. Faulstich 2008: 265). Mit ihrer durchschnittlichen Gründung im Jahre 1990 (MEAN 1990; SD 20) scheint sich diese Entwicklung der privaten Anbieter auch in Hessen sukzessive vollzogen zu haben.

Zum anderen macht die bivariate Auswertung von ‚Anbietertyp' und ‚Strukturraum' aber auch darauf aufmerksam, dass ungeachtet der relativ großen Anzahl privater Anbieter in den einzelnen Strukturräumen insbesondere öffentliche Anbieter etwa ein Viertel ihrer Einrichtungen auf dem Land ansiedeln (VHS: 29%, n = 9; Berufliche Schulen: 25%, n = 28), wohingegen innerhalb des privaten Anbietertyps nur 16% (n = 80) auf den ländlichen Raum entfallen. Obgleich die hessische Weiterbildungslandschaft also zu einem Drittel deutlich von privaten Anbietern geprägt ist, scheinen vor allem die öffentlichen Einrichtungen dem Auftrag eines flächendeckenden Grundangebots verpflichtet zu sein. Ungeachtet ihrer geringeren Häufigkeit, hat sich im Vergleich ein größerer Anteil der existierenden öffentlichen Einrichtungen in einem strukturschwächeren Raum niedergelassen.[2] Diese Befundlage scheint die zuvor formulierte Annahme, dass vor allem öffentliche Anbieter die Funktion der Versorgung des ländlichen Raumes mit Angeboten erfüllen, zumindest in Teilen zu stützen. Denn obwohl der Weiterbildungsbereich in Hessen stärker als angenommen von privaten Anbietern bestimmt ist, sind es die öffentlichen Anbieter, die einen erkennbar höheren Anteil ihrer verfügbaren Einrichtungen ländlich konstituieren.

1　Private Anbieter: Ländlicher Raum: 33%, n = 80; Ordnungsraum: 35%, n = 78; Verdichtungsraum: 38%, n = 351, Einrichtung eines anderen Vereins oder Verbandes: Ländlicher Raum: 23%, n = 57; Ordnungsraum: 16%, n = 36; Verdichtungsraum: 15%, n = 141. Eine Ausnahme stellt der Verdichtungsraum dar. Hier zählen mit 38%, mit 16% und mit 15% private Anbieter, Vereine und Einrichtungen eines anderen Vereins oder Verbandes zu den am häufigsten vertretenen Einrichtungen.

2　Keine Berücksichtigung finden allerdings aufgrund der Anbieterdefinition des Projektes dezentrale Angebotsstrukturen, wie sie zum Beispiel von Volkshochschulen zur Bereitstellung wohnortnaher Bildungsveranstaltungen vorgehalten werden.

Neben der Bedeutsamkeit regionaler Präsenz von Weiterbildungsanbietern wird vom Deutschen Bildungsrat die Angebotsbreite als weiterer zentraler Aspekt betont (vgl. Deutscher Bildungsrat 1975: 363 ff.). Als Einrichtungen, die dieses Ziel prototypisch verfolgen, können die Volkshochschulen gelten, die auch in historischer Perspektive Themenvielfalt in Orientierung an gesellschaftlichen Erfordernissen und biografischen Bedürfnissen immer wieder thematisieren und postulieren (vgl. Wittpoth 2006: 159; Deutscher Volkshochschul-Verband e. V. 2011: 14 ff.).

Die Analyse der hessischen Anbieterdaten hinsichtlich der durchschnittlich angebotenen Anzahl an Themen je Anbietertyp bildet die von Volkshochschulen propagierte Breite des Themenspektrums (vgl. ebd.: 30 ff.) auch empirisch ab. Durchschnittlich halten die hessischen Weiterbildungseinrichtungen Angebote aus fünf Themenbereichen vor (MEAN 5; SD 3,8; MIN 1, MAX 23; n = 1.393). Das thematische Angebot der Volkshochschulen deckt jedoch mit im Mittel 16 Themen[3] (SD 5) im Vergleich deutlich mehr inhaltliche Bereiche ab. Ebenso tragen in der Tendenz partikulare Anbieter wie Einrichtungen politischer Parteien (MEAN 8; SD 6) zur thematischen Angebotsbreite bei. Einschränkend ist jedoch hinzuzufügen, dass diese Angaben dabei nicht den Umfang der in den jeweiligen Themenbereichen durchgeführten Unterrichtsstunden, den Anteil am Gesamtangebot oder die Teilnahmequoten berücksichtigen. Hinweise auf eine gezielte, politisch initiierte Förderung thematischer Breite liefert wiederum das HWBG. So liegt der finanziellen Förderung, genauer der Bezuschussung von durchgeführten Unterrichtsstunden, ein Themenkatalog zugrunde, der nicht nur die zum Zwecke der Gewährleistung einer Grundversorgung errichteten öffentlichen Einrichtungen wie die Volkshochschulen, sondern auch anerkannte freie Träger zur Durchführung von Veranstaltungen aus mindestens drei Themenbereichen[4] verpflichtet (vgl. HWBG § 10, Abs. 2 und § 15, Abs. 3). Die Daten zur hessischen Anbieterstruktur scheinen also die Annahme, dass öffentliche Weiterbildungsanbieter zu einem breiten Themenangebot beitragen, in der Tendenz zu bestätigen.

Zusammenfassend lassen sich anhand der beiden ausgewählten Befunde exemplarisch Strukturen des hessischen Anbietergefüges nachzeichnen, die auf den Stellenwert öffentlicher und öffentlich geförderter Einrichtungen und einen

---

3 Der Angabe liegt die Auswertung eines aus insgesamt 24 Antwortkategorien bestehenden Mehrfachantworten-Sets zugrunde.

4 „[Das] Bildungsangebot [der Einrichtungen der Weiterbildung und des lebensbegleitenden Lernens] umfasst Inhalte, die die Entfaltung der Persönlichkeit fördern, die Fähigkeit zur Mitgestaltung des demokratischen Gemeinwesens stärken und die Anforderungen der Arbeitswelt bewältigen helfen. Es umfasst die Bereiche der allgemeinen, politischen, beruflichen und kulturellen Weiterbildung sowie der Weiterbildung im Zusammenhang mit der Ausübung eines Ehrenamtes und schließt die Vorbereitung auf den Erwerb von Schulabschlüssen sowie Gesundheitsbildung, Eltern-, Familien-, Frauen- und Männerbildung ein" (HWBG § 2, Abs. 1).

Zusammenhang mit bildungsprogrammatischen Zielvorstellungen und gesetzlichen Strukturierungsversuchen verweisen. Bestrebungen, wenig verdichtete Regionen stärker mit Bildungsangeboten zu versorgen und insgesamt Themenvielfalt zu fördern, finden sich bereits in Veröffentlichungen des deutschen Bildungsrates (1975) und im hessischen Weiterbildungsgesetz. Besonders zum Tragen kommt dies im Bereich des thematischen Angebots, denn Volkshochschulen weisen mit Abstand ein deutlich breiteres Themenspektrum als andere Anbietertypen aus und stellen dadurch für unterschiedliche Interessen Angebote bereit. In Bezug auf die regionale Verteilung kommt zum einen den privaten Bildungsanbietern und Einrichtungen in der Trägerschaft von Vereinen/Verbänden eine zentrale Position zu. Deutlich wird zum anderen aber auch, dass vor allem Anbieter in öffentlicher Trägerschaft eine zentrale Funktion zur Sicherung des Angebotes in ländlich strukturierten Regionen übernehmen.

Methodische Überlegungen zur Erfassung von Anbieterstrukturen in der Weiterbildung

Franziska Loreit

Die folgenden Ausführungen widmen sich der systematischen Aufarbeitung des methodischen Designs sowie zentraler Frage- und Problemstellungen des im Rahmen der Erstellung des hessischen Weiterbildungsberichts 2010 durchgeführten Teilprojekts „Anbietererhebung", die sich im Laufe des Forschungsprozesses als virulent erwiesen haben. Diese methodische Reflexion berücksichtigt dabei gleichermaßen die forschungspraktischen Erkenntnisse früherer von der Justus-Liebig-Universität durchgeführter Analysen der Regionen Gießen und Mittelhessen.[1]

Das anvisierte Ziel einer vollständigen Erfassung aller in Hessen ansässigen Weiterbildungsanbieter zur näheren Bestimmung der Beschaffenheit des hessischen Institutionengefüges erweist sich rückblickend als eine größere Herausforderung als vorab antizipierbar. Retrospektiv betrachtet stellt nicht nur die erwartet komplexe organisationale Verfasstheit dieses Bildungsbereichs, sondern auch die Vielfalt der Organisationskontexte und des in der Weiterbildung tätigen Personals – als Repräsentanten der jeweiligen Weiterbildungsanbieter – hohe Anforderungen an das Erhebungsinstrumentarium und das Erhebungsteam. So sind die erhobenen Daten und veröffentlichten Befunde als Ergebnis (kommunikativer) externer, mit dem Feld, und interner, innerhalb des Erhebungsteams, Abwägungs- und Abstimmungsprozesse sowie der Vergewisserung über gemeinsame Begriffe und Vorannahmen zu betrachten. Die Reflexion des Teilprojekts von den Ausgangsüberlegungen und Annahmen, über die Beschreibung des Erhebungsdesigns bis hin zu Auswertungsstrategien ist deshalb ein zentrales Anliegen dieses Kapitels.

Der nun folgenden Erläuterung und Eingrenzung der in dieser Untersuchung berücksichtigten Weiterbildungsanbieter (1) schließen sich die Darstellung des Erhebungsdesigns (2), eine begriffliche wie methodische Präzisierung

---

1   Für das Projekt „Bestandsaufnahme und Analyse des Funktionsgefüges der Bildungslandschaft Mittelhessen" (April 2008 – Oktober 2008, gefördert durch § 19 HWBG im Rahmen des Innovationsprogramms 2008 des Hessischen Kultusministeriums) ist ein Fragebogen entwickelt und mit der Untersuchung „Strukturen und Funktionen des Bildungsanbietergefüges in Mittelhessen – eine empirische Analyse" (August 2008-Februar 2009, gefördert durch MitteHessen e.V.) überarbeitet und ergänzt worden, der auch in diesem Teilprojekt des Hessischen Weiterbildungsberichts 2010 Anwendung fand.

der erhobenen Variablen und Merkmalsausprägungen (3) sowie abschließend eine Konkretisierung des Auswertungsinteresses (4) an.

1 Anmerkungen zum Anbieterbegriff

Die Heterogenität des Weiterbildungsmarktes und insbesondere die Vielfalt an Organisations- und Angebotsformen erfordert eine möglichst genaue Abgrenzung und damit Bestimmung derjenigen Organisationen, die als Weiterbildungsanbieter betrachtet werden. Die schließlich gewählte Anbieterdefinition soll einerseits mit Blick auf das Forschungsinteresse den Untersuchungsgegenstand und die Erhebungseinheiten adäquat bestimmen und andererseits möglichst Anschlussfähigkeit an vergleichbare Studien gewähren.

Für die vorliegende Untersuchung wurden – abweichend von dem ersten von Faulstich/Gnahs vorgelegten „Weiterbildungsbericht Hessen" (vgl. Faulstich/Gnahs 2005) – nicht nur öffentlich getragene oder nach dem hessischen Weiterbildungsgesetz (HWBG) anerkannte Organisationen, sondern sämtliche Weiterbildungsveranstalter, die innerhalb der hessischen Landesgrenzen zum Zeitpunkt der Erfassung einen Standort vorweisen und Weiterbildung eigenständig anbieten und durchführen, erfasst.

In Anlehnung an das Anbieterverständnis des wbmonitors fanden ausschließlich Einrichtungen Berücksichtigung, die in organisierter Form

> „[...] Weiterbildung als Haupt- oder Nebenaufgabe regelmäßig oder wiederkehrend offen zugänglich anbieten. [...] Verfolgt wird ein Betriebsstättenkonzept, wonach regionale Niederlassungen/Zweigstellen als eigene Anbieter behandelt werden, nicht jedoch reine Schulungsstätten" (Dietrich/Schade/Behrensdorf 2008: 20).

Für die Recherche und die spätere Befragung sind demgemäß Organisationen als Weiterbildungsanbieter berücksichtigt worden, auf die folgende Identifikations- und Eingrenzungskriterien zutrafen:

- Der Anbieter ist institutionalisiert bzw. betriebsförmig organisiert;
- er verfügt über einen eigenen Standort (Zentrale, Niederlassung oder Zweigstelle) innerhalb der hessischen Landesgrenzen;
- Weiterbildung wird als Haupt- oder Nebenaufgabe angeboten;
- ein regelmäßiges oder wiederkehrendes seminarförmiges Angebot wird vorgehalten und durchgeführt;
- das Angebot ist grundsätzlich offen zugänglich.

Anhand der Kriterien werden dem zu untersuchenden Anbietergefüge bereits Merkmale zugewiesen, durch die zum einen eine systematische Erhebung erst durchführbar ist und zum anderen Begrenzungen der Reichweite der Befunde resultieren. An dieser Stelle sei bereits auch angemerkt, dass trotz der festgelegten Kriterien eine eindeutige Identifikation und kategoriale Bestimmung nicht immer möglich ist. Die Konstitution des Anbieterspektrums und der Organisationen macht Einzelfallentscheidungen zum Teil erforderlich, auf die hier im Folgenden nur in begrenztem Umfang eingegangen werden kann. Zunächst erfolgt eine kurze Skizzierung der oben genannten Auswahlkriterien.

Mit dem ersten Kriterium wird der vielfach als partikular und unübersichtlich charakterisierte Bildungsbereich begrenzt auf institutionalisierte Erwachsenen- und Weiterbildung. Entgrenzte, beigeordnete oder informelle Formen des Lernens, wie sie beispielsweise in der Regionalanalyse von Gieseke u.a. (vgl. Gieseke u.a. 2005) untersucht worden sind, werden nicht berücksichtigt. Demnach sind lediglich Weiterbildungsveranstalter aufgenommen worden, die sich „betriebsförmig" organisieren. Ein Betrieb wird dabei im wirtschaftswissenschaftlichen Sinne verstanden als „[...] planvoll organisierte Wirtschaftseinheit [...], in der Sachgüter und Dienstleistungen erstellt und abgesetzt werden" (Wöhe 2002: 2). D.h. als Weiterbildungsanbieter werden daran anschließend die Betriebe verstanden, die sich durch eigenständige Organisation, Planung und Durchführung eines Weiterbildungsangebots auszeichnen. Regionale Niederlassungen und Zweigstellen sind, unabhängig davon, ob eine rechtliche und wirtschaftliche Selbstständigkeit vorlag, erfasst worden, wenn ein (eigenständiges) Weiterbildungsangebot existierte. Zu Gunsten der Anschlussfähigkeit an die VHS-Statistik des Deutschen Instituts für Erwachsenenbildung sind jeweils die Neben- und Außenstellen der Volkshochschulen nicht als eigenständige Anbieter erfasst worden. Diese Entscheidung ist darauf zurückzuführen, dass sich bei der telefonischen Datenerhebung die Trennung zwischen Zentrale und Filiale, aufgrund heterogener Organisations- und Verwaltungsstrukturen der Volkshochschulen vor Ort, als problematisch erwiesen hat. Es konnten nicht für jede Nebenstelle, die im Sinne der hier gewählten Definition eigenverantwortlich Weiterbildungsveranstaltungen durchführt, getrennt Daten ausgewiesen werden. Um Doppelzählungen zu vermeiden, sind in Bezug auf die Volkshochschulen die von der Zentrale gesammelten Kennzahlen in die Untersuchung, analog zur VHS-Statistik, eingegangen.

Unter die Definition fallen darüber hinaus nur Anbieter, die ortsansässig z.B. in Form einer organisatorisch selbstständigen Filiale oder Außenstelle sind und über eigene Räumlichkeiten in der Region verfügen. Anbieter, deren Einzugsgebiet sich überregional erstreckt, sind entsprechend dann berücksichtigt worden, wenn sie im Raum Hessen einen eigenen Standort vorweisen. Demgegenüber sind überregional agierende Bildungsanbieter, die ausschließlich Schulungs- oder Tagungsräume (für eine befristete Dauer) zur Durchführung von Veranstaltungen anmieten, nicht mit einbezogen worden.

Als Weiterbildung(-sangebot) werden alle Veranstaltungen verstanden, die sich vordergründig an Erwachsene richten und nicht der (beruflichen) Erstqualifizierung dienen. Auf eine vorgegebene Altersgrenze ist bewusst verzichtet worden, um den erfassten Bereich nicht künstlich zu beschränken und Angebote, gerade aus dem Segment allgemeiner Weiterbildung, nicht auszuschließen, die sich an junge Erwachsene (mit erstem berufsqualifizierendem Abschluss) richten. Weiterbildungsanbieter im Sinne der Definition sind nicht nur Einrichtungen, deren Arbeitsschwerpunkt der Weiterbildung zuzuordnen ist, sondern ebenso diejenigen, die Weiterbildung als Teilbereich ihres Leistungsportfolios verstehen. Entscheidend ist dabei nicht der Umfang des Weiterbildungsangebots und Anteil am Gesamtangebot, sondern zunächst nur das Vorhandensein von organisierten Veranstaltungen. D.h. es werden alle im Weiterbildungsbereich aktiven Anbieter betrachtet, deren Aufgabengebiet Weiterbildung entweder als Haupt- oder Nebenaufgabe einschließt. Damit wird der Tendenz Rechnung getragen, dass unterschiedliche Organisationen und damit vielgestaltige Unternehmenstypen Angebote bereitstellen, die eben nicht als reine Weiterbildungsveranstalter auftreten, aber gleichermaßen regionale Weiterbildungsmärkte prägen. Abweichend von vergleichbaren Untersuchungen der Weiterbildungslandschaft erfolgte beispielsweise die Erfassung von Fahrschulen, sofern sie Schulungen im Rahmen des Berufskraftfahrer-Qualifikations-Gesetzes durchführen.

Da jedoch eine konsequente Berücksichtigung aller Veranstaltungen im Rahmen der Untersuchung nicht realisierbar gewesen wäre, ist eine weitere Eingrenzung vorgenommen worden. So sind gemäß der Anbieterdefinition diejenigen Organisationen, die kein regelmäßiges und wiederkehrendes Angebot bereithalten, nicht näher untersucht worden. D.h. Anbieter, die kein Programm(-heft) oder Vergleichbares veröffentlichen, finden keine Berücksichtigung. Dies betrifft beispielsweise Angebote, die lediglich auf Abruf durchgeführt oder unregelmäßig organisiert werden, wie Workshops und Vorträge eines Wirtschaftsclubs, Umweltverbandes oder eines anderen Veranstalters. Der Fokus liegt entsprechend auf Anbietern mit kontinuierlichen Angeboten innerhalb der Region und lässt Einrichtungen unberücksichtigt, die lediglich aktuelle („Mode-")Themen aufgreifen und das Anbietergefüge nicht dauerhaft prägen. Schließlich werden von diesen ausgewählten Anbietern diejenigen näher untersucht, die über ein offenes Weiterbildungsangebot verfügen, also den Zugang nicht durch z.B. Betriebszugehörigkeit oder Verbandsmitgliedschaft regulieren. Gleichwohl werden Verbände berücksichtigt, wenn offene Angebote vorgehalten (und beworben) werden, die Teilnahme also prinzipiell für Nicht-Mitglieder möglich ist.

Von der Untersuchung ausgeschlossen sind zusammenfassend folglich selbstständige Trainer, Einrichtungen, die in der Region nur gelegentlich agieren, (kulturelle) Bildungseinrichtungen wie beispielsweise Museen oder Bibliotheken ohne regelmäßiges und seminarförmiges Angebot und Anbieter mit reinem Freizeitangebot. Ebenso werden Arbeitskreise und Kooperationen nicht in die Analyse einbezogen, da diese in der Regel keine eigenständige, betriebsförmige Organisationsstruktur aufweisen und nur unregelmäßig Weiterbildungsveranstaltungen offerieren.

Problematisch an der begrifflichen Bestimmung ist mit Verweis auf die unterschiedlichen Organisationsformen von Weiterbildungsanbietern, dass eine Bestätigung aller in der Definition enthaltenen Kriterien nicht immer eindeutig gegeben ist. Deshalb muss für einen Teil der Anbieter im Einzelfall über Abweichungen begründet entschieden werden. Die Offenheit des Zugangs bei Verbänden, die Betriebsförmigkeit von (nicht eingetragenen) Vereinen oder die Zuordnung von Fahrschulen zum Bereich der Weiterbildung sind hierfür nur einige Beispiele. Gerade deshalb ist es wichtig, jeden Anbieter zunächst für sich zu betrachten, um einen möglichst vollständigen Überblick über das Anbietergefüge zu erhalten. Mit einem starren Kategoriengebilde ist mit Blick auf den Untersuchungsgegenstand eine um Vollständigkeit bemühte Erhebung kaum zu realisieren.

2   Durchführung der Anbieter-Recherche und Datenerhebung

Die angestrebte Anbietervollerhebung erfordert ebenso eine möglichst vielfältige Informationsgrundlage zur Identifikation der einzelnen Anbieter. Daher ist vordergründig auf Recherchewege zurückgegriffen worden, die auch von potentiellen Weiterbildungsteilnehmern genutzt werden, die sich dem Bildungsbereich über das Veranstaltungsangebot als unmittelbar sichtbare Erscheinungsform annähern. So sind als primäre Rechercheinstrumente Onlinedatenbanken und Portale wie KURSNET der Bundesagentur für Arbeit, die Hessische Weiterbildungsdatenbank, regionale Weiterbildungsportale sowie online verfügbare Branchen- und Telefonverzeichnisse wie Gelbe Seiten und Telefonbücher zu nennen.[2] Ferner sind Informationsmaterialien und Internetauftritte der Städte und Kommunen und in begrenztem Umfang Online-Ausgaben von regionalen Tageszeitungen berücksichtigt worden. Während der Recherchephase und der Sichtung von Internetseiten ermittelter Anbieter haben sich Angaben über Kooperationsbeziehungen oder lokale Netzwerke, in denen die Anbieter aktiv sind, als eine weitere wichtige Quelle erwiesen. Nicht zu unterschätzen ist ferner die Bedeutung der „Ortskenntnis" des Recherche-Teams, die sich im Verlauf der Erhebung entwickelt hat. Dadurch sind gezielt regionalspezifische, in der Regel

---

2   Liste der Datenbanken s. Anhang.

von Ortsvereinen organisierte Angebote auch für bereits erfasste Landkreise ermittelt worden.

Im nächsten Schritt sind – soweit möglich – von den auf diesem Weg identifizierten Anbietern online erste Daten erhoben und mit Hilfe des Online-Umfragetools LimeSurvey dokumentiert worden. LimeSurvey[3], eine freie Software zur Datenerhebung auf der Grundlage von Onlineumfragen, ist für dieses Projekt lediglich als Eingabemaske und Datenbank und nicht als Onlineumfrage im engeren Sinne eingesetzt worden. Die Vorteile der Erfassung von Daten mittels LimeSurvey oder vergleichbaren Umfragetools bestehen darin, dass mehrere Benutzer zur selben Zeit Daten eingeben können, relativ große Gestaltungsmöglichkeiten durch verschiedene Fragetypen bestehen, ein direkter Datenexport nach IBM SPSS Statistics und Microsoft Excel sowie, durch die Funktion des Zwischenspeicherns von Antworten, das kontrollierte Aufrufen und Korrigieren der Eingaben, beispielsweise bei der Kontaktaufnahme, möglich sind (vgl. LimeSurvey.org). Neben den Angaben zum Profil der Anbieter wurden für diese erste Erhebungsphase die (online verfügbaren) Programmhefte hinzugezogen, denn „[...] die Gesamtheit der Programme [gibt] Auskunft über Anbieter und die Verästelungen der Anbieterstruktur" (Schlutz 1997: 219) und sie beinhalten Detailinformationen zum Angebotsspektrum, die über ein Telefongespräch meist nicht abgedeckt werden. Angaben in Weiterbildungsdatenbanken, aber auch auf Internetseiten und in Programmheften ermöglichen zwar die Erstellung eines relativ groben Profils der Anbieter, sind jedoch nicht immer ausreichend für eine eindeutige Zuordnung beispielsweise zu Träger oder Anbietertyp[4] gewesen. Darüber hinaus sind verständlicherweise sensible Daten wie Mitarbeiterzahlen und die Anzahl durchgeführter Unterrichtsstunden in der Regel nicht öffentlich zugänglich. Allen Datenbanken ist außerdem gemein, dass Angaben nicht immer vollständig vorliegen und regelmäßig aktualisiert werden (vgl. Dietrich 2007b: 42 ff.). Um diese Lücke zur näheren Bestimmung der Anbieterprofile zu schließen, sind im Anschluss an die Erhebungsphase die erfassten Daten mittels einer Telefonbefragung auf Richtigkeit geprüft und fehlende oder unvollständige Angaben ergänzt worden. Da jedoch gerade kleinere Anbieter nicht immer über einen eigenen Internetauftritt verfügen und es große Unterschiede hinsichtlich der verfügbaren Informationen auf den Internetpräsenzen gibt, sind Anbieter, von denen lediglich Kontaktdaten vorlagen, ausschließlich telefonisch (und in Ausnahmefällen per E-Mail) befragt worden.[5] Gegenüber der schriftlichen

---

3   Für nähere Informationen s. http://www.limesurvey.org/
4   Zur Darstellung der Strukturvariablen s. Kapitel 3.
5   Befragt wurden ausschließlich Anbieter, deren Kontaktdaten offen zugänglich verfügbar waren.
    D.h. beispielsweise Vorstandsmitglieder von Vereinen wurden und konnten auch nur dann befragt werden, wenn Kontaktinformationen (auch private Telefonnummern) in Datenbanken oder
    auf den Internetpräsenzen hinterlegt sind.

Befragung hat die telefonische Befragung den Vorteil, dass nicht oder nicht mehr existierende Anbieter schneller identifiziert werden, durch terminliche Absprachen zuständige Ansprechpartner der Einrichtungen direkt erreicht und durch ein entsprechendes Informationsgespräch Irrtümer weitestgehend ausgeschlossen werden können. Auch erleichtert die telefonische Befragung mit relativ geringem Aufwand die Identifikation derjenigen Anbieter, die nicht oder nicht mehr im Bereich Weiterbildung tätig sind, sondern sich beispielsweise auf Angebote der Erstausbildung oder Beratung spezialisiert haben. Durch den persönlichen Kontakt zu den Ansprechpartnern, das Zusenden von näheren Informationen zum Projekt und auch das Versenden des Fragebogens per E-Mail konnte die Bereitschaft zur Teilnahme insgesamt erhöht werden.

Ferner zeigt sich, dass die zuvor bereits erstellten Profile der Anbieter hilfreich gewesen sind, um bei inkonsistenten Antworten gezielt Nachfragen stellen zu können, die schließlich von den Anbietern zum Teil nach interner Rücksprache beantwortet worden sind. Auch ermöglicht dieses Vorgehen einen unmittelbaren Abgleich und gegebenenfalls eine Vereinheitlichung bestimmter Merkmale ähnlicher Anbieter und regionaler Niederlassungen von Anbietern (beispielsweise Anbietertyp und Rechtsform von IHK, bfw, etc.), sofern Abweichungen nicht tatsächlich vorliegen, sondern auf den Kenntnisstand des jeweiligen Gesprächspartners zurückzuführen sind. Außerdem kann so vermieden werden, dass schriftliche Anfragen per Post oder E-Mail im Tagesgeschäft der Anbieter untergehen und nicht die entsprechenden Personen erreichen.

Nachteile der telefonischen Kontaktaufnahme bestehen allerdings darin, dass es nicht in allen Fällen möglich ist, ausgewiesene Experten oder befugte Ansprechpartner der Organisation zu befragen und trotz aller Sorgsamkeit unvollständige oder falsche Angaben nicht ausgeschlossen werden können. Gleichermaßen sollte berücksichtigt werden, dass Anmerkungen zu Zielen und dem inhaltlichen Profil der Anbieter der subjektiven Einschätzung und Wertung der Befragten unterliegen und daher in Teilen von der (schriftlichen) Außendarstellung der Anbieter abweichen können. Angaben der Befragten sind deshalb mit den bereits vorliegenden Informationen abgeglichen worden.

Die Recherche, Dateneingabe und Befragung sind von einem geschulten Erhebungsteam durchgeführt und durch regelmäßige Treffen zur Klärung von Fragen und Problemen begleitet worden. Einzelfallentscheidungen sind immer erst nach gemeinsamer Absprache und – sofern möglich – auf der Grundlage einschlägiger Quellen und Dokumente getroffen worden.[6] Gerade den regel-

---

6   Zum Beispiel wurde für die Zuordnung von „eingetragenen Vereinen" (e.V.) ein Abgleich mit dem Handelsregister vorgenommen; bei regionalen Niederlassungen wurden die Angaben mit den Angaben der Zentrale verglichen bzw. sofern die Zentrale nicht innerhalb Hessens ansässig war, auch diese kontaktiert.

mäßigen Rücksprachen und der gemeinsamen Vorbereitung einzelner Telefon-
befragungen ist eine hohe Bedeutung beigemessen worden, um ein einheitliches
Vorgehen bei der Erläuterung und Anwendung der Kategorien des Fragebogens
zu gewährleisten und Rückfragen der Anbieter angemessen beantworten zu
können. Insgesamt hat sich gezeigt, dass bei den befragten Personen zum Teil
ein großer Bedarf nach Erläuterung der Antwortkategorien bestand. Einerseits
verweist dies auf die Problematik wenig einheitlicher begrifflicher Definitionen
über alle Weiterbildungsbereiche hinweg und damit auf die Grenzen der Erfra-
gung standardisierter Strukturvariablen in einem heterogenen Feld. Andererseits
ermöglicht zumindest die telefonische Befragung die Klärung von Missver-
ständnissen, die bei einer rein postalischen Erhebung zu Verzerrungen führen
können.

Insgesamt sind ausschließlich die durch die Anbieter auf Internetseiten,
Programmheften oder Flyern ausgewiesenen sowie von den kontaktierten An-
sprechpartnern gemachten Angaben in der Erhebung berücksichtigt worden.
Durch dieses zweistufige Vorgehen sollen Falschangaben möglichst minimiert
und ein hoher Grad an Vollständigkeit der Daten erreicht werden. Die Phase der
Datenerhebung erstreckte sich über 12 Monate – von Juli 2009 bis Juli 2010.
Danach erfolgte eine systematische Aufbereitung des erhobenen Datenmaterials.

3   Darstellung und Erläuterung der Untersuchungsvariablen

Die erhobenen Variablen lassen sich in allgemeine und organisationsstrukturelle
Merkmale sowie Merkmale zum inhaltlichen Profil unterscheiden (vgl. Tabelle
1). Da sich nicht nur angesichts der Heterogenität des Feldes, sondern auch aufgrund der Vielfalt der Forschungszugänge unterschiedliche Begrifflichkeiten
herausgebildet haben, sollen im Folgenden sowohl Begriffe im Sinne der Untersuchung geschärft als auch einzelne erhobene Variablen näher erläutert werden.
Die vorgenommene Unterscheidung nach allgemeinen, organisationsstrukturellen und inhaltlich-profilbezogenen Merkmalen dient gleichsam als übergeordne-
te Systematisierung zur Annäherung an das Untersuchungsfeld zunächst über
die räumlich-regionale, die organisationsbezogene und schließlich die angebots-
bezogene Betrachtung, anhand derer im Folgenden die Skizzierung der erhobenen Variablen erfolgt.

Allgemeine Merkmale	Organisationsstrukturelle Merkmale	Merkmale zum inhaltlichen Profil
• Name und genaue Anschrift der Einrichtung • Regierungsbezirk • Landkreis/Kreisfreie Stadt	• Weiterbildung als Haupt-/Nebenaufgabe • Trägerschaft • Anbietertyp • Rechtsform • Zentrale/Niederlassung/eigenständiger Anbieter • Erwerbszweck • Gründungsjahr • Größe der Einrichtung (Mitarbeiterzahl) • Leistungsvolumen (Unterrichtsstundenzahl) • Finanzierung durch öffentliche Mittel • Anerkennung HWBG	• Inhaltliche Breite (Zahl der Fachbereiche) • Themenspektrum • Programmart • Ziele • Themen • Adressaten, Hauptkunden

Tabelle 1:   Übersicht der erhobenen Variablen

3.1 Allgemeine Merkmale

Die Gruppe allgemeiner Anbietermerkmale schließt Angaben zur Identifikation der Anbieter wie die genaue Bezeichnung und den Namen der Organisation, die vollständige Adresse sowie Kontaktinformationen ein. Da der Anbietername lediglich einen ersten Hinweis hinsichtlich der Zuordnung des Anbietertyps und gegebenenfalls der Rechtsform liefert und darüber hinaus keinen für die Analyse relevanten Informationsgehalt aufweist, werden im Folgenden ausschließlich die Variablen der räumlich-regionalen Einordnung erläutert.

Regionale Zuordnung der Anbieter

Die räumliche Spezifizierung wird im vorliegenden Bericht durch die föderalstaatliche Verwaltungsordnung über die Gebietskörperschaft Bundesland Hessen und die staatsrechtliche Ausdifferenzierung in die kommunalen Gebietskörperschaften Landkreise, Gemeinden, kreisfreie Städte und kreisangehörige Städte vorgenommen (vgl. Bogumil 2005: 515 ff.). Durch den dreistufigen Verwaltungsaufbau des Landes sind auf der sogenannten Mittelstufe der Verwaltung die Regierungsbezirke Kassel, Gießen und Darmstadt als Behörden der allgemeinen Landesverwaltung (vgl. Gesetz zur Neuorganisation der Regierungsbezirke) nach wie vor wirksame administrative Einheiten. (vgl. Lachmann 2010: 367) Das heißt, die Abgrenzung räumlicher Untersuchungseinheiten orientiert sich zunächst an der politisch-administrativen Festlegung von Grenzen und weniger an einer naturräumlich-geographischen Gliederung oder an sozial-räumlichen Merkmalen. Insgesamt unterscheiden sich die drei hessischen Regierungsbezirke in sozialstatistischer Hinsicht erkennbar voneinander.[7] Der südlich gelegene Regierungsbezirk Darmstadt ist mit 63 % die einwohnerstärkste Region, gefolgt vom nördlichen Bezirk Kassel mit 20 % und dem Regierungsbezirk Gießen mit 17 % der hessischen Einwohner (vgl. Hessisches Statistisches Landesamt).

Die Zuordnung jedes Anbieters innerhalb dieser Ordnungsstruktur ist dabei über die Adress- und Kontaktdaten, vorwiegend über die Postleitzahlen, erfolgt.[8] Dadurch lässt sich grundsätzlich in einem ersten Zugang die regionale Verteilung der Anbieter bestimmen und diese durch die Angabe von Anbieterdichten in Beziehung zur Einwohnerzahl je Gebietseinheit setzen. Außer Acht bleiben hierbei jedoch weitere regionale Bedingungen, weshalb in einem zweiten Zugang auf sogenannte Raumordnungskategorien zurückgegriffen wird.

Zur Berücksichtigung der strukturräumlichen Gestalt des Bundeslandes werden die auf der Grundlage des Raumordnungsgesetzes (§ 7 ROG) im Landesentwicklungsplan Hessen 2000 (HMWVL 2000) festgeschriebenen Raumkategorien herangezogen. Im Allgemeinen stellen sie ein „analytisches Raster" (Mielke 2005: 358 f.) durch die Bestimmung von gleichartigen Räumen hinsichtlich sozial-, infrastruktureller und ökonomischer Bedingungen und damit verbundener Ziele und Entwicklungsstrategien dar (vgl. Mielke 2005; Langhagen-Rohrbach 2010: 45). Jede Kategorie beschreibt eine Gruppe von Teilräumen, „die eine vergleichbare Bevölkerungsdichte und eine ähnliche Siedlungs- und Wirtschaftsstruktur aufweisen oder die sich durch einen vergleichbaren Problemhintergrund auszeichnen" (Raumordnungsbericht 2005: 248).

Im Einzelnen werden bezugnehmend auf den Landesentwicklungsplan des Bundeslandes Hessen folgende strukturräumliche Kategorien unterschieden (vgl. HMWVL 2000; vgl. RP Darmstadt 2000; vgl. RP Gießen 2001; vgl. RP Kassel 2000): Sogenannte *Verdichtungsräume* stellen die Kategorie für regionale Agglomerationen dar. Diese Gebiete zeichnen sich durch einen hohen Siedlungs- und Verkehrsflächenanteil, eine hohe Verstädterungsrate und eine überdurchschnittliche Bevölkerungsdichte aus. Sie sind von überregionaler Bedeutung insbesondere für die Bereiche Arbeit und Versorgung (vgl. Raumordnungsbericht 2005: 248). Als zweite Kategorie werden *Ordnungsräume* unterschieden, die über die gleichen Merkmale verfügen wie Verdichtungsräume. Ihre polyzentrische Struktur, die Zahl und Dichte der Einwohner, die ver-

---

7 Die nachfolgenden Werte beziehen sich auf die Bevölkerung insgesamt, also Deutsche und Nichtdeutsche Einwohner. Stand: 30.06.2010

8 Anbieter mit nicht-selbstständigen regionalen Niederlassungen und Nebenstellen sind jeweils als ein Anbieter erfasst worden, sodass jeweils nur die Adresse der Zentrale dokumentiert ist.

fügbaren Arbeitsplätze sowie Bebauung und Verkehr sind jedoch deutlich geringer ausgeprägt. Laut Landesentwicklungsplan sind Verdichtungsräume also hochverdichtete Ordnungsräume, sie werden von diesen jedoch getrennt betrachtet (vgl. Landesentwicklungsplan 2000: 9f.). Als dritte Raumkategorie ist diejenige des *ländlichen Raumes* zu nennen, die Gebiete mit relativ geringer Einwohnerdichte und mit geringer Zahl von Arbeitsplätzen, Bebauung und Verkehr umfasst (vgl. Raumordnungsbericht 2005: 248). Mit Blick auf das strukturräumliche Profil Hessens zeigt sich, dass im Vergleich zu den übrigen Strukturräumen die ländlichen Gebietsanteile in Nord- und Mittelhessen deutlich höher ausfallen als in Südhessen (RB Kassel: 50%; RB Gießen: 45%; RB Darmstadt: 13%; vgl. Regionalpläne der Regierungsbezirke Kassel 2000, Gießen 2001 und Darmstadt 2000).

3.2 Organisationsstrukturelle Merkmale

Für die institutionelle Betrachtung sind organisationsbezogene Merkmale (s. Tabelle 1) und Kennzahlen der Hessischen Weiterbildungsanbieter erfasst worden. Zur Erklärung sei an dieser Stelle auf Folgendes hingewiesen: Wie vielfach festgestellt, gibt es eine Reihe von verschiedenen Ordnungs- und Klassifizierungsversuchen in der Weiterbildung, die jedoch allesamt noch keine einheitliche und trennscharfe Kategorisierung ermöglichen (Faulstich 1997: 63; Schrader 2001: 228). Folglich liegt bislang noch kein klar definiertes Set an Variablen vor, die üblicherweise für eine verlässliche Bestimmung organisationsstruktureller Merkmale herangezogen werden. Um eine differenzierte Darstellung der hessischen Weiterbildungsanbieter zu ermöglichen, sind deshalb verschiedene Ordnungsvariablen erhoben worden, die mitunter eine inhaltliche Nähe aufweisen können. So verzahnt beispielsweise die Variable Anbietertyp die Items Trägerschaft, Rechtsform und Erwerbszweck. Nachfolgend werden die organisationsbezogenen Variablen näher gekennzeichnet.

Weiterbildung als Haupt- oder Nebenaufgabe

Das in der Anbieterdefinition angeführte Kriterium „Weiterbildung als Haupt- oder Nebenaufgabe" findet gleichzeitig als Strukturmerkmal Berücksichtigung. Mit der Variablen wird darauf Bezug genommen, dass neben genuinen Weiterbildungsanbietern mit dem Arbeitsschwerpunkt im Bereich Weiterbildung Anbieter am Markt auftreten, die Weiterbildung nur als Nebenaufgabe wahrnehmen. Dies kann auf verschiedene Finanzierungsstrategien, generelle Nähe zu anderen Gesellschafts- und Wirtschaftsbereichen, aber auch auf die tendenziell schwierige Abgrenzbarkeit von Weiterbildung zurückgeführt werden. So finden sich Anbieter, die sowohl in der Jugendarbeit als auch in der Erwachsenenbildung tätig sind, oder Fachverbände, die neben ihrem Hauptgeschäft der Interessensvertretung und Beratung ihrer Mitglieder Fachfortbildungen anbieten. Ebenso fallen darunter Anbieter, deren Schwerpunkt im Bereich der Unternehmensberatung liegt und Weiterbildung eine Ergänzung des Dienstleistungsangebots darstellt. In der Weiterbildungsforschung finden diese Anbieter unter verschiedenen Begriffen, wie „implizite Anbieter" (Nuissl/Schlutz 2001: 25), „pädagogische Hybride" (Kade 1997: 68) und „fluide Institutionen" (Gieseke u.a. 2005: 44) Beachtung.

Um diese Struktur empirisch abzubilden, wird für diese Untersuchung eine Einordnung in die Kategorien „Hauptaufgabe" und „Nebenaufgabe" durch die Befragten vorgenommen. Grundlegend ist dabei die Selbstdarstellung und nicht eine quantitative Bestimmung des Arbeitsschwerpunktes der Anbieter.

Trägerschaft, Anbietertyp, Rechtsform und Erwerbszweck

Da die Variablen Trägerschaft, Anbietertyp, Rechtsform und Erwerbszweck als organisationsstrukturelle Merkmale nicht nur einen Anbieter näher charakterisieren, sondern zum Teil eine große Nähe zueinander und Überschneidungen aufweisen, werden diese gemeinsam betrachtet.

Zur Klassifizierung der Einrichtungs- bzw. Anbieterform greift die vorliegende Untersuchung auf Systematisierungsansätze zur Unterscheidung von sowohl Trägern als auch Anbietertypen zurück. Beide Konzepte sind insofern nur als Ordnungsversuche der pluralen Struktur des Weiterbildungsbereichs zu verstehen, als dass jeweils eine unzureichende Trennschärfe, z.B. aufgrund von Mischformen, zu konstatieren ist. Trotzdem bieten beide Klassifizierungen die Möglichkeit, einen großen Teil der Anbieter voneinander zu unterscheiden, zu ordnen und zueinander in Beziehung zu setzen. Die Kenntnis über Trägerstrukturen ist deshalb für die Struktur- und Anbieterforschung von Interesse, weil ein nicht unbeachtlicher Teil der Weiterbildungsanbieter für die Durchführung von Veranstaltungen zuständig ist, während die Entscheidungs-, Finanzierungs- und Rechtszuständigkeit beim Träger liegt (vgl. Tietgens 1979; Faulstich 1997; Rohlmann 2001). Träger schaffen die „[…] formalrechtlichen, organisatorischen und finanziellen Voraussetzungen in Form von Einrichtungen, die dann Veranstaltungen durchführen" (Gnahs 2010: 288). Dieses Strukturmerkmal des institutionellen Gefüges beschreibt Tietgens mit dem Begriff der „institutionellen Staffelung", mit dem er auf die Relevanz des Beziehungsgeflechts durch das Zusammenwirken verschiedener Instanzen – Träger, Einrichtung und Weiterbildungsveranstaltung – zur Realisierung von Weiterbildung verweist (vgl. Tietgens 1979: 81ff.; Schemmann 2011). Für den Teilnehmer sichtbar, tritt die organisierte Weiterbildung in Form von Veranstaltungen (und Einrichtungen) in Erscheinung, während (Rechts-)Träger nicht immer unmittelbar zu erkennen sind. Gleichwohl können sie die Gestalt von Weiterbildung tiefgreifend prägen.

Institutionelle Strukturen verschiedener Einrichtungen, aber auch inhaltliche Schwerpunkte, zum Beispiel die konfessionelle Prägung kirchlicher Einrichtungen, arbeitnehmerorientierte Angebote gewerkschaftsnaher Anbieter und die Offenheit des Zugangs und tendenzielle Breite des Themenspektrums der Volkshochschulen, sind eng verknüpft mit der historischen Entwicklung, den Zielen und Interessen und ferner der bildungspolitischen Einbettung des Trägers. Auch wenn Abhängigkeitsbeziehungen zwischen Träger und Anbieter durch die gewählte Form der Erhebung nicht näher untersucht werden können, so können Strukturen zumindest sichtbar gemacht werden.

Eine Möglichkeit, Träger zu ordnen, besteht darin, diese nach öffentlichen, partikularen und privaten Zielen zu differenzieren (vgl. Faulstich 2010b: 153 f.). Auch der für die Untersuchung gewählte Systematisierungsansatz beinhaltet diese Unterscheidung. Kurz zusammengefasst orientiert sich die Zuordnung der Anbieter zu Trägern an der folgenden Systematik (vgl. Schrader 2001: 229):

▪ Kommune, Land, Bund	▪ Gewerkschaften
▪ Universität, Bundesanstalt, Forschungsinstitut	▪ Wohlfahrts-, Sportverbände, Stiftungen
▪ Kirchen, konfessioneller Träger	▪ Initiativen, Vereine
▪ Industrie- und Handelskammer, Handwerkskammer	▪ Kapital-, Personengesellschaften
▪ Berufsverbände, Innungen, Kammern	▪ Betriebe
▪ Arbeitgeberverbände, Unternehmen	

Tabelle 2:   Merkmalsausprägungen der Variable „Träger"

Unberücksichtigt bleibt bei der gewählten Systematik die Verfasstheit der durchführenden Organisation. Eine Unterscheidung zwischen Träger und Anbietertyp ist dahingehend von Bedeutung, dass, mit Blick auf Rechtsform und Erwerbszweck des Anbieters, Differenzen zwischen den beiden Akteuren und im Verhältnis zueinander wirksam werden können. (vgl. Tietgens 1981: 52; Dohmen 1999: 460) So treten beispielsweise Volkshochschulen, als „kommunale Weiterbildungszentren" (Deutscher Volkshochschul-Verband e.V. 2011), in Form von Regiebetrieben (ohne eigene Rechtspersönlichkeit), eingetragenen Vereinen oder einer (gemeinnützigen) GmbH (mit eigener Rechtspersönlichkeit in privatrechtlicher Form) auf. Allen beschriebenen rechtlichen Gestaltungsformen des Anbieter-Einrichtung-Verhältnisses ist zwar gemein, dass in der Regel die Kommune von zumeist kommunalen Angestellten und/oder Vorstandsmitgliedern in den Einrichtungen vertreten wird. Unterschiede ergeben sich trotz allem je nach Rechtform hinsichtlich der Stärke der Abhängigkeitsstrukturen (vgl. Dohmen 1999: 460) und der (wirtschaftlichen) Handlungsmöglichkeiten der einzelnen Organisation (vgl. Weidmann/Kohlhepp 2011: 16). Kann die öffentliche Trägerschaft bei Volkshochschulen in der Regel als bekannt vorausgesetzt werden, ist sie es bei einer Vielzahl von (privaten) Anbietern nicht. So finden sich im Bereich der Schule auch private und unter den Vereinen sowohl öffentliche als auch private Träger. Ferner lassen sich im Hinblick auf die Erwerbsorientierung von Träger und Anbieter zum Teil erhebliche Unterschiede feststellen. So können Weiterbildungseinrichtungen von Vereinen und Verbänden, aufgrund von Ausgründungen und Zusammenschlüssen in andere Rechtsformen überführt, im Gegensatz zum Träger erwerbswirtschaftliche Zwecke verfolgen.

Der Anbietertyp stellt in der vorliegenden Untersuchung also dem Träger gegenüber eine Strukturvariable zur Systematisierung der durchführenden Einrichtungen dar und verweist auf den Träger nur vermittelt über beispielsweise Rechtsform und Finanzierung. Auf der Ebene der Organisation werden Weiterbildungseinrichtungen unter anderem als Volkshochschule, berufliche Schule oder Schule für Erwachsene klassifiziert. Die Unterscheidung der Einrichtungen nach Anbietertypen erfolgt analog zur Systematik des Weiterbildungskatasters, die sich am Instrumentarium des Adult Education Surveys (AES) orientiert (vgl. Dietrich/Schade/Behrensdorf 2008: 25; Bilger/Seidel 2011: 111ff.). Abweichend davon ist auf die Möglichkeit von Mehrfachantworten verzichtet worden. Zwar weist ein Teil der Kategorien auf Trägerstrukturen hin, jedoch sind auf der Ebene der Einrichtungen selten übergreifend einheitliche Benennungen zu finden. So werden teilweise Weiterbildungsstätten von Handwerkskammern als Berufsbildungszentren, von Ärztekammern als Akademien oder von Fachverbänden als Berufsförderungswerke bezeichnet. Allein die Kenntnis des Trägers lässt nicht eindeutig auf die Gestalt – als Volkshochschule, als Schule für Erwachsene etc. – schließen, in welcher sich der Anbieter präsentiert.

▪ Privater Bildungsanbieter	▪ Einrichtung eines anderen Vereins oder Verbandes
▪ Volkshochschule	▪ Berufliche Schule
▪ Schule für Erwachsene	▪ Hochschule, Universität, Fachhochschule
▪ Einrichtung der Wirtschaft (Arbeitgeber, Kammern)	▪ Andere Öffentliche Einrichtung, z.B. Gemeinde, Bücherei, Museum
▪ Einrichtung der Gewerkschaft	▪ Selbstständiger hauptberuflicher Trainer
▪ Einrichtung der Kirchen, eines konfessionellen Verbandes	▪ Personalberatungs- und Vermittlungsagentur
▪ Einrichtung einer politischen Partei oder Stiftung	

Tabelle 3:   Merkmalsausprägungen der Variable „Anbietertyp"

Ähnlich variationsreich stellen sich mögliche Gründungsformen und rechtliche Rahmenbedingungen dar. Während in den Anfängen der Volksbildung (private) Vereine die Erwachsenenbildungslandschaft prägten (vgl. Kuhlenkamp 1997: 181; Seitter 2007: 24), ist von vereinsförmigen Volkshochschulen bis hin zu Weiterbildungsunternehmen in der Gestalt der Aktiengesellschaft eine Vielzahl an Rechtsformen, gleich der Vielfalt von klassischen Wirtschaftsbetrieben, zu finden. Je nach Organisationszweck oder aus betriebswirtschaftlichen Gründen organisieren sich Weiterbildungsanbieter in diversen Betriebsformen, deren rechtliche Grundlage für Gründung, Auflösung, Rechte und Pflichten neben dem BGB (Verein, rechtsfähige Stiftung) und dem HGB (offene Handelsgesellschaft, Kommanditgesellschaft) spezifische Einzelgesetze bilden (vgl. Wöhe 2002: 265 ff.; Dollhausen 2010: 256). Die Rechtsform[9] der durchführenden Einrichtung begrenzt und eröffnet Entscheidungs- und Gestaltungsmöglichkeiten, denn während öffentliche Betriebe ohne eigene Rechtspersönlichkeit (Regiebetrieb und Eigenbetrieb) nicht frei in der Gestaltung ihres Wirtschaftsplanes sind und in der Regel nicht nach Gewinnmaximierung streben, sind marktwirtschaftliche Unternehmungen hinsichtlich ihrer konzeptionellen Ausrichtung unabhängiger (vgl. Wöhe 2002: 265 ff.). Dem aus der Rechtsform resultierenden Rechtsstatus gegenüber dem Träger, der Unterscheidung zwischen selbstständigen und unselbstständigen Betrieben, kommt vor dem Hintergrund des bereits skizzierten, konstitutiven Merkmals der institutionellen Staffelung eine besondere Bedeutung zu.

Die zuvor bereits angesprochene Variable „Erwerbszweck", mit den Merkmalsausprägungen „erwerbswirtschaftlich" und „gemeinnützig", dient der Differenzierung der Anbieter nach deren wirtschaftlicher Ausrichtung, also der Unterscheidung zwischen der Bereitstellung eines Weiterbildungsangebots primär nach dem erwerbswirtschaftlichen Prinzip und damit dem Streben nach (maximalem) Gewinn und nach primär nicht-gewinnorientierten, auf das Gemeinwohl ausgerichteten, Zwecken. Die Kategorie „gemeinnützig" schließt dabei ökonomische Interessen der Anbieter nicht völlig aus, da auch gemeinnützige und öffentliche Einrichtungen wirtschaftlich handeln, also rational mit begrenzten Ressourcen umgehen (vgl. Wöhe 2002: 3 f.; Schierenbeck/Wöhle 2008: 5 f.) (müssen). Die Variablen „Träger" und „Erwerbszweck" leisten gemeinsam eine Unterscheidung zwischen öffentlichen Trägern in privatrechtlicher Form und privaten Trägern, die eine öffentliche Aufgabe erfüllen.

Die Zuordnung des Erwerbszwecks „gemeinnützig" orientiert sich dabei an folgender Definition:

---

9   Zur Kategorisierung der unterschiedlichen Rechtsformen vgl. Wöhe 2002: 265 ff.

„Der Oberbegriff Gemeinwohl [Hervorhebung im Original] umfasst alle Zwecke, die auf die
Erfüllung einer der Allgemeinheit gestellten, also öffentlichen Aufgabe gerichtet sind. Auch
wenn nicht jede öffentliche Stiftung gemeinnützig ist, so verfolgt doch jede gemeinnützige
Stiftung öffentliche Zwecke. Gemeinnützig [Hervorhebung im Original] sind nach der für das
Steuerrecht bedeutsamen Definition in § 52 AO Körperschaften, deren Tätigkeit darauf gerichtet ist, die Allgemeinheit auf materiellem, geistigem oder sittlichem Gebiet selbstlos zu
fördern. Zum gemeinnützigen Sektor gehören auch Einrichtungen, die mildtätige oder kirchliche Zwecke iSd. §§ 53, 54 AO verfolgen. [...] Eine allgemein anerkannte Umschreibung dessen, was dem Gemeinwohl dient, gibt es nicht." (Schauhoff 2010: Rn 10-14)

Die Zuordnung zur Kategorie der Gemeinnützigkeit ist nicht gleichzusetzen mit
dem (steuer-)rechtlichen Status anerkannter Gemeinnützigkeit, sondern stützt
sich analog zu den bisher betrachteten Variablen auf die Selbstauskunft der Anbieter, die sich in ihrer Selbstdarstellung das jeweilige Motiv zuschreiben. Die
steuerrechtliche Definition dient insofern eher der Orientierung und Unterscheidung. Diese Abweichung ermöglicht es beispielsweise auch nicht-eingetragene
Vereine als gemeinnützige Einrichtungen zu klassifizieren.

Gründungsjahr

Basierend auf der Variable „Gründungsjahr" lassen sich Aussagen über das Organisationsalter, den Zeitraum des Bestehens jedes einzelnen Anbieters, innerhalb der Region und in der aktuellen Gestalt, und über Tendenzen hinsichtlich
eines Zusammenhangs der Rechtsgestalt und des Organisationsalters treffen.
Aufgrund fehlender Vergleichsdaten bildet die vorliegende Untersuchung ausschließlich den Ist-Stand während der Erhebungsphase ab und lässt deshalb keine Rückschlüsse auf Veränderungen der Organisationen (Konzentrationsprozes-
se, Rechtsformwechsel, Entwicklung des thematischen Angebots und der
Leistungen etc.) oder die Entwicklungsdynamik des Weiterbildungsgefüges
(Anbieterzusammensetzung im historischen Verlauf, Zeitpunkte von Grün-
dungs- und Schließungswellen etc.) zu. So ist in der Variable „Gründungsjahr"
auch nicht die Information enthalten, ob einzelne Abteilungen oder Tochterun-
ternehmen schon deutlich länger am Markt, ggf. sogar in einer anderen Institutionalform, bestanden haben.

Anerkennung nach HWBG und Finanzierung durch öffentliche Mittel

Zum Zeitpunkt der Anbietererhebung bildete das 2001 in Kraft getretene Gesetz
zur Förderung der Weiterbildung und des lebensbegleitenden Lernens im Lande
Hessen (Hessisches Weiterbildungsgesetz – HWBG) mit einer Novellierung aus
dem Jahr 2006 die rechtliche Grundlage zur Sicherstellung einer Grundversorgung der hessischen Bevölkerung mit Weiterbildungsmöglichkeiten. Das Gesetz
regelt die Finanzierung von Veranstaltungen im Rahmen eines Pflichtangebots
von anerkannten Einrichtungen der Weiterbildung. Dies sind zunächst zu die-

sem Zweck errichtete Weiterbildungsanbieter in der Trägerschaft von kreis-freien Städten, Landkreisen und kreisangehörigen Gemeinden mit mehr als 50.000 Einwohnern (§ 9) sowie die Heimvolkshochschule Burg Fürsteneck (§ 13) und weitere anerkannte Einrichtungen der Weiterbildung in freier Träger-schaft (§ 15).

> „Einrichtungen der Weiterbildung im Sinne dieses Gesetzes sind Bildungsstätten in öffentli-cher Trägerschaft, insbesondere Volkshochschulen, anerkannte landesweite Organisationen und ihre Mitgliedseinrichtungen in freier Trägerschaft, in denen Lehrveranstaltungen zur Fort-setzung und Wiederaufnahme organisierten Lernens geplant und durchgeführt werden, die ei-nen Bedarf an Bildung neben Schule, Hochschule, Berufsausbildung und außerschulischer Ju-gendbildung decken. [...]" (HWBG § 1, Abs. 1)

Neben den Volkshochschulen fanden deshalb die laut Anlage zur § 15 Abs. 4 anerkannten Landesorganisationen in der Untersuchung Berücksichtigung. Die Variable „Anerkennung nach HWBG" kennzeichnet dabei vordergründig die Anbieter nur als förderberechtigt nach dem HWBG. Ob während des Erhe-bungszeitraumes im Rahmen des Gesetzes bezuschusste Veranstaltungen durch-geführt worden sind, konnte nicht erhoben werden, da gerade regionale Nieder-lassungen der in Anlage zu § 15 Abs. 4 anerkannten Landesorganisationen, die im Sinne der Anbieterdefinition eigenständige Anbieter darstellen, in der Regel geförderte Veranstaltungen nicht eigenständig, sondern im Auftrag der Landes-organisation durchführen. Eine umfassende Kennzeichnung aller Anbieter, die indirekt Zuwendungen über das HWBG erhalten, konnte deshalb nicht vorge-nommen werden.

Die gesetzliche Regulierung, das landespolitische Steuerungsinstrument Weiterbildungsgesetz ist begrenzt auf ein Teilsegment der hessischen Anbieter-landschaft, gleichwohl erreicht öffentliche Förderung und damit staatliche Steu-erung weitere Bereiche. Die Variable „Finanzierung durch öffentliche Mittel" berücksichtigt sowohl die Förderung durch das HWBG als auch durch andere Ministerien neben dem hessischen Kultusministerium. Beispielsweise erhält die Umweltbildung aufgrund unterschiedlicher ministerieller Zuständigkeiten aus verschiedenen Quellen Zuwendung (vgl. Seitter in diesem Band). Die verschie-denen öffentlichen Finanzierungsquellen und –arten werden mit dieser Variable gleichrangig berücksichtigt.

Größe der Einrichtung

In der vorliegenden Untersuchung werden zwei Kennzahlen zur Annäherung an die Größe der Anbieter berücksichtigt – zum einen die im letzten Jahr unterrich-teten bzw. durchgeführten Unterrichtsstunden und zum anderen die Anzahl der beschäftigten Mitarbeiter.

Da sich bei der Erhebung herausgestellt hat, dass nur wenige Anbieter prä-
zise über die Unterrichtsstunden Auskunft geben können – in der Regel aufgrund einer fehlenden Praxis der regelmäßigen Erfassung von Kennzahlen –
wurde auf eine Einordnung in die Kategorien klein (1-500 UStd.), mittel (501-
1500 UStd.), groß (1501-5000 UStd.) und sehr groß (über 5000 UStd.) zurückgegriffen. Für Schätzungen erfolgte eine Umrechnung von Zeitstunden in Unterrichtsstunden á 45 Minuten.

Angesichts der Personalstruktur von Weiterbildungsanbietern (vgl. Kraft
2006) wird bei der Erfassung der Mitarbeiterzahl zwischen hauptberuflichen
Mitarbeitern und Honorarmitarbeitern differenziert.

3.3 Merkmale zum inhaltlichen Profil

Die inhaltlich-thematischen und angebotsbezogenen Merkmale schließen einerseits die Selbstdarstellung über Ziele und andererseits das konkrete Angebot
über die Erhebung von thematischen Schwerpunkten der Weiterbildungsanbieter
ein. Ferner werden hier Angaben zu den durch die Einrichtung und das Angebot
adressierten Zielgruppen und Hauptkunden erhoben. Ein Teil der nachfolgend
beschriebenen Merkmale ist jeweils über offene Fragen erfasst worden, um die
Außendarstellung der Einrichtung möglichst unverfälscht zu dokumentieren und
in ihrer je spezifischen Form und Semantik zu erhalten. Im Rahmen des Projekts
ist eine Auswertung des insgesamt umfangreichen, offen erhobenen Datenmaterials jedoch nicht möglich gewesen. Für den Datenabgleich und die Bereinigung
der geschlossenen Items übernahmen sie eine erklärende und einordnende Funktion.

Inhaltliches Profil, Zielsetzung und thematische Schwerpunkte

Insgesamt widmen sich zwei Fragen zur Einschätzung des inhaltlichen Profils
der Anbieter der Identifikation von Zielen und thematischen Programmschwer-
punkten.

Die Variable „Ziele", primär verstanden als „Organisationsziele" (Nuissl
2000: 79), bezieht sich dabei auf Aufgaben und Funktionen, die sich der jeweilige Anbieter durch die Bereitstellung eines Weiterbildungsangebots zuschreibt
und zu realisieren versucht. Dem liegt die Annahme zugrunde, dass die in Leit-
bildern und der Selbstdarstellung formulierten Zielvorgaben nicht nur Ausdruck
der eigenen Organisations- und Trägerinteressen sind, sondern in unmittelbarem
Zusammenhang mit der programmplanerischen Ausgestaltung des Weiterbildungsangebots stehen (vgl. Gnahs 2001: 312).

Das inhaltliche Spektrum der hessischen Weiterbildungslandschaft ist breit gefächert. Von Stenographie-Kursen, Bienenseminaren bis hin zu Motorsägen-Lehrgängen sind vor dem Hintergrund regionaler, kultureller, sozialer und wirtschaftlicher Heterogenität verschiedene Veranstaltungsangebote in den hessischen Regionen vorzufinden. Mittels der Kombination einer Frage offenen und einer geschlossenen Typs wird versucht, diese Themenbreite zu erfassen. Dabei dient die erste Frage der offenen Erhebung von Themen- und Angebotsschwerpunkten, mit der sowohl einzelne Kursthemen als auch langfristige Fortbildungsgänge Berücksichtigung finden. Ergänzend und stärker vorstrukturiert wird mit der zweiten Frage dann eine Zuordnung des Weiterbildungsangebots zu einem vorab definierten Themenkatalog, der bereits im Weiterbildungsbericht 2005 Anwendung fand (vgl. Faulstich/Gnahs 2005), vorgenommen. Dabei kann nach eher themenspezifischer und themenbreiter Ausrichtung der Anbieter differenziert werden.

Zielgruppen und Hauptkunden

Die inhaltliche Ausrichtung, die methodische Ausgestaltung und das Bewerben des Angebots orientieren sich an den Personengruppen, die angesprochen werden sollen. Ferner können auch Adressaten und Zielgruppen durch regionalspezifische Bedingungen entstehen. Darüber hinaus wird der Zugang zur Weiterbildung über die Ansprache bestimmter Zielgruppen und Voraussetzungen, die der angesprochene Personenkreis erfüllen muss, geregelt.

Vor diesem Hintergrund lässt sich die Zielgruppenansprache und Eingrenzung der Hauptkunden auch als Konstruktionsleistung des jeweiligen Anbieters verstehen. Denn seine entsprechende Orientierung hängt entscheidend davon ab, wie er seinen relevanten regionalen Weiterbildungsmarkt und die für ihn bedeutsame Klientel je bestimmt. Dabei können ganz unterschiedliche Kriterien maßgebend sein: So werden beispielsweise gemäß dem Prinzip der ökonomischen Rationalität diejenigen Zielgruppen anvisiert, die über eine hohe Zahlungsbereitschaft verfügen, wohingegen etwa aus didaktischen Gründen möglichst homogene Lerngruppen angestrebt werden, die je nach Kursziel über möglichst ähnliche oder unterschiedliche Lernerfahrungen verfügen sollen.

Um die Bandbreite dieser anbieterspezifischen Zielgruppendefinition empirisch abbilden zu können, ist die Variable Zielgruppen und Hauptkunden offen erhoben worden.

4   Konkretisierung des Auswertungsinteresses

Das für die Analyse der Anbieterdaten zugrunde gelegte Auswertungsinteresse steht in enger Verbindung mit der bildungspolitischen Rahmung des Gesamtprojekts. Angesichts der übergeordneten Zielsetzung, begründete Empfehlungen für die 2011 anstehende Novellierung des HWBG anhand einer vier-dimensionalen Untersuchung des Weiterbildungsbereichs im Lande Hessen entwickeln zu wollen, konzentrierte sich die Auswertung des Anbieterdatenmaterials vor allem auf solche Variablen, für die im weitesten Sinne eine entsprechende Indikatorfunktion unterstellt werden konnte.

So enthält das zum damaligen Zeitpunkt rechtsgültige Gesetz etwa Hinweise auf die Unterrichtsstunden. Um überhaupt als förderungsberechtigter Träger anerkannt zu werden, müssen die fraglichen Einrichtungen mindestens 2.800 Unterrichtsstunden im Bereich Weiterbildung nachweisen. (vgl. HWBG § 15, Abs. 4 und § 17 Abs.4) Darüber hinaus verweist das HWBG aber auch auf die Region, indem einerseits die Ausgründung sowie Förderung einer Weiterbildungseinrichtung zur jeweiligen regionalen Bevölkerungszahl in Abhängigkeit gestellt wird und andererseits anerkannte Einrichtungen überregional vertreten sein müssen. Denn per Gesetz ist jede Kommune mit 50.000 oder mehr Einwohnern zur Bereitstellung eines flächendeckenden Angebotes (vgl. HWBG § 3) und jede landesweite Organisation in freier Trägerschaft zum Unterhalt von Dependancen in allen drei Regierungsbezirken (vgl. HWBG § 15, Abs. 2) verpflichtet. Schließlich legt das Gesetz in der Aufgabenbeschreibung von ‚Einrichtungen der Weiterbildung und des lebensbegleitenden Lernens' eine thematische Breite des Programms nahe. In der entsprechenden Norm wird unter anderem festgeschrieben, dass das Angebot „die Bereiche der allgemeinen, politischen, beruflichen und kulturellen Weiterbildung sowie der Weiterbildung im Zusammenhang mit der Ausübung eines Ehrenamtes [beinhaltet] und die Vorbereitung auf den Erwerb von Schulabschlüssen sowie Gesundheitsbildung, Eltern-, Familien-, Frauen- und Männerbildung [gewährleistet]." (HWBG § 2, Abs. 1) Zur Sicherstellung der Grundversorgung der Bevölkerung tragen öffentliche und freie Träger in unterschiedlichem Maße bei (vgl. HWBG § 10, Abs. 2 und § 15, Abs. 3).

Angeregt durch diese Verweise im Gesetzestext richtete sich das Hauptaugenmerk der Datenanalyse zum einen darauf, das Anbietergefüge in seiner regionalen Verteilung zu beschreiben, um genauere Aussagen darüber treffen zu können, welche Anbieter maßgeblich zur Versorgung des ländlichen Raums beitragen. Dem lag die Annahme zugrunde, dass diese Aufgabe vor allem von öffentlichen Einrichtungen wahrgenommen wird, da sie dem HWBG in besonderer Weise unterstehen.

Einen weiteren Auswertungsschwerpunkt stellte zum anderen eine kombinierte Betrachtung der Variable Anbietertyp bzw. Träger mit organisationsstrukturellen Merkmalen wie zum Beispiel Leistungsvolumen oder Anzahl der vorgehaltenen Themen dar. Denn auch hierfür wurde im Vorfeld unterstellt, dass öffentlich geförderte Einrichtungen einen entscheidenden Beitrag zum Umfang und zur inhaltlichen Breite des vorhandenen Bildungsangebots leisten.

Um diesen Annahmen empirisch nachzugehen, sind für die Datenanalyse insbesondere Mittelwertdifferenzentests durchgeführt sowie Lage-, Dispersions- und Zusammenhangsmaße berechnet worden (vgl. Wirtz/Nachtigall 2008: 98; vgl. Schöneck/Voß 2005).

Anbieterstruktur der hessischen Weiterbildung in räumlicher, organisationsstruktureller und thematischer Perspektive

Michael Schemmann/Dörthe Herbrechter/Franziska Loreit

Der folgende Beitrag stellt die Befunde der Analyse der Anbieterstruktur aus drei verschiedenen Perspektiven in den Vordergrund. Zunächst sind die Daten in räumlicher Hinsicht ausgewertet worden. Methodisch ist eine solche Analyse möglich, da Variablen erhoben worden sind, die eine räumliche Zuordnung der Einrichtungen erlauben. Im besonderen Erkenntnisinteresse liegt dabei der regionale Vergleich, die Untersuchung von regionalen Verteilungsmustern. Konkret werden die Daten auf Ebene der Regierungsbezirke näher betrachtet und miteinander verglichen. Des Weiteren werden interregionale Vergleiche auf der Ebene von Landkreisen und kreisfreien Städten angestrebt. Schließlich werden auch noch exemplarische Analysen jeweils eines Landkreises bzw. einer kreisfreien Stadt aus dem ländlichen Raum, dem Ordnungsraum und dem Verdichtungsraum vorgenommen. Auf dieser kleinsten Ebene der Analyse interessieren die räumlichen Verteilungen innerhalb der jeweiligen räumlichen Einheiten.

Sodann werden die Daten in organisationsstruktureller Perspektive untersucht. Grundlage hierfür sind organisationsbezogene Variablen. Von besonderem Interesse sind hierbei Verteilungen von Trägerschaft, Anbietertypen und Rechtsformen, aber auch Fragen der Finanzierung. In den Blick gerät auch die Verteilung von Anbietertypen auf regionale Strukturräume.

Schließlich werden die Daten auf der Grundlage der erhobenen Variablen zum inhaltlichen Profil auch noch in thematischer Perspektive ausgewertet. Konkret stehen dabei die Programmart, die inhaltliche Breite der Anbieter sowie das Themenspektrum im Vordergrund.

Am Ende des Beitrages werden wesentliche Befunde dieser drei-perspektivischen Analyse der Anbieterstruktur in Hessen nochmals zusammengetragen und eingeordnet.

1 Analyse der Daten in räumlicher Perspektive

Im Folgenden soll die zugrunde liegende Datenlage zunächst auf Regionalebene beschrieben und analysiert werden, bevor sich dann Detailauswertungen anschließen. Insgesamt konnten 1.478 Anbieter für Gesamthessen in die Untersuchung einbezogen werden. Zum Vergleich: Dietrich/Schade/Behrensdorf haben im Weiterbildungskataster insgesamt eine Anzahl von 1.505 Weiterbildungsanbietern für Hessen ermittelt (Dietrich/Schade/Behrensdorf 2008: 31). Auch wenn die Anzahl recht ähnlich erscheint, so ist auf Differenzen des methodischen Vorgehens, insbesondere hinsichtlich des „Aufspürens" von Einrichtungen und der Auslegung der Anbieterdefinition zu verweisen, wodurch ein unmittelbarer Vergleich nicht möglich ist. So erwies sich beispielsweise einerseits die (räumliche) Nähe des Erhebungsteams zum Untersuchungsfeld als vorteilhaft, andererseits sind abweichend vom Weiterbildungskataster freie Trainer nicht erfasst (vgl. ebd.: 20) worden.

1.1 Anbieterverteilung auf der Ebene des Bundeslandes Hessen

Bezogen auf die drei Großregionen Hessens (Nord-, Mittel- und Südhessen), die zugleich auch den Regierungsbezirken Kassel, Gießen und Darmstadt entsprechen, zeigt die Verteilung einen deutlichen Schwerpunkt im Bereich Südhessen mit 61 % der einbezogenen Einrichtungen. Auf Mittelhessen entfallen 19 % der ermittelten Einrichtungen, auf Nordhessen 20 % (vgl. Tabelle 1).

	Absolute Häufig-keiten	Relative Häufig-keiten
Regierungsbezirk Kassel (Nordhessen)	295	20
Regierungsbezirk Gießen (Mittelhessen)	278	19
Regierungsbezirk Darmstadt (Südhessen)	905	61
Gesamt	1.478	100

Tabelle 1:   Absolute und relative Häufigkeiten – Regierungsbezirk

Setzt man diese Häufigkeiten nun in Beziehung zur Anzahl der Einwohner, ermittelt also die Anbieterdichte, so ergibt sich für Gesamthessen der Wert von 2,4 Anbietern pro 10.000 Einwohner. Wie in Tabelle 2 ersichtlich, entfällt sowohl auf Nordhessen als auch auf Südhessen dieser Wert, während Mittelhessen mit einem Wert von 2,7 leicht über dem Gesamtdurchschnitt Hessens liegt. Insgesamt ist jedoch festzuhalten, dass auf der Regierungsbezirksebene von einer gleichmäßig ausgeprägten Anbieterdichte auszugehen ist. Mit Blick auf eine Einordnung Hessens im Vergleich zu den anderen Bundesländern ist auf die Untersuchung von Dietrich/Schade/Behrensdorf (2008) zu verweisen, wonach nur Hamburg und Bremen über eine größere Anbieterdichte verfügen und Hessen insgesamt deutlich über dem bundesrepublikanischen Durchschnitt liegt.

	Bevölkerung*	Anbieter	Anbieter/ 10.000 Einwohner
Regierungsbezirk Kassel (Nordhessen)	1.224.741	295	2,4
Regierungsbezirk Gießen (Mittelhessen)	1.044.269	278	2,7
Regierungsbezirk Darmstadt (Südhessen)	3.792.941	905	2,4
Hessen (Gesamt)	6.061.951	1.478	2,4

Bevölkerungszahl vom 31.10.2009
Quelle: Statistisches Landesamt Hessen (Zuletzt geprüft am: 13.08.2010)

Tabelle 2:   Anbieterdichte pro Regierungsbezirk und in Hessen insgesamt

Zugleich lässt sich auf gesamthessischer Ebene ein weiterer Befund herausarbeiten. Hierzu liegt es nahe, zunächst auf Unterscheidungen von Raumkategorien in der Raumplanung zurückzugreifen. Die genaue strukturräumliche Verfasstheit des hessischen Landesgebiets ist in Abbildung 1 zu erkennen.

Betrachtet man die Verteilung der Anbieter auf die Strukturräume, so lässt sich folgendes festhalten: 17 % der Anbieter entfallen auf den ländlichen Raum, 16 % auf den Ordnungsraum und 67 % auf den Verdichtungsraum (vgl. Tabelle 3).

	Absolute Häufigkeiten	Relative Häufigkeiten
Ländlicher Raum	255	17
Ordnungsraum	229	16
Verdichtungsraum	994	67
Gesamt	1.478	100

Tabelle 3:   Absolute und relative Häufigkeiten – Regionale Strukturräume

Demnach befinden sich 83 % der identifizierten Anbieter in Verdichtungs- und Ordnungsräumen und 17 % im ländlichen Raum. Als Befund lässt sich folglich festhalten, dass die Verteilung von Weiterbildungseinrichtungen in Hessen einem deutlich ausgeprägten Zentrum-Peripherie-Muster folgt.

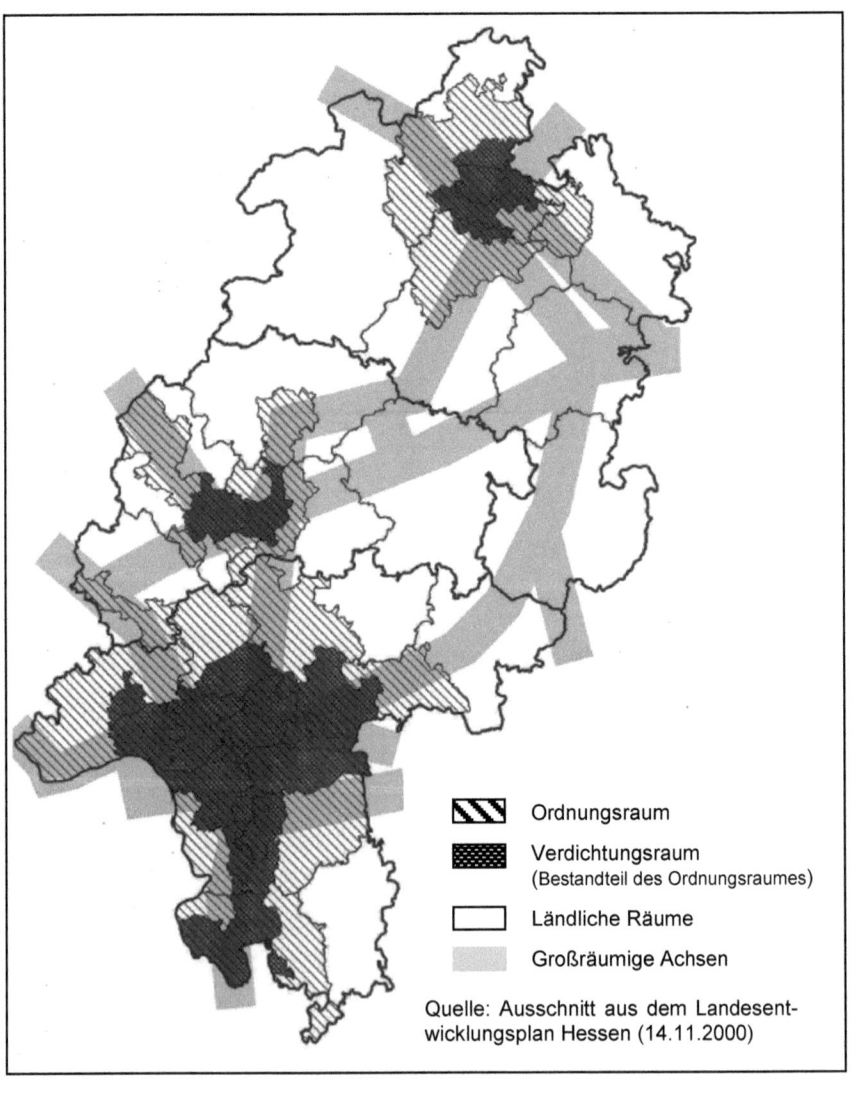

(Quelle: Plankarte Landesentwicklungsplan 2000)

Abbildung 1:   Strukturräumliche Gliederung Hessens

1.2 Anbieterverteilung auf der Ebene der hessischen Regierungsbezirke

Anbieterverteilung im Regierungsbezirk Kassel

Betrachtet man die Anbieterverteilung auf Kreisebene nach Regierungsbezirken, so lässt sich für den Regierungsbezirk Kassel zunächst die zentrale Stellung der Stadt Kassel konstatieren. Mit 36% vereinigt die kreisfreie Stadt Kassel den größten Anteil der Anbieter auf sich, gefolgt von Fulda mit 17%, dem Schwalm-Eder-Kreis mit 11%, Waldeck-Frankenberg und dem Landkreis Kassel mit 10% sowie dem Werra-Meißner-Kreis und dem Kreis Hersfeld-Rotenburg mit je 8% (vgl. Abbildung 2).

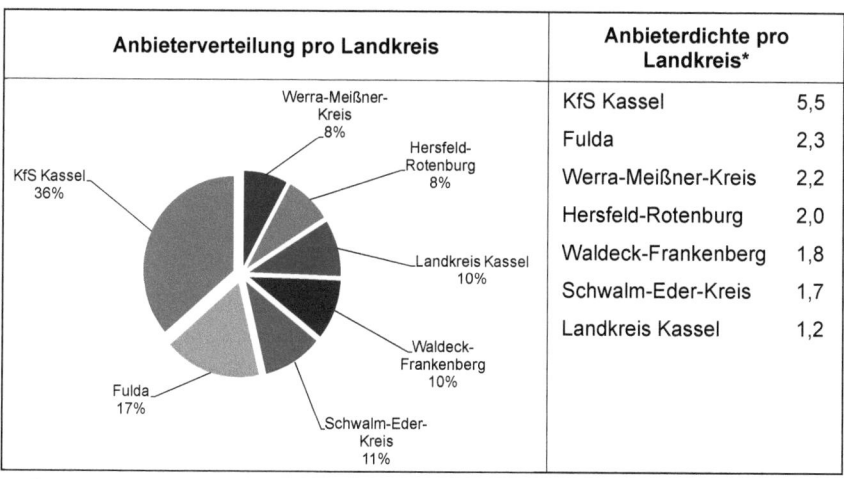

Anbieterverteilung pro Landkreis	Anbieterdichte pro Landkreis*	
	KfS Kassel	5,5
	Fulda	2,3
	Werra-Meißner-Kreis	2,2
	Hersfeld-Rotenburg	2,0
	Waldeck-Frankenberg	1,8
	Schwalm-Eder-Kreis	1,7
	Landkreis Kassel	1,2

*   *Bevölkerungszahl vom 31.10.2009*
   Quelle: Statistisches Landesamt Hessen (Zuletzt geprüft am: 13.08.2010)

Abbildung 2:   Anbieterverteilung im Regierungsbezirk Kassel
(Nordhessen: n = 294)

Setzt man die Anbieterverteilung im Regierungsbezirk Kassel nun ins Verhältnis zur Bevölkerungsverteilung, so bestätigt sich als herausragender Befund noch einmal die bedeutende Stellung der kreisfreien Stadt Kassel. Einer Bevölkerung von 194.774, was einem Anteil von 15,9% im Regierungsbezirk entspricht, stehen 36% der Anbieter gegenüber. Im Gegensatz dazu lassen sich im Landkreis Kassel bei einer Bevölkerungszahl von 237.973 Einwohnern, also 19,4% der Einwohner im Regierungsbezirk, nur 10% der Anbieter identifizieren.

Vor dem Hintergrund der engen infrastrukturellen Verflechtung des Landkreises Kassel mit der kreisfreien Stadt Kassel ist davon auszugehen, dass die kreisfreie Stadt Kassel auch im Blick auf das Weiterbildungsangebot eine zentrale Funktion für den Landkreis übernimmt. Doch auch wenn man die kreisfreie Stadt Kassel und den Landkreis Kassel zusammen sieht, so bestätigt sich der Befund der zentralen Stellung für das gesamte Umland. Die kreisfreie Stadt Kassel und der Landkreis Kassel vereinigen 46% der Anbieter auf sich, insgesamt sind jedoch etwa 35% der Bevölkerung des Regierungsbezirkes in der kreisfreien Stadt Kassel und dem gleichnamigen Landkreis angesiedelt. Betrachtet man die Anbieterdichten, so werden die Disparitäten innerhalb des Regierungsbezirkes besonders deutlich (vgl. Abbildung 2).

Legt man nochmals den durchschnittlichen Wert von 2,4 Anbietern pro 10.000 Einwohner für den Regierungsbezirk Kassel zugrunde, so zeigt sich der Stellenwert von Kassel mit 5,5 Anbietern pro 10.000 Einwohner und es bestätigt sich folglich die Reihenfolge der Landkreise innerhalb der Region Nordhessen, die sich bereits bei der Anbieterverteilung andeutete. Knapp unterhalb des Durchschnitts befinden sich Fulda und der Werra-Meißner-Kreis, sodann folgen Hersfeld-Rotenburg (2,0), Waldeck-Frankenberg (1,8) und der Schwalm-Eder-Kreis (1,7). Deutlich unterhalb des Durchschnitts mit nur 1,2 Anbietern pro 10.000 Einwohner liegt der Landkreis Kassel.

Insgesamt lässt sich also festhalten, dass mit Blick auf die Verteilung der Weiterbildungsanbieter die kreisfreie Stadt Kassel das absolute Zentrum im Regierungsbezirk Kassel darstellt. Sie verfügt sowohl über die mit Abstand höchste Anbieterzahl als auch über die höchste Anbieterdichte. Es kann davon ausgegangen werden, dass sie zentrale Funktion in Bezug auf Weiterbildung nicht nur für den unmittelbar angrenzenden Landkreis Kassel, sondern auch für die anderen Kreise des Regierungsbezirkes übernimmt.

Anbieterverteilung im Regierungsbezirk Gießen

Bei der Anbieterverteilung auf Kreisebene im Regierungsbezirk Gießen sind ebenfalls Disparitäten zu erkennen. So finden sich zunächst 36% der erhobenen Anbieter im Landkreis Gießen, 25% entfallen auf den Kreis Marburg-Biedenkopf, 17% der Anbieter sind im Lahn-Dill-Kreis, 15% in Limburg-Weilburg und 8% im Vogelsbergkreis (vgl. Abbildung 3).

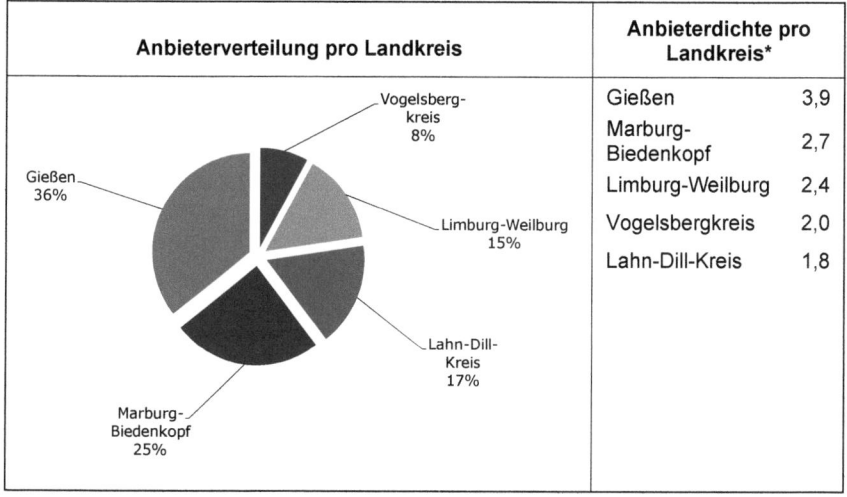

Anbieterverteilung pro Landkreis	Anbieterdichte pro Landkreis*	
	Gießen	3,9
	Marburg-Biedenkopf	2,7
	Limburg-Weilburg	2,4
	Vogelsbergkreis	2,0
	Lahn-Dill-Kreis	1,8

* *Bevölkerungszahl vom 31.10.2009*
Quelle: Statistisches Landesamt Hessen (Zuletzt geprüft am: 13.08.2010)

Abbildung 3: Anbieterverteilung im Regierungsbezirk Gießen
(Mittelhessen: n = 278)

Im Vergleich zum Regierungsbezirk Kassel ist das Ausmaß der Disparitäten gemessen an der Differenz vom Landkreis mit den meisten zu dem Landkreis mit den wenigsten Anbietern ähnlich. Allerdings ist die Stellung des in Mittelhessen anbieterstärksten Landkreises (Gießen, 36%) – gemessen an der Differenz zum Landkreis mit der zweithäufigsten Anbieteranzahl (Marburg-Biedenkopf, 25%) – bei weitem nicht so exponiert wie diejenige der kreisfreien Stadt Kassel. Auffällig ist darüber hinaus, dass der Zahl der Anbieter im Landkreis Gießen knapp 256.000 Einwohner (bzw. 24,5%) gegenüberstehen und der Landkreis Marburg-Biedenkopf (251.150) wie auch der Lahn-Dill-Kreis (254.878) über ähnlich viele Einwohner verfügen. Eine differenziertere Sichtweise ermöglicht auch hier der Blick auf die Anbieterdichte pro Landkreis (vgl. Abbildung 3).

Legt man die durchschnittliche Dichte von 2,7 Anbietern pro 10.000 Einwohner auf Regierungsbezirksebene zugrunde, so zeigt sich die zentrale Bedeutung des Landkreises Gießens, der über eine Anbieterdichte von 3,9 pro 10.000 Einwohner verfügt.

Es wird des Weiteren deutlich, dass Marburg-Biedenkopf exakt dem Durchschnitt der Anbieterdichte des Regierungsbezirkes entspricht und der Landkreis Limburg-Weilburg leicht unterhalb des Durchschnitts liegt. Deutlich unterhalb des Durchschnitts liegen der Vogelsbergkreis mit 2,0 und der Lahn-

Dill-Kreis mit 1,8 Anbietern pro 10.000 Einwohner. Dabei ist noch darauf hinzuweisen, dass der Vogelsbergkreis ausschließlich als ländlicher Raum charak-
terisiert werden kann, während der Lahn-Dill-Kreis sowohl über Verdichtungs-
und Ordnungsraum als auch über ländlichen Raum verfügt.

Für den Regierungsbezirk Gießen lässt sich festhalten, dass Gießen eine
zentrale Stellung einnimmt. Der Landkreis verfügt nicht nur über die höchste
Anzahl von Weiterbildungseinrichtungen, sondern weist auch die höchste Anbieterdichte auf. Zumindest mit Blick auf den angrenzenden Lahn-Dill-Kreis,
der über die geringste Anbieterdichte im Regierungsbezirk verfügt, ist anzunehmen, dass Gießen eine zentrale Funktion übernimmt. Mit dem Landkreis
Marburg-Biedenkopf und mit gewissen Abstrichen auch mit dem Landkreis
Limburg-Weilburg existieren innerhalb des Regierungsbezirkes jedoch zwei
Kreise, die eine Anbieterdichte aufweisen, die der durchschnittlichen Anbieterdichte des Regierungsbezirkes nahe kommen und für die Gießen eher nicht die
herausragende, zentrale Funktion erfüllt.

Anbieterverteilung im Regierungsbezirk Darmstadt

Bei der Betrachtung der Anbieterverteilung im Regierungsbezirk Darmstadt,
dem von der Einwohnerzahl und der Anbieterzahl mit Abstand größten Regierungsbezirk Hessens, ergibt sich ein komplexes Bild. Gleichwohl sind auch hier
erhebliche Disparitäten zu erkennen. Auffällig ist auf den ersten Blick zunächst
die besondere Stellung, die Frankfurt in diesem Regierungsbezirk zukommt.
Bezüglich der Zentralität im jeweiligen Regierungsbezirk lassen sich Parallelen
zwischen Frankfurt und Kassel erkennen. Frankfurt vereint immerhin 32% der
Anbieter im Regierungsbezirk auf sich. Die exponierte Stellung zeigt sich sowohl an der Differenz zum Landkreis mit den wenigsten Anbietern (Odenwaldkreis, 2%) als auch an der Differenz zum Landkreis mit der zweithäufigsten
Anbieterzahl (kreisfreie Stadt Wiesbaden: 11%).

Des Weiteren ist die Anbieterstruktur im Regierungsbezirk Darmstadt insgesamt durch das Muster eines Gefälles zwischen kreisfreien Städten und Landkreisen gekennzeichnet. Dabei konzentrieren sich die Anbieter in den kreisfreien
Städten. Nach den kreisfreien Städten Frankfurt und Wiesbaden folgt die kreisfreie Stadt Darmstadt mit 9%. Einzig der Main-Kinzig-Kreis als erster Landkreis ordnet sich in die Reihe der kreisfreien Städte ein, danach folgt die kreisfreie Stadt Offenbach mit 6%. Die weiteren Landkreise folgen entsprechend in
kleinen Abständen (vgl. Abbildung 4).

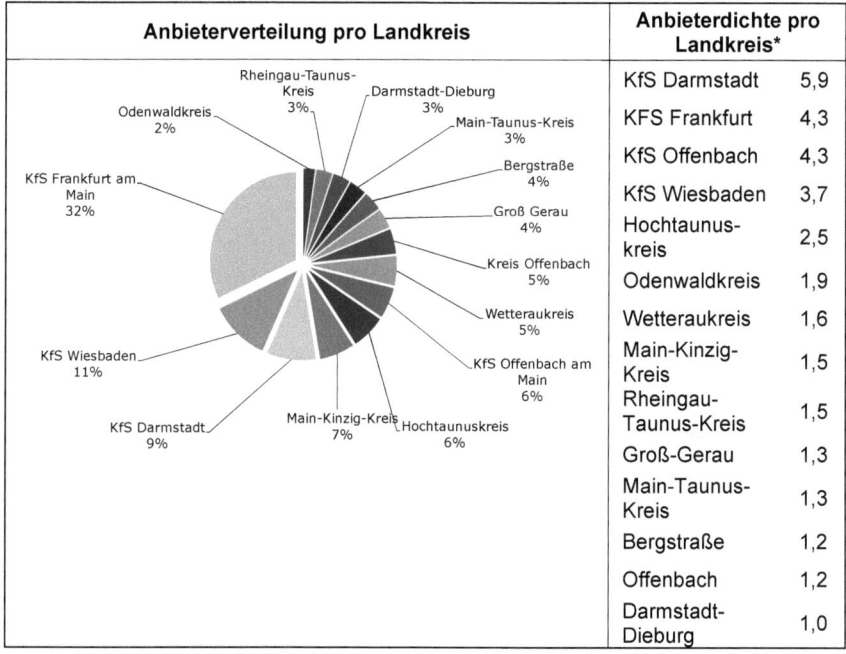

Anbieterverteilung pro Landkreis	Anbieterdichte pro Landkreis*	
	KfS Darmstadt	5,9
	KFS Frankfurt	4,3
	KfS Offenbach	4,3
	KfS Wiesbaden	3,7
	Hochtaunus-kreis	2,5
	Odenwaldkreis	1,9
	Wetteraukreis	1,6
	Main-Kinzig-Kreis	1,5
	Rheingau-Taunus-Kreis	1,5
	Groß-Gerau	1,3
	Main-Taunus-Kreis	1,3
	Bergstraße	1,2
	Offenbach	1,2
	Darmstadt-Dieburg	1,0

*   *Bevölkerungszahl vom 31.10.2009 Quelle: Statistisches Landesamt Hessen (Zuletzt geprüft am: 13.08.2010)*

Abbildung 4:   Anbieterverteilung Regierungsbezirk Darmstadt
(Südhessen: n = 905)

Blickt man indes auf die Anbieterdichte, d.h. die Anbieterzahl pro 10.000 Einwohner, so kommt nicht mehr Frankfurt die herausragende Stellung im Regierungsbezirk zu, sondern vielmehr der kreisfreien Stadt Darmstadt mit einem Wert von 5,9 Anbietern pro 10.000 Einwohner, was zugleich die höchste Anbieterdichte in Hessen darstellt (vgl. Abbildung 4).

Das bereits identifizierte Muster des Gefälles zwischen kreisfreien Städten und den Landkreisen lässt sich auch hier nochmals kennzeichnen. Bei einem durchschnittlichen Wert von 2,4 Anbietern pro 10.000 Einwohner im Regierungsbezirk Darmstadt finden sich die kreisfreien Städte allesamt deutlich über dem Durchschnitt, während sich die Landkreise zumeist als deutlich unterdurchschnittlich kennzeichnen lassen. Die einzige Ausnahme stellt hier der Hochtaunuskreis dar, der mit 2,5 Anbietern pro 10.000 Einwohner leicht überdurchschnittlich positioniert ist.

Interpretiert man dieses Muster nun vor dem Hintergrund der räumlichen Lage, so lässt sich vermuten, dass die jeweiligen kreisfreien Städte zentrale

Funktion für die sie umgebenden Landkreise erfüllen. So ist anzunehmen, dass die kreisfreie Stadt Darmstadt diese Funktion zumindest in Teilen für die Landkreise Bergstraße, Odenwaldkreis, Darmstadt-Dieburg und Groß-Gerau erfüllt. Die kreisfreie Stadt Wiesbaden übernimmt diese für den Rheingau-Taunus-Kreis und in Teilen für den Landkreis Groß-Gerau. Die kreisfreie Stadt Offenbach hat diese Funktion gewiss für den Landkreis Offenbach, vermutlich auch in Teilen noch für den Landkreis Darmstadt-Dieburg. Die kreisfreie Stadt Frankfurt schließlich übt eine zentrale Funktion für die nördlichen Kreise des Regierungsbezirkes aus, also den Main-Kinzig-Kreis, den Wetteraukreis und den Hochtaunuskreis; letzterer verfügt über eine überdurchschnittliche Anbieterdichte.

Insgesamt lässt sich also festhalten, dass die Verteilung der Weiterbildungsanbieter im Regierungsbezirk Darmstadt durch eine Zentrum-Peripherie-Struktur zu kennzeichnen ist, wobei die vier Zentren zentrale Funktion mit Blick auf die Weiterbildung für die unmittelbar angrenzenden Landkreise übernehmen.

1.3 Exemplarische Auswertung ausgewählter Landkreise und einer
      kreisfreien Stadt

Betrachtet man die Verteilung der Anbieter auf kommunaler Ebene, so lässt sich erneut eine Zentrum-Peripherie-Struktur ausweisen. Aus der Karte in Abbildung 5, welche die Verteilung der Anbieter nach Postleitzahlgebieten abbildet, sind zwei zentrale Befunde hervorzuheben. So wird bei näherer Betrachtung der Verteilung der Weiterbildungsanbieter in den Landkreisen zum einen deutlich, dass ein Stadt-Land-Gefälle besteht. In den mittelhessischen Kreisen konzentrieren sich die Anbieter in den Städten, so etwa in Limburg, Gießen und Marburg. Gleiches gilt in Nordhessen für Fulda und Kassel.

Zum anderen sind hinsichtlich der kreisfreien Städte ebenfalls Disparitäten erkennbar. So finden sich beispielsweise in Frankfurt Stadtgebiete, in denen sich die Anbieter konzentrieren und Stadtgebiete, in denen nur wenige Anbieter zu finden sind. Es ist jedoch vor dem Hintergrund der infrastrukturellen Ausstattung und damit der Erreichbarkeit der Einrichtungen davon auszugehen, dass sich die Ungleichverteilung innerhalb der Landkreise dramatischer auf die Weiterbildungsbeteiligung auswirkt als in den Städten.

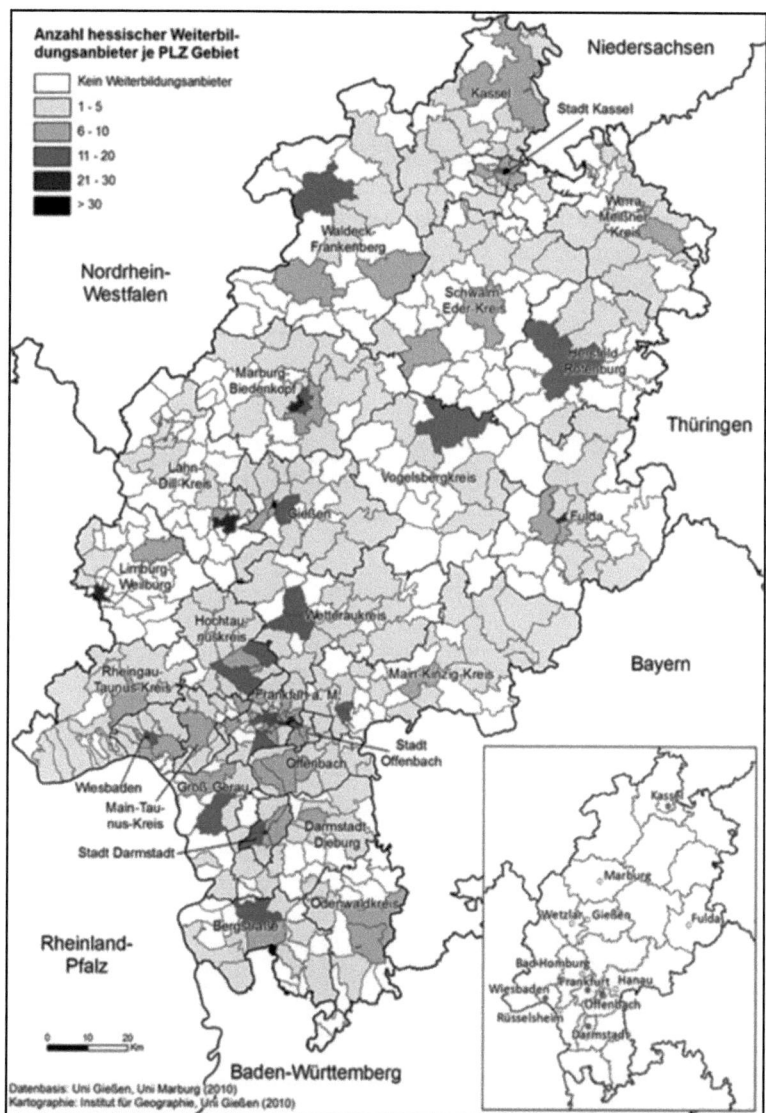

Abbildung 5: Anzahl hessischer Weiterbildungsanbieter je Postleitzahlengebiet

Um diesem zunächst nur im Groben beschriebenen Trend differenzierter nach-zugehen, sollen drei Räume genauer in den Blick genommen werden. Die Aus-wahl orientierte sich zunächst daran, dass alle drei Regierungsbezirke vertreten sein sollten. Mit dem Werra-Meißner-Kreis ist sodann ein zumeist ländlicher

Raum mit unterdurchschnittlicher Anbieterdichte ausgewählt worden. Mit dem Landkreis Marburg wird ein Landkreis betrachtet, der über alle drei Strukturräume (ländlicher Raum, Ordnungsraum, Verdichtungsraum) und über eine durchschnittliche Anbieterdichte verfügt. Mit der kreisfreien Stadt Darmstadt schließlich ist ein Verdichtungsraum mit hoher Anbieterdichte einbezogen worden.

Nimmt man zunächst den Werra-Meißner-Kreis in den Blick, so lässt sich in Abbildung 6 zeigen, dass sich die Weiterbildungsanbieter insbesondere in Eschwege konzentrieren.

Abbildung 6: Verteilung der Weiterbildungsanbieter im Werra-Meißner-Kreis[1]

---

1   Mit Blick auf diesen Kreis wird die Entscheidung, die „Nebenstellen" der Volkshochschulen nicht einzubeziehen, um anschlussfähig an die VHS-Statistik zu sein, wirksam. Die Volkshochschuldependance in Witzenhausen ist in der Grafik daher nicht als eigenständige Einrichtung abgebildet.

Zu verweisen ist zudem auf die Verteilung von Anbietern auf Witzenhausen oder Hessisch Lichtenau. Es können demnach auch innerhalb des Werra-Meißner-Kreises erhebliche Disparitäten konstatiert werden.

Auch der Landkreis Marburg-Biedenkopf weist eine Zentrum-Peripherie-Struktur hinsichtlich der Verteilung der Weiterbildungsanbieter auf. In diesem Landkreis konzentrieren sich die Anbieter insbesondere im Stadtgebiet Marburg (vgl. Abbildung 7). Darüber hinaus gibt es noch in Biedenkopf, Kirchhain, Gladenbach, Stadtallendorf und Rauschenberg mehr als einen Anbieter. Das klare Zentrum stellt jedoch Marburg dar. Darüber hinaus deutet sich innerhalb Marburgs wiederum eine Konzentration an, denn wie die Vergrößerung des Kartenausschnitts zeigt, konzentrieren sich die Anbieter nochmals entlang der Lahn und hierbei insbesondere im Norden.

Abbildung 7: Verteilung der Weiterbildungsanbieter im Landkreis Marburg-Biedenkopf

Schließlich lässt sich am Beispiel der kreisfreien Stadt Darmstadt zeigen, dass es, wie bei Marburg bereits angedeutet, in den Städten zu Konzentrationen in bestimmten Vierteln kommt. In diesem speziellen Fall findet sich eine Vielzahl der Anbieter im Zentrum und in Zentrumsnähe (vgl. Abbildung 11). Zwischen den Stadtteilen bestehen folglich ebenfalls Disparitäten.

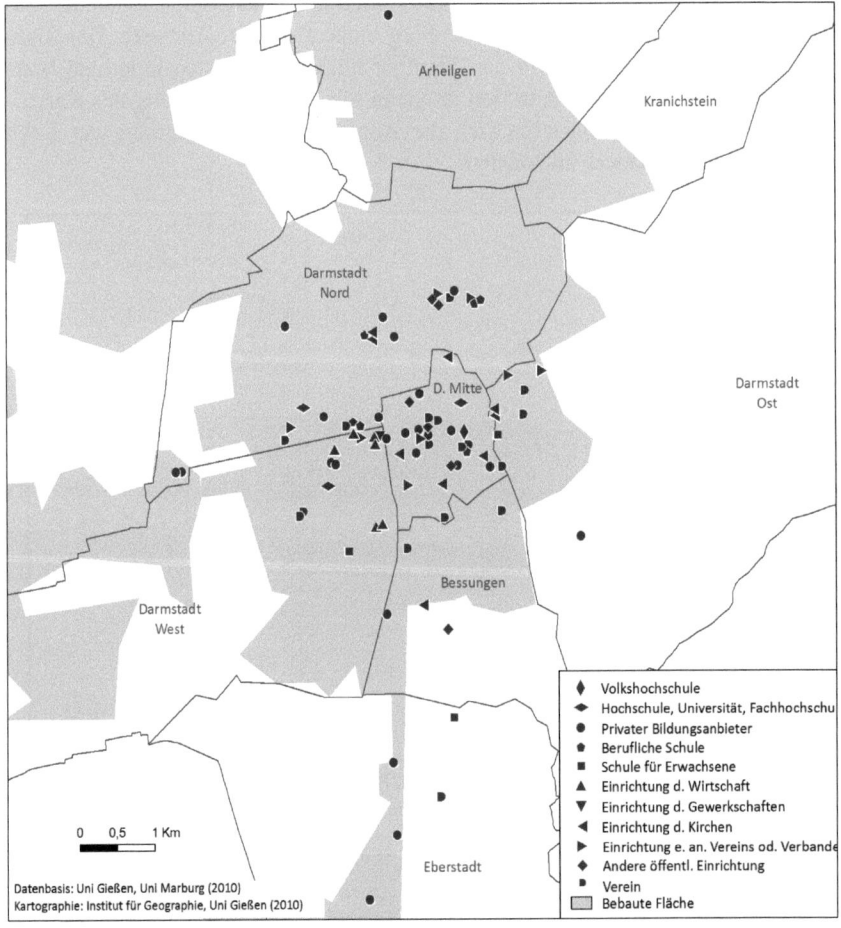

Abbildung 8:   Verteilung der Weiterbildungsanbieter in der kreisfreien Stadt Darmstadt

Im Folgenden sollen zentrale Befunde der Analyse der Daten in räumlicher Hinsicht abschließend zusammengetragen werden. Zunächst kann auf gesamthessischer Ebene festgehalten werden, dass eine Ungleichverteilung zwischen den Regierungsbezirken besteht. Etwa drei Fünftel aller Anbieter finden sich im Regierungsbezirk Darmstadt, etwa je ein Fünftel verteilt sich auf die Regierungsbezirke Kassel und Gießen. Mit Blick auf die Anbieterdichte lassen sich jedoch nur geringfügige Unterschiede zwischen den Regierungsbezirken konstatieren.[2] Während in den Regierungsbezirken Darmstadt und Kassel 2,4 Anbieter pro 10.000 Einwohner bestehen, liegt der Wert für Gießen bei 2,7. Innerhalb der Regierungsbezirke jedoch sind erhebliche Disparitäten sowohl mit Blick auf die Verteilung der Anbieter als auch mit Blick auf die Anbieterdichte zu erkennen. Dabei lassen sich diese Disparitäten als drei unterschiedliche Muster einer Zentrum-Peripherie-Struktur kennzeichnen:

Die Verteilung der Anbieter im Regierungsbezirk Kassel stellt eine monozentrische Struktur mit starker Disparität dar. Kennzeichnend ist die exponierte Stellung der kreisfreien Stadt Kassel, die sich durch die überragende Anbieterdichte und die mit Abstand größte Anzahl von Weiterbildungsanbietern markieren lässt.

Der Regierungsbezirk Gießen verfügt über eine monozentrische Struktur mit moderater Disparität. Mit Gießen gibt es auch in diesem Regierungsbezirk sowohl hinsichtlich der Anzahl der Anbieter als auch der Anbieterdichte Tendenzen der Konzentration. Im Vergleich zum Regierungsbezirk Kassel ist jedoch die Differenz zu den anderen Landkreisen des Regierungsbezirkes nicht so stark ausgeprägt.

Schließlich weist der Regierungsbezirk Darmstadt eine polyzentrische Struktur mit starker Disparität auf. Zwar überragt die Stadt Frankfurt bei der Betrachtung der Anzahl der Anbieter, kennzeichnend für den Regierungsbezirk ist aber vielmehr, dass die insgesamt vier kreisfreien Städte über deutlich überdurchschnittliche Anbieterdichten verfügen und für die jeweils angrenzenden Landkreise zentrale Funktion erfüllen.

Nochmals überformt werden die so beschriebenen Strukturen durch ein weiteres Zentrum-Peripherie-Muster auf lokaler Ebene. Damit werden die Disparitäten nochmals verschärft. Dies lässt sich sowohl für die ländlichen wie auch für die urbanisierten Räume Hessens konstatieren. Im Hinblick auf die Folgen für den Zugang ist jedoch zwischen verstädtertem und ländlichem Raum nochmals zu unterscheiden. Angesichts der unterschiedlichen verkehrsinfrastrukturellen Ausstattung ist davon auszugehen, dass die räumliche Marginalisierung in den urbanisierten Räumen leichter auszugleichen ist.

Zwar ist eine vergleichsweise geringe Verfügbarkeit von wohnortnahen Weiterbildungsangeboten im ländlichen Raum nicht ohne weiteres zu kompensieren, zugleich sollte jedoch berücksichtigt werden, dass die dezentrale Struktur

---

2   Eine vergleichende Übersicht der Anbieter, Einwohner und Anbieterdichte pro Landkreis ist im Anhang beigefügt.

von Landesorganisationen in öffentlicher und freier Trägerschaft in dieser Studie nicht abgebildet und dadurch ein wichtiger Beitrag nicht in die Analyse einbezogen werden kann. Denn insbesondere (Kreis-)Volkshochschulen und Einrichtungen in konfessioneller Trägerschaft sind vor dem Hintergrund ihres Bildungsauftrages und Selbstanspruches dezentral organisiert und in ländlich geprägten Regionen mit (in der Regel unselbstständigen) Außenstellen vertreten. Dies ändert jedoch nichts Wesentliches an dem grundlegenden Befund, dass die Anbieterstruktur insgesamt unterdurchschnittlich ausgeprägt ist. Zentrales zukünftiges Problem für die Anbieterstruktur im ländlichen Raum wird der demographische Wandel sein. Eine schwindende und zunehmend überalterte Bevölkerung stellt die Anbieterstruktur vor große Herausforderungen.

2   Analyse der Daten in organisationsstruktureller Perspektive

Um die organisationale Struktur der hessischen Anbieterlandschaft näher in den Blick zu nehmen, sollen im Folgenden die erfassten organisationsbezogenen Merkmale ausgewertet werden.

2.1 Trägerschaft und Anbietertyp

Von den insgesamt 1.478 erfassten Anbietern haben 1.428 Angaben zur Trägerschaft gemacht. Dabei lässt sich erkennen, dass sich ein Drittel der Anbieter in der Trägerschaft von Kapital- und Personengesellschaften befindet, danach folgen 26 % der Anbieter in der Trägerschaft von Initiativen und Vereinen. Weitere 17 % liegen in der Trägerschaft von Kommunen, Land oder Bund. 8 % sind jeweils in der Trägerschaft von Wohlfahrts-, Sportverbänden und Stiftungen, weitere 7 % in der von Kirchen bzw. konfessionellen Trägern. Die kleinsten Anteile innerhalb der Kategorie Trägerschaft entfallen auf Arbeitgeberverbände mit 3 %, gefolgt von Gewerkschaften, Industrie- und Handelskammern und Handwerkskammern sowie Universitäten, Bundesanstalten und Forschungsinstituten mit je 1 % (vgl. Tabelle 4). Insgesamt bildet sich als Befund also eine plurale und vor allem disparate Trägerlandschaft mit zugleich Schwerpunkten auf öffentlichen, privaten und vereinsförmigen Trägern ab.

	Absolute Häufig-keiten	Relative Häufig-keiten
Kommune, Land, Bund	245	17
Universität, Bundesanstalt, Forschungsinstitut	7	1
Kirchen, konfessionelle Träger	102	7
IHK, HK	11	1
Berufsverbände, Innungen, Kammern	60	4
Arbeitgeberverbände, Unternehmen	40	3
Gewerkschaften	20	1
Wohlfahrts-/Sportverbände, Stiftungen	113	8
Initiativen, Vereine	366	26
Kapital-, Personengesellschaften	464	33
Gesamt	1.428	100

Tabelle 4:   Absolute und relative Häufigkeiten – Träger

In Ergänzung zur Trägerschaft kann auch anhand der Variable Anbietertyp gezeigt werden, dass sich die Anbieterlandschaft keinesfalls homogen ausgestaltet. Private Bildungsanbieter nehmen auch hier mit 34% einen Spitzenplatz ein, danach folgen mit großem Abstand Vereine mit 14% sowie Einrichtungen eines anderen Vereins oder Verbandes mit 16%. Zur Erläuterung sei hier angemerkt, dass sich hinter diesem zuletzt genannten Anbietertyp Einrichtungen verbergen, die über eine eigene Rechtspersönlichkeit verfügen, sich jedoch in der Trägerschaft von Vereinen oder Verbänden befinden und somit von den privaten Bildungsanbietern zu unterscheiden sind. Beispielhaft ist etwa auf die Sportkreise in Hessen zu verweisen. Sodann folgen berufliche Schulen mit 8% sowie konfessionelle Einrichtungen, Einrichtungen der Wirtschaft und andere öffentliche Einrichtungen mit 7%. Am Ende stehen Volkshochschulen und Hochschulen mit je 2%, gefolgt von Schulen für Erwachsene, Einrichtungen der Gewerkschaften sowie sonstigen Anbietern mit jeweils 1% (vgl. Tabelle 5).

	Absolute Häufig- keiten	Relative Häufig- keiten
Privater Bildungsanbieter	509	34
Volkshochschule	31	2
Schule für Erwachsene	20	1
Einrichtung der Wirtschaft (Arbeitgeber, Kammern)	96	7
Einrichtung der Gewerkschaften	21	1
Einrichtung der Kirchen, eines konfessionellen Vereins	109	7
Einrichtung einer politischen Partei oder Stiftung	5	0
Einrichtung eines anderen Vereins oder Ver- bandes	234	16
Berufliche Schule	111	8
Hochschule, Universität, Fachhochschule	24	2
Andere öffentliche Einrichtung (z.B. Gemeinde, Bücherei, Museum)	101	7
Vereine	203	14
Sonstige Anbieter	14	1
Gesamt	1.478	100

Tabelle 5:   Absolute und relative Häufigkeiten – Anbietertyp

Hinsichtlich der Frage, welche Anbietertypen in den Strukturräumen, d. h. dem ländlichen Raum, dem Ordnungs- und dem Verdichtungsraum von besonderer Bedeutung sind, zeigt die bivariate Analyse in Tabelle 6 zunächst eine weithin ausgewogene Verteilung der Weiterbildungsanbieter auf die drei Raumkategorien. Die unterschiedlichen Anbietertypen sind prozentual in ähnlicher Weise in den drei Strukturraumtypen repräsentiert. Hervorzuheben sind drei Befunde: In allen drei regionalen Strukturräumen sind in etwa ein Drittel aller ansässigen Einrichtungen vom Typus „privater Bildungsanbieter". Ihr Anteil ist im Verdichtungsraum mit 38 % an der Gesamtanbieterstruktur etwas größer als in den verbleibenden Strukturräumen.

Ebenfalls knapp ein Drittel der im ländlichen Raum ermittelten Anbieter gaben „Verein" oder „Einrichtung eines anderen Vereins/Verbandes" als Anbietertyp an. Dabei sind in Verdichtungsräumen mit 16 % „Vereine" deutlich häufiger vertreten als in den anderen beiden Strukturräumen, während der Anteil der „Einrichtungen eines anderen Vereins/Verbandes" mit 23 % im ländlichen Raum vor allem im Vergleich zum Anteil an der Gesamtanzahl aller Anbieter (17 %) am größten ist. Als Erklärung hierfür könnte man annehmen, dass gerade in den verstädterten Räumen die unterschiedlichen gesellschaftlichen Interessensgruppen in ihrer Vielfalt vorzufinden sind und ihre partikularen Bildungsinteressen eigenständig in institutionalisierter Form zur Geltung bringen.

Anbietertyp		Hessen: Regionale Strukturräume			
		Ländlicher Raum	Ordnungs-raum	Verdich-tungsraum	Gesamt
Privater Bildungsanbieter	Anzahl	80	78	351	509
	% Hessen: Regionale Strukturräume	33%	35%	38%	37%
Volkshochschule	Anzahl	9	6	16	31
	% Hessen: Regionale Strukturräume	4%	3%	2%	2%
Einrichtung der Wirtschaft	Anzahl	22	13	61	96
	% Hessen: Regionale Strukturräume	9%	6%	7%	7%
Einrichtung der Kirchen/konfess. Vereins	Anzahl	13	25	71	109
	% Hessen: Regionale Strukturräume	5%	11%	8%	8%
Einrichtung eines anderen Vereins/ Verbandes	Anzahl % Hessen: Regionale Strukturräume	57 23%	36 16%	141 15%	234 17%
Berufliche Schule	Anzahl	28	19	64	111
	% Hessen: Regionale Strukturräume	11%	9%	7%	8%
Andere öffentliche Einrichtung	Anzahl	16	15	70	101
	% Hessen: Regionale Strukturräume	7%	7%	8%	7%
Vereine	Anzahl	21	31	151	203
	% Hessen: Regionale Strukturräume	9%	14%	16%	15%
Gesamt	Anzahl	246	223	925	1.394
	% Hessen: Regionale Strukturräume	18%	16%	66%	100%

(Signifikanz der Chi-Quadrat-Testung: 0,002) C = 0,153*

Tabelle 6: Ausgewählte Anbieterhäufigkeiten pro Strukturraum[3]

---

3   Die Zuverlässigkeit des Testergebnisses ist eingeschränkt, da die Voraussetzungen des Chi-Quadrat-Tests nicht erfüllt sind (vgl. Brosius 2008: 412). Die erwartete Häufigkeit einer Zelle (4,2 %) ist kleiner als 5. Minimaler Wert: 4,96.

Nimmt man zum Dritten den Anteil der Anbieter in öffentlicher Trägerschaft (VHSen, berufliche Schule, andere öffentliche Einrichtung) in den Blick, so machen diese im ländlichen Raum 22% aus, im Ordnungsraum 19% und im Verdichtungsraum 17%. Die Verteilung weist darauf hin, dass die öffentlich getragenen Einrichtungen insbesondere für die Aufrechterhaltung der Anbieterlandschaft im ländlichen Raum von Bedeutung sind. Angesichts des demographischen Wandels, der im Sinne der Überalterung der Bevölkerung vor allem den ländlichen Raum betreffen wird, ist davon auszugehen, dass sich die Anteile im ländlichen Bereich nochmals zu Gunsten der öffentlichen Anbieter verschieben. Eine Aufrechterhaltung dieser öffentlich getragenen Struktur ist daher insgesamt, aber insbesondere für den ländlichen Raum, unerlässlich.

2.2 Organisationsalter

Über Aussagen zum Organisationsalter liegen Angaben von 1.329 Anbietern vor. Das durchschnittliche Gründungsjahr liegt bei 1971 (SD 38,5, MIN 1527, MAX 2010). Da mit der Variable Gründungsjahr ausschließlich Aussagen über die zur Zeit der Erhebung existierenden Anbieter gemacht werden können, lassen sich keine Befunde über die Veränderung des Anbietergefüges über die Zeit hinweg ableiten. Abbildung 9 erlaubt einen differenzierteren Blick auf das Organisationsalter der Anbietertypen.

Aufmerksam zu machen ist dabei darauf, dass die Anbieter in öffentlicher Trägerschaft in Hessen über ein eher hohes Organisationsalter verfügen, während insbesondere private Bildungsanbieter eher jüngeren Gründungsdatums sind. Mit Blick auf die Genese der Weiterbildungslandschaft lässt sich formulieren, dass die in der Auswertung berücksichtigten öffentlichen Einrichtungen im Vergleich eine längere Bestandsdauer aufweisen und die regionale Anbieterstruktur entsprechend über einen längeren Zeitraum wesentlich mitprägen konnten und mitprägen.

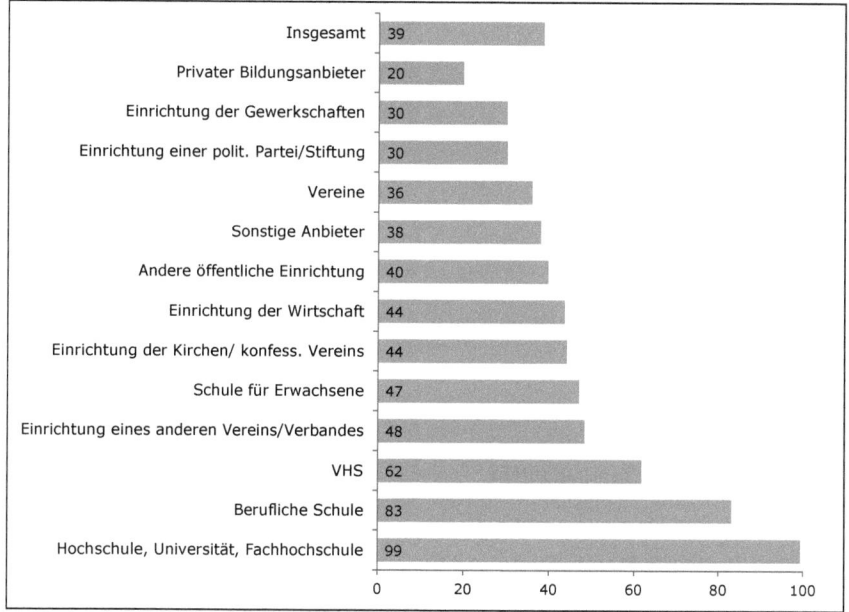

(ANOVA: Zwischen den Gruppen – Signifikanz: 0,000; ETA: 0,492; ETA-Quadrat: 0,242)

Abbildung 9: Durchschnittliches „Organisationsalter" in Jahren nach Anbietertyp (n = 1.329)[4]

Weltanschaulich orientierte Anbieter, Anbieter der Sozialpartner sowie der gesellschaftlichen Partikulargruppen folgten, ehe schließlich die privaten Anbieter die hessische Weiterbildungslandschaft komplettierten. (vgl. dazu auch Herbrechter/Schemmann 2010)

2.3 Rechtsform, Erwerbszweck und Finanzierungsform

Mit Blick auf die Rechtsform zeigt sich ebenfalls eine enorme Bandbereite, die in Tabelle 7 abgebildet wird. Hervorzuheben ist hier einerseits der hohe Anteil an Vereinen mit 37%, zum anderen ist auf die große Bandbreite von Rechtsformen der öffentlichen Einrichtungen zu verweisen.

---

4   Detaillierte Angabe der Mittelwerte und Standardabweichungen siehe Anhang.

	Absolute Häufigkeiten	Relative Häufigkeiten
Einzelunternehmungen und Personengesellschaften		
Einzelunternehmung (e.K., EinzelU)	104	8
Gesellschaft bürgerlichen Rechts (GbR)	48	4
Sonstige Einzelunternehmen und Personengesellschaften	24	2
Offene Handelsgesellschaft (oHG)	3	0
Kommanditgesellschaft (KG)	1	0
Kapitalgesellschaften		
Gesellschaft mit beschränkter Haftung (GmbH)	234	17
Als gemeinnützig eingetragene GmbH (gGmbH)	82	6
Aktiengesellschaft (AG)	27	2
Mischformen (GmbH & Co. KG, KGaA)	12	1
Limited Company	3	0
Öffentliche Betriebe/Einrichtungen		
Öffentliche Betriebe mit eigener Rechtspersönlichkeit (Öffentlich-rechtliche Anstalt (AdöR), Körperschaft (KdöR), Stiftung	107	8
Öffentliche Schulen	102	7
Sonstige Öffentliche Betriebe/Einrichtungen	64	5
Öffentliche Betriebe in privatrechtlicher Form (AG, GmbH)	22	2
Öffentliche Betriebe in nicht-privatrechtlicher Form (Regiebetriebe, Eigenbetriebe)	10	1
Weitere Rechts- und Organisationsformen		
eingetragener Verein (e.V.)/Verein	509	37
Private Schulen	11	1
Stiftung privaten Rechts	9	1
Andere/Sonderformen	2	0
Gesamt	1.374	100

Tabelle 7:   Absolute und relative Häufigkeiten – Rechtsform

Mit Blick auf den Erwerbszweck ist festzuhalten, dass 67% der erfassten Einrichtungen angeben, gemeinnützig zu arbeiten, während 33% erwerbswirtschaftliche Ziele verfolgen (vgl. Tabelle 8). Der Schwerpunkt innerhalb der Zwecksetzung der Anbieter liegt demnach deutlich im Bereich der Gemeinnützigkeit, was sich in Bezug auf die Variablen Anbietertyp und Rechtsform hinsichtlich der Häufigkeit vereinsförmiger Einrichtungen abzeichnet. Dabei ist darauf hinzuweisen, dass sich die Differenzen im Vergleich zu vorangegangenen Tabellen zum einen durch die unterschiedliche Gesamtzahl der Antworten ergeben und zum anderen durch das Antwortverhalten der Interviewpartner erklärt werden können. Die Zuordnung zur Kategorie der Gemeinnützigkeit ist

nicht gleichzusetzen mit dem (steuer-)rechtlichen Status anerkannter Gemeinnützigkeit, sondern stützt sich analog zu den bisher betrachteten Variablen auf
die Selbstauskunft der Anbieter, die sich in ihrer Selbstdarstellung das jeweilige
Motiv zuschreiben.

	Absolute Häufig-keiten	Relative Häufig-keiten
Gemeinnützig	953	67
Erwerbswirtschaftlich	473	33
Gesamt	1.426	100

Tabelle 8:   Absolute und relative Häufigkeiten – Erwerbszweck

Hinsichtlich der Finanzierungsform wurden die Anbieter befragt, inwiefern sie
öffentliche bzw. keine öffentliche Finanzierung erhalten. Dabei wurde der Begriff der öffentlichen Finanzierung im weitesten Sinne verstanden, also nicht nur
auf der Grundlage des Hessischen Weiterbildungsgesetzes, sondern er schließt
etwa auch Förderprogramme der Bundesanstalt für Arbeit oder Zuwendungen
des Bundes und der Länder ein. In diesem Zusammenhang wird deutlich, dass
die Reichweite der öffentlichen Mittel durchaus beachtlich ist (vgl. Tabelle 9):
53 % der befragten Anbieter gaben an, öffentliche Mittel zu erhalten, während
47 % der Anbieter laut Angabe keine öffentlichen Mittel beziehen.

	Absolute Häufig-keiten	Relative Häufig-keiten
Keine öffentliche Finanzierung	616	47
Öffentliche Finanzierung	697	53
Gesamt	1.313	100

Tabelle 9:   Absolute und relative Häufigkeiten – Finanzierung durch
öffentliche Mittel

Differenziert man diesen Befund nun nochmals nach Anbietertyp, so ist zunächst festzustellen, dass es keinen Anbietertyp gibt, der gänzlich vom Bezug
öffentlicher Mittel ausgeschlossen ist. Umgekehrt existieren mit Volkshochschulen und Schulen für Erwachsene zwei Anbietertypen, die ausnahmslos nicht
ohne öffentliche Finanzierung fungieren (vgl. Tabelle 10).

Anbietertyp		Finanzierung durch öffentliche Mittel		
		Keine öffentliche Finanzierung	Öffentliche Finanzierung	Gesamt
Privater Bildungsanbieter	Anzahl	308	114	422
	% Anbietertyp	73%	27%	100%
Volkshochschule	Anzahl	0	31	31
	% Anbietertyp	0%	100%	100%
Schule für Erwachsene	Anzahl	0	18	18
	% Anbietertyp	0%	100%	100%
Einrichtung der Wirtschaft	Anzahl	39	52	91
	% Anbietertyp	43%	57%	100%
Einrichtung der Gewerkschaften	Anzahl	7	10	17
	% Anbietertyp	41%	59%	100%
Einrichtung der Kirchen, eines konfessionellen Vereins	Anzahl	38	58	96
	% Anbietertyp	40%	60%	100%
Einrichtung einer politischen Partei oder Stiftung	Anzahl	3	2	5
	% Anbietertyp	60%	40%	100%
Einrichtung eines anderen Vereins oder Verbandes	Anzahl	105	105	210
	% Anbietertyp	50%	50%	100%
Berufliche Schule	Anzahl	6	100	106
	% Anbietertyp	6%	94%	100%
Hochschule, Universität, Fachhochschule	Anzahl	6	16	22
	% Anbietertyp	27%	73%	100%
Andere öffentliche Einrichtung	Anzahl	8	93	101
	% Anbietertyp	8%	92%	100%
Vereine	Anzahl	95	88	183
	% Anbietertyp	52%	48%	100%
Sonstige Anbieter	Anzahl	1	10	11
	% Anbietertyp	9%	91%	100%
Gesamt	Anzahl	616	697	1.313
	% der Gesamtanzahl	47%	53%	100%

(Signifikanz der Chi-Quadrat-Testung: 0,000) C = 0,44**

Tabelle 10:   Finanzierungsschwerpunkt pro Anbietertyp[5]

---

5   Die Zuverlässigkeit des Testergebnisses ist eingeschränkt, da die Voraussetzungen des Chi-Quadrat-Tests nicht erfüllt sind (vgl. Brosius 2008: 412). Die erwartete Häufigkeit von zwei Zellen (7,7 %) ist kleiner als 5. Minimaler Wert: 2,35.

Deutlich wird auch, dass neben Anbietertypen, denen zum Großteil oder ausschließlich öffentliche Träger zugeschrieben werden können (Volkshochschulen, Schulen für Erwachsene, berufliche Schulen, Einrichtungen des tertiären
Bildungsbereichs), vor allem Anbieter in partikularer Trägerschaft (Einrichtungen der Wirtschaft, konfessionelle und gewerkschaftliche Einrichtungen) auf
öffentliche Zuwendungen zurückgreifen. Insgesamt bestätigt sich hier also der
Befund, dass die öffentlichen Mittel in erheblicher Reichweite einen wesentli-
chen Beitrag zur Finanzierung der Weiterbildungslandschaft und damit auch zur
Bereitstellung eines breiten Weiterbildungsangebotes in Hessen leisten.

2.4 Leistungsvolumen

Blickt man abschließend auf das Leistungsvolumen, so fällt auf, dass es ein
Übergewicht an Einrichtungen gibt, die als kleine Anbieter bezeichnet werden
können und bis zu 500 Unterrichtsstunden anbieten. Danach folgen große und
sehr große Anbieter, die je knapp ein Viertel aller Anbieter ausmachen, während
ein Fünftel aller Anbieter angeben, zwischen 501 und 1.500 Unterrichtsstunden
durchzuführen und damit als mittlere Anbieter bezeichnet werden können (vgl.
Tabelle 11).

	Absolute Häufig-keiten	Relative Häufig-keiten
1-500 Ustd. (kleiner Anbieter)	370	33
501-1.500 Ustd. (mittlerer Anbieter)	229	20
1.500-5.000 Ustd. (großer Anbieter)	260	23
über 5.000 Ustd. (sehr großer Anbieter)	275	24
Gesamt	1.134	100

Tabelle 11:   Absolute und relative Häufigkeiten – Leistungsvolumen[6]

---

6   Die Variable „Unterrichtsstunden" stellt hinsichtlich der Untersuchung eines Zusammenhangs
    von Trägerschaft und Leistungsvolumen eine zentrale Kategorie dar. Aufgrund der zum Teil zu
    geringen Anzahl an Anbietern einzelner Trägertypen musste jedoch auf eine bivariate Auswer-
    tung verzichtet werden, da die teststatistischen Voraussetzungen nicht erfüllt waren. Eine Zu-
    sammenfassung zu Trägergruppen ist aus inhaltlichen Gründen nicht vorgenommen worden.

Die Analyse der Daten in struktureller Hinsicht verweist auf die Vielfalt der Anbieter in Hessen. Die Auswertung nach Trägern, Anbietertypen und Rechtsform zeigt den organisationsstrukturellen Pluralismus, der ein wesentliches Kennzeichen der Anbieterlandschaft darstellt. Mit Blick auf die Auswertung nach Strukturräumen konnte als zweiter Aspekt die Bedeutung der öffentlichen Einrichtungen für den ländlichen Raum herausgearbeitet werden.

3   Analyse der Daten in thematischer Perspektive

Zur Kennzeichnung der Anbieter nach inhaltlichem Profil wurden als Variablen die Programmart, die inhaltliche Breite des Anbieters – gemessen an der Zahl der Fachbereiche –, das Themenspektrum sowie das Leistungsvolumen – gemessen an der Unterrichtsstundenzahl – erhoben. Diese Daten sollen nun einer Auswertung zugeführt werden, um Aufschluss über das inhaltliche Profil zu bekommen.

3.1 Programmart und inhaltliche Breite

Betrachtet man zunächst die Programmart, so fällt ein deutlicher Schwerpunkt im Bereich der beruflichen Weiterbildung auf. 53% der befragten Anbieter geben an, ausschließlich im Bereich der beruflichen Weiterbildung Angebote vorzuhalten, weitere 35% bieten sowohl im Bereich der beruflichen als auch im Bereich der allgemeinen Weiterbildung Veranstaltungen an. Nur 12% der Befragten sind nach eigener Angabe ausschließlich im Bereich allgemeiner Erwachsenenbildung tätig (vgl. Tabelle 12).

	Absolute Häufigkeiten	Relative Häufigkeiten
Berufliche Weiterbildung	786	53
Allgemeine Weiterbildung	176	12
Berufliche und allgemeine Weiterbildung	516	35
Gesamt	1.478	100

Tabelle 12:   Absolute und relative Häufigkeiten – Programmart

Hinsichtlich der inhaltlichen Breite der befragten Anbieter fällt auf, dass 80% derjenigen, die hierzu Angaben gemacht haben, als Spartenanbieter bezeichnet werden können und über 1-3 Fachbereiche verfügen. 20% der befragten Anbieter sind als Mehr-Sparten-Anbieter zu bezeichnen und weisen 4-12 Fachbereiche auf. Lediglich vier der erhobenen Einrichtungen haben 13 oder mehr Fachbereiche (vgl. Tabelle 13).

	Absolute Häufigkeiten	Relative Häufigkeiten
Sparten-Anbieter (1-3 Fachbereiche)	774	80
Mehr-Sparten-Anbieter (4-12 Fachbereiche)	193	20
Allround-Anbieter (mindestens 13 Fachbereiche)	4	0
Gesamt	971	100

Tabelle 13:   Absolute und relative Häufigkeiten – Inhaltliche Breite (Anzahl der Fachbereiche)

3.2 Themenbereiche

Bei der Erhebung der Themenbereiche wurde an die Systematik des vorangegangenen Weiterbildungsberichts Hessen angeschlossen (vgl. Faulstich/Gnahs 2005). Durchschnittlich bieten die Anbieter fünf Themenbereiche an (MEAN 5; SD 3,8; MIN 1, MAX 23; n = 1.393). Aufgeschlüsselt nach Anbietertypen zeigt sich, dass die Volkshochschulen mit durchschnittlich 16 Themen mit weitem Abstand die größte Breite an Themenbereichen anbieten (vgl. Abbildung 10).

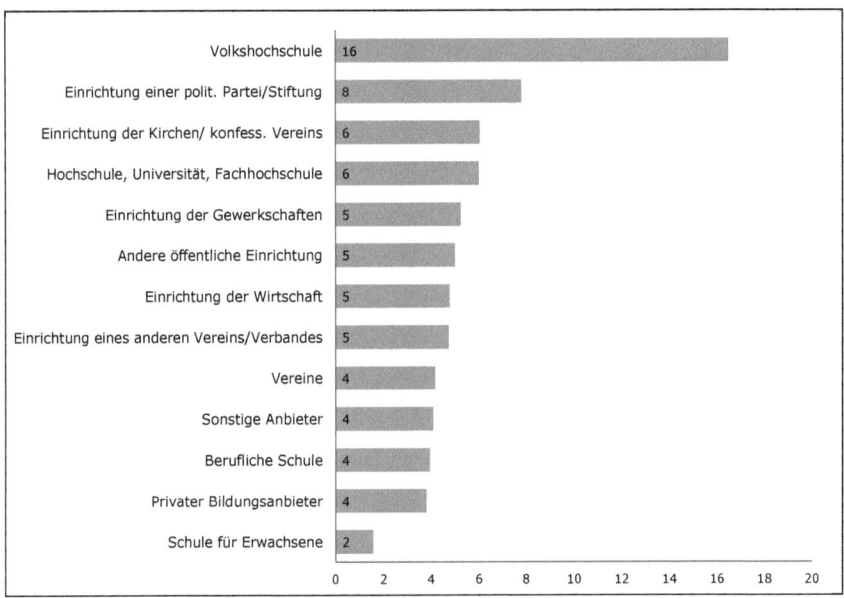

(ANOVA: Zwischen den Gruppen – Signifikanz: 0,000; ETA: 0,511; ETA-Quadrat: 0,261)

Abbildung 10: Durchschnittliche Anzahl der angebotenen Themen pro Anbieter (n = 1.393)[7]

Betrachtet man das Themenspektrum je Anbieter, so wird deutlich, dass sieben Themen von weniger als 10% der Anbieter angeboten werden. Hierzu gehören das Nachholen von Schulabschlüssen, Sport, religiöse Themen, Mathematik/ Naturwissenschaften sowie Geographie/Landes- und Völkerkunde. Nur 5% der Anbieter halten Angebote zur Alphabetisierung vor. Angebote im Bereich Kunst/Musik/Kultur werden von 17% der Einrichtungen gemacht. Die Bereiche Gesundheit, der kaufmännische/betriebswirtschaftliche Bereich, der EDV-Bereich und Kommunikation werden von 30% oder mehr Anbietern bedient. Spitzenreiter sind Angebote zu Schlüsselqualifikationen und Kernkompetenzen, die von 39% der befragten Einrichtungen vorgehalten werden (vgl. Abbildung 11). Dieser Befund korrespondiert mit der hohen Anzahl an Anbietern, die sich der Programmart der beruflichen Weiterbildung zuordnen lassen.

---

7 Detaillierte Angabe der Mittelwerte und Standardabweichungen siehe Anhang.

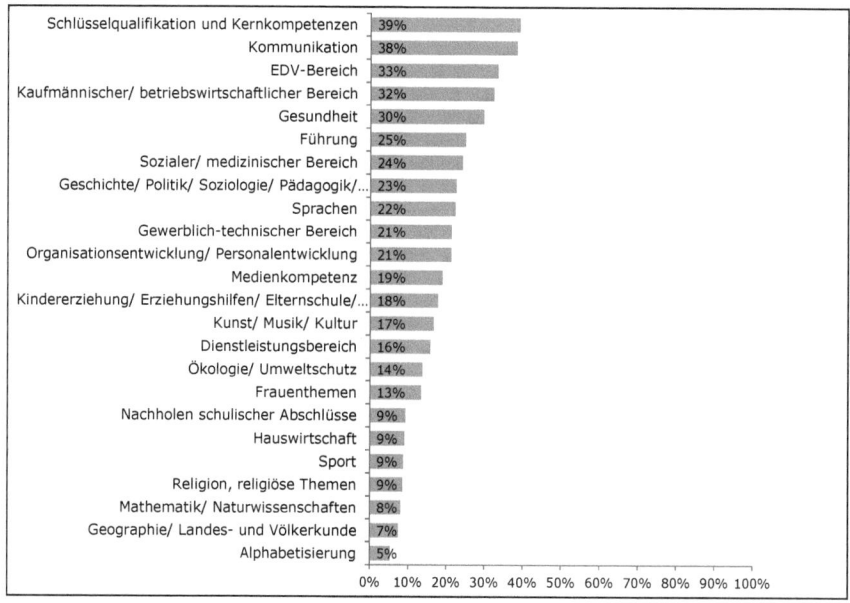

Abbildung 11: Thematische Schwerpunkte (n = 1.389)[8]

Die prozentuale Verteilung der Anbieter auf die am häufigsten angebotenen Themen wird in Abbildung 12 dargestellt.

Demnach haben private Bildungsanbieter bei vier dieser fünf Themen einen Anteil, der bei 35% und mehr liegt. Einzig beim Themenbereich Gesundheit weisen die privaten Bildungsanbieter einen Anteil von knapp über 22% auf, was jedoch immer noch den größten Anteil aller Anbieter darstellt. Hervorzuheben sind ferner Vereine und Einrichtungen eines anderen Vereins oder Verbandes, die bei allen fünf Themen einen Anteil von über 10% haben. Die Einrichtungen eines anderen Vereins oder Verbandes weisen beim Themenbereich Gesundheit sogar einen Anteil von über 20% auf. 10% oder mehr haben darüber hinaus auch die Einrichtungen der Wirtschaft bei Schlüsselqualifikationen und Kernkompetenzen sowie im kaufmännischen/betriebswirtschaftlichen Bereich, die Einrichtungen der Kirchen oder eines konfessionellen Vereins bei den Themenbereichen Kommunikation und Gesundheit sowie die beruflichen Schulen im kaufmännischen/betriebswirtschaftlichen Bereich.

---

8 Detaillierte Angaben zur Auswertung der Mehrfachantworten siehe Anhang.

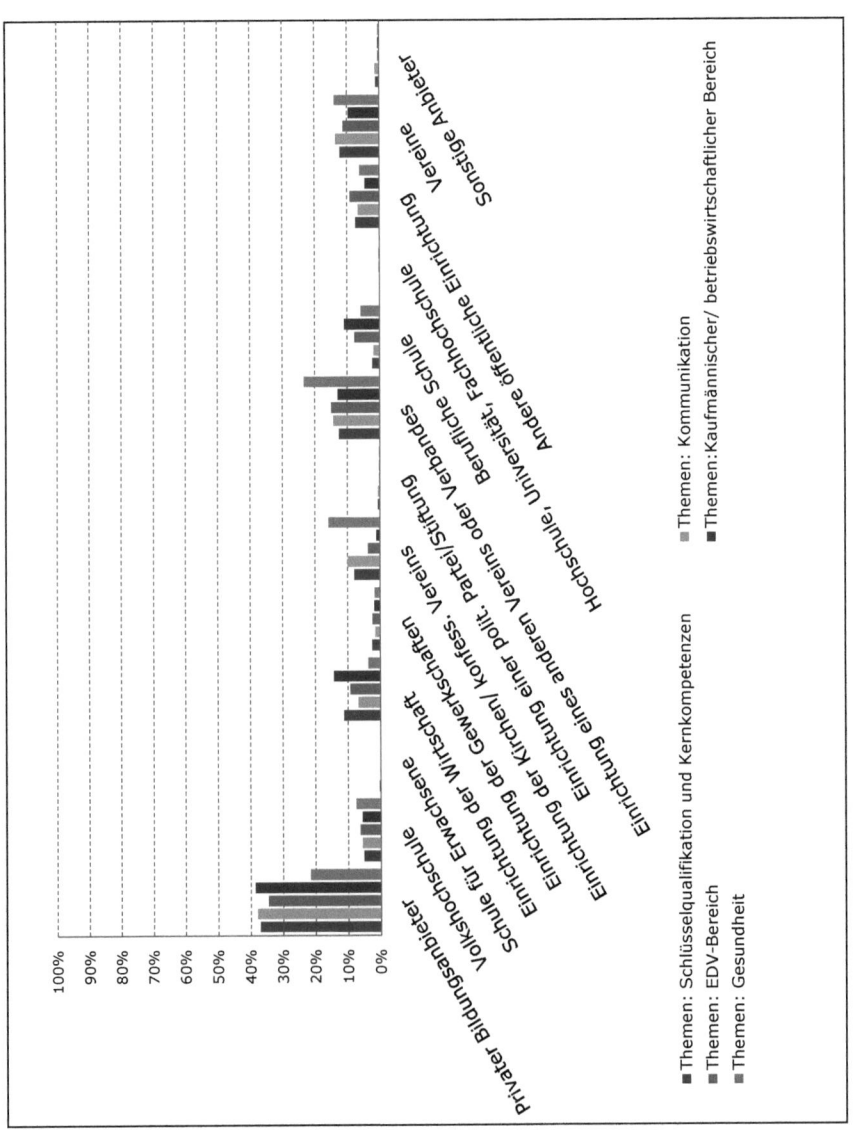

Abbildung 12: Prozentuale Verteilung der Anbieter auf die am häufigsten angebotenen Themen (≥ 30% der Nennungen zu den verschiedenen Themenbereichen pro Anbieter)

Die folgende Abbildung 13 stellt nun die prozentuale Verteilung der Anbieter auf die am wenigsten angebotenen Themen dar.

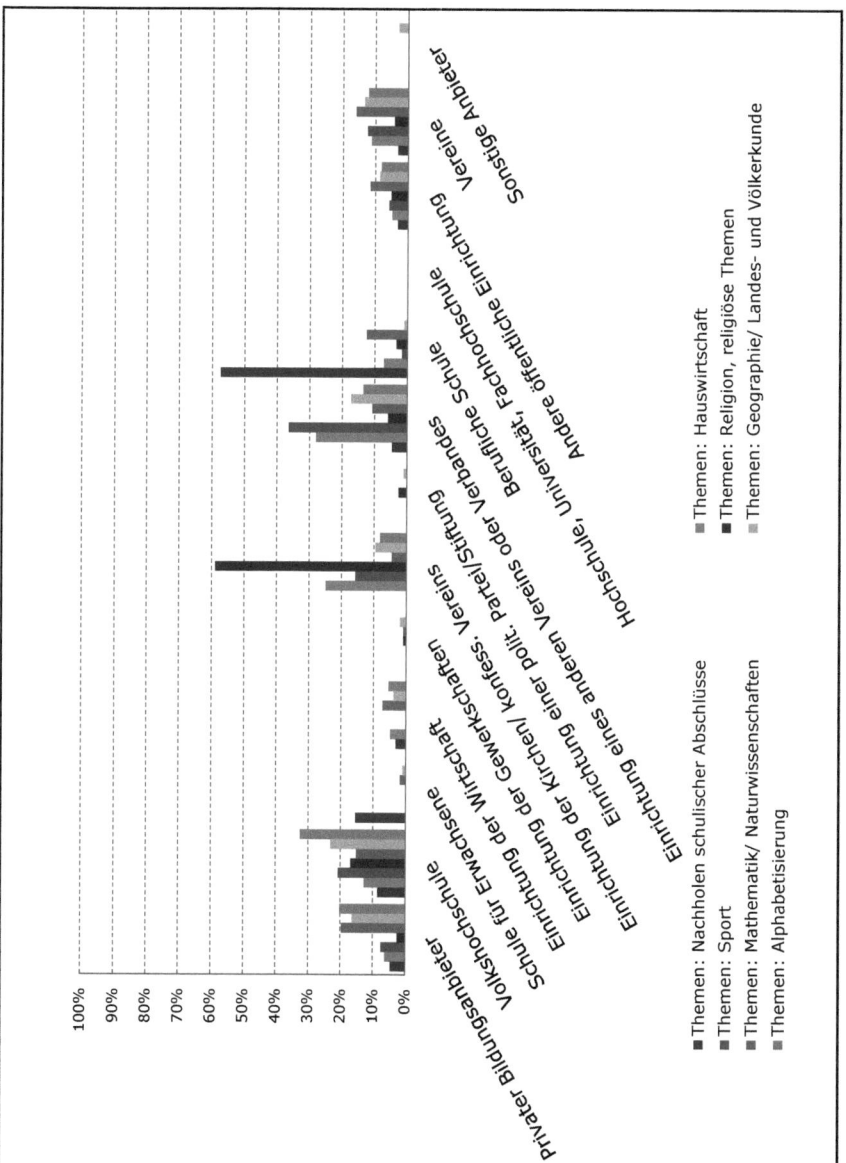

Abbildung 13: Prozentuale Verteilung der Anbieter auf die am wenigsten angebotenen Themen (≤ 10% der Nennungen zu den verschiedenen Themenbereichen pro Anbieter)

Blickt man zunächst auf die privaten Bildungsanbieter, die in der vorangegangenen Darstellung in sämtlichen Themenbereichen die höchsten Anteile verbuchten, so fällt auf, dass sie bei diesen Themen unter einen Anteilswert von 20% oder niedriger fallen und bei vier von sieben Themen sogar deutlich unter 10% verbleiben. Demgegenüber sind es insbesondere die öffentlichen Einrichtungen (Volkshochschulen, Schulen für Erwachsene, berufliche Schulen und andere öffentliche Einrichtungen), die einen sehr hohen Anteil aufweisen. Herauszuheben, aber nicht besonders überraschend, ist der Anteil von knapp 60% der Einrichtungen der Kirchen oder der konfessionellen Vereine am Themenbereich Religion/religiöse Themen. Festzuhalten bleibt jedoch der hohe Anteil insbesondere der öffentlichen Einrichtungen an diesen am wenigsten angebotenen Themen und damit die Bedeutung der öffentlichen Weiterbildung für dieses Themensegment.

Mit Blick auf die Volkshochschulen ist im Vergleich zum vorangegangenen Weiterbildungsbericht festzustellen, dass sich kaum Änderungen bei den thematischen Schwerpunkten ergeben haben. Wie in Abbildung 14 erkennbar, verlaufen die Kurven ähnlich. Erhebliche Änderungen ergeben sich vermutlich vor dem Hintergrund der unterschiedlichen Stichprobe und der unterschiedlichen Erhebungsart. Während sich der Weiterbildungsbericht 2005 auf einen Fragebogen bezog, wurden Themen in diesem Weiterbildungsbericht über Programme recherchiert und um Angaben der Ansprechpartner mit der Telefonbefragung ergänzt.

Hervorzuheben ist indes ein weiterer Befund. Alle 31 untersuchten Volkshochschulen verfügen über eine altersphasenbezogene Zielgruppenansprache, d.h. sie adressieren sich an Jugendliche und junge Menschen, an Erwachsene und an Senioren bzw. ältere Menschen. Die Volkshochschulen vollziehen damit eine temporalisierte, auf den Lebenslauf ausgerichtete Zielgruppenansprache und sind als Einrichtungen des Lebenslangen Lernens zu bezeichnen.

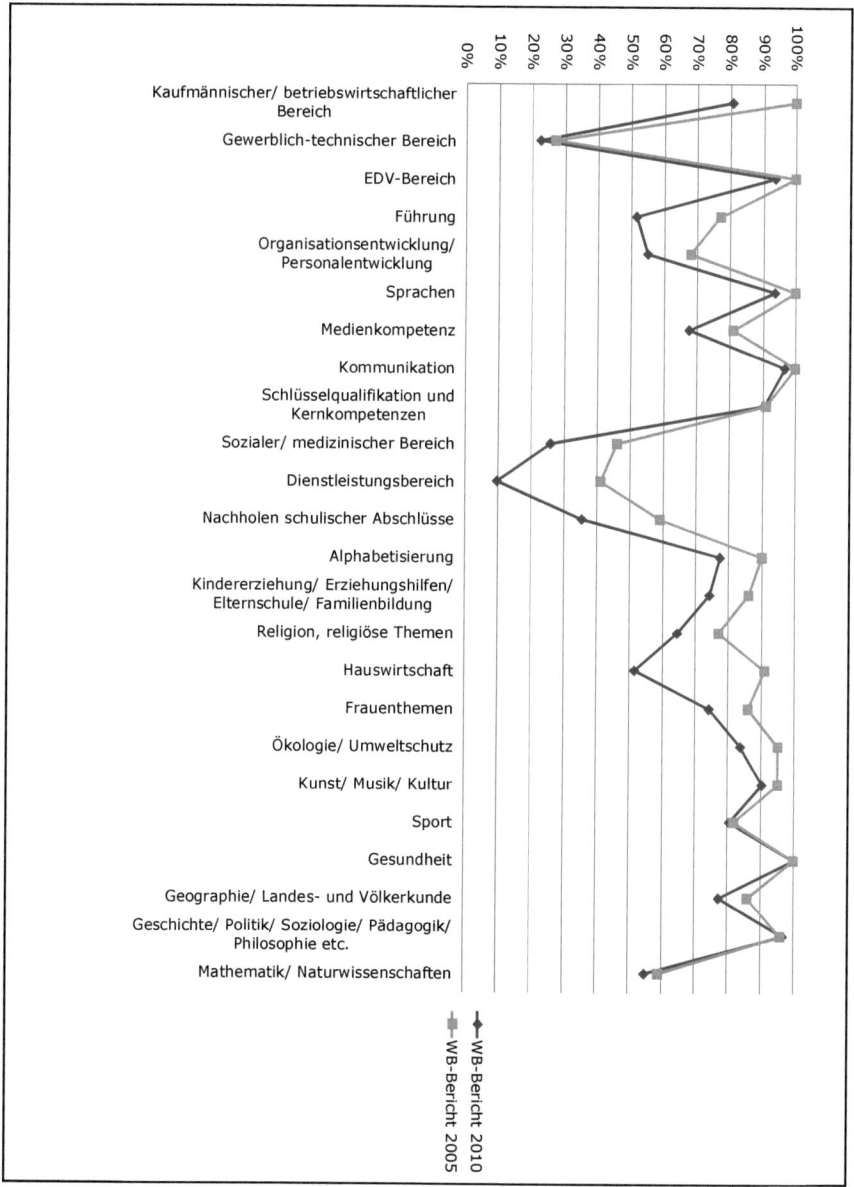

Abbildung 14: Thematische Schwerpunkte der Volkshochschulen in den WB-Berichtsjahren 2005 und 2010 (2005: VHS n = 22; 2010: VHS n = 31)

4   Schlussbemerkungen

Abschließend sollen zentrale Befunde der drei-perspektivischen Analyse der Anbieterstruktur in Hessen nochmals zusammengetragen werden. Mit Blick auf die regionale Perspektive konnten auf Ebene der Regierungsbezirke hinsichtlich der Anbieterdichte nur geringfügige Unterschiede festgestellt werden. Jedoch konnten innerhalb der Regierungsbezirke erhebliche Disparitäten herausgearbeitet werden. Dabei ließen sich drei unterschiedliche Muster einer Zentrum-Peripherie-Struktur identifizieren. Im Regierungsbezirk Kassel findet sich eine monozentrische Struktur mit starker Disparität. Der Regierungsbezirk Gießen verfügt über eine monozentrische Struktur mit moderater Disparität. Der Regierungsbezirk Darmstadt weist schließlich eine polyzentrische Struktur mit starker Disparität auf. Mit der exemplarischen Analyse von Landkreisen bzw. einer kreisfreien Stadt aus den jeweiligen Strukturräumen konnte zudem gezeigt werden, dass die beschriebenen Muster in den Regierungsbezirken durch weitere Zentrum-Peripherie-Muster auf lokaler Ebene überformt werden. Damit werden die Disparitäten nochmals verschärft.

Hinsichtlich der organisationsstrukturellen Perspektive konnte gezeigt werden, dass Hessen über eine plurale und vor allem disparate Trägerlandschaft verfügt. Zudem konnten Unterschiede in den jeweiligen Strukturräumen herausgearbeitet werden. Dabei ist insbesondere darauf zu verweisen, dass öffentlich getragene Einrichtungen insbesondere für die Aufrechterhaltung der Anbieterlandschaft im ländlichen Raum von großer Bedeutung sind und angesichts zu erwartender Entwicklungen im Zuge des demographischen Wandels noch bedeutsamer werden.

Schließlich zeigte die Analyse in thematischer Perspektive das Übergewicht im Bereich der beruflichen Weiterbildung auf. So geben 53% der befragten Anbieter geben an, ausschließlich im Bereich der beruflichen Weiterbildung Angebote vorzuhalten, weitere 35% bieten sowohl im Bereich der beruflichen als auch im Bereich der allgemeinen Weiterbildung Veranstaltungen an. Sodann wird mit Blick auf die angebotenen Themen deutlich, dass öffentliche Einrichtungen eine besondere Bedeutung bei den am wenigsten angebotenen Themen haben. Demgegenüber verfügen private Bildungsanbieter über einen hohen Anteil bei jenen Themen, die am häufigsten angeboten werden. Mit Blick auf die Strukturentwicklung verweist dies einmal mehr darauf, wie bedeutsam die Aufrechterhaltung der öffentlichen Anbieterstruktur für Hessen ist.

II Steuerung – Politikebene

Ministerielle Steuerungsformen. Die Hessische Weiterbildung im Spannungsfeld multipler Adressierungen durch die hessischen Ministerien
Wolfgang Seitter

Das Anbieterfeld der Weiterbildung in Hessen steht nicht im luftleeren Raum, sondern wird durch unterschiedlichste rechtliche Regelungen, Programmatiken, Finanzierungsanreize, etc. seitens der Politik beeinflusst. Politik und politischer Gestaltungswille werden dabei operationalisiert als Regierungshandeln, das sich ausdifferenziert und institutionalisiert in den unterschiedlichen Ministerien und durch Gesetze, Programme sowie entsprechende haushaltsbezogene Fördertitel umgesetzt wird.[1] Das Hessische Kultusministerium als ministerielle Steuerungsinstanz ist dabei nur ein – wenngleich zentraler – Akteur, dessen Aktivitäten von den Aktivitäten anderer Ministerien im Feld der Weiterbildung unterstützt, ergänzt, überlagert werden.

Ziel des folgenden Aufsatzes ist eine systematisierte Darstellung der Akteure, Formen und Medien, durch die seitens der Ministerien das Feld der Weiterbildung und insbesondere die öffentlich finanzierte Weiterbildung politisch (mit-)gesteuert werden. Dabei wird in einem ersten Zugang die Korrespondenz der Adressaten- und Inhaltsansprache von Weiterbildung und Politik herausgearbeitet und am Beispiel der Umweltbildung konkretisiert (1 und 2). In einem zweiten Zugang werden dann die unterschiedlichen Fördermodi und deren Variationsvielfalt analysiert, nicht nur mit Blick auf das Hessische Kultusministerium, sondern auch mit Blick auf die anderen weiterbildungsrelevanten Ministerien (3). In einem dritten – abstrakteren – Zugang werden schließlich die Medien Recht, Geld, Wissen und Kommunikation vorgestellt, über die die Poli-

---

1 An dieser Stelle wird darauf verzichtet, die wissenschaftliche Literatur zum Steuerungshandeln in der Politik darzustellen. Ebenso wenig wird der Frage nachgegangen, wie die verschiedenen politischen Akteure auf den unterschiedlichen Ebenen des politischen Systems agieren und (zusammen-)wirken. In neueren politikwissenschaftlichen Ansätzen wird Steuerung als ein analytischer und handlungsorientierter Mehrebenenbegriff behandelt, der auf die Komplexität politischen und gesellschaftsbezogenen Handelns abhebt und unter dem Label ‚governance‘ firmiert. Für eine weitergehende Beschäftigung vgl. Altrichter u.a. 2007. Für einen Überblick im Bereich der Erwachsenenbildung, wie Steuerung auf den unterschiedlichen Ebenen verstanden und beforscht wird, vgl. Schrader 2011b ebenso wie die Jahrestagung der Sektion Erwachsenenbildung zum Thema ‚Steuerung – Regulation – Gestaltung (vgl. Hof/Ludwig/Schäffer 2011) und den Themenschwerpunkt ‚System und Systemsteuerung in der Erwachsenenbildung‘ im Report (2012).

tik zur Steuerung der Weiterbildung – wie auch anderer Politikfelder – verfügt (4).[2]

Die Datengrundlage für diesen Teil der Studie lieferten umfangreiche Internetrecherchen, insbesondere die ausgiebige Analyse der Homepages der hessischen Ministerien. Fast alle der hier verwendeten schriftlichen Materialien (Jahresberichte, Broschüren, Haushaltstitel, Förderprogramme, etc.) sind im Internet zu finden. Dies gilt gerade auch für die haushaltsbezogenen Daten, die auf der Homepage des Hessischen Ministeriums der Finanzen abrufbar sind (www.hmdf.hessen.de). Ergänzend zu den Internetrecherchen und Dokumentenanalysen wurden zahlreiche Gespräche mit Fachreferentinnen und Fachreferenten verschiedener hessischer Ministerien sowie mit Vertreterinnen und Vertretern der hessischen Weiterbildung geführt (vgl. dazu auch Teil III).

1   Korrespondenz der Adressaten- und Inhaltsansprache von Weiterbildung und Politik

Weiterbildung und Politik zielen beide auf die umfassende Ansprache der gesamten (erwachsenen) Bevölkerung. Während Politik den Anspruch hat, das Gemeinwesen in allen relevanten Inhaltsbereichen zu gestalten, dafür in der Bevölkerung Resonanz und Akzeptanz zu erzeugen und – sofern das Gemeinwesen demokratisch verfasst ist – durch Wahlen legitimiert zu werden, hat die Weiterbildung ihren Fokus in der umfassenden, lernbezogenen und adressatenorientierten Vermittlung von Wissen. Es ist daher kein Zufall, dass Weiterbildung und Politik – darin strukturell ähnlich – Menschen in den unterschiedlichsten Segmentierungen und bezogen auf die unterschiedlichsten Problem- und Inhaltsbereiche ansprechen. Diese Korrespondenz der Adressaten- und Inhaltsansprache von Weiterbildung und Politik soll im Folgenden genauer herausgearbeitet werden.

1.1 Adressierungen durch die Weiterbildung

Das Feld der Erwachsenenbildung/Weiterbildung ist nicht nur institutionell äußerst vielgestaltig, von seinem Anspruch her bezieht es sich auf alle Erwachsene in allen relevanten Handlungsfeldern. Dieser Anspruch einer sozial und inhaltlich inklusiven Weiterbildung hat sich historisch in einem langen Prozess entwickelt. Als gesetzliche Aufgabe ist dieser Inklusionsanspruch spätestens mit den Weiterbildungsgesetzen der 1970er Jahre formuliert. Öffentlich finanzierte Wei-

---

2   Eine komprimierte Fassung dieses Aufsatzes wurde bereits in Seitter 2011 publiziert.

terbildung legitimiert sich geradezu aus dieser Offenheit und Öffnung für alle Bevölkerungsgruppen (offene Zugänglichkeit) und für alle wichtigen Themenfelder (vgl. Seitter 2007: 27ff.; Weisser 2002: 41ff.).

Schaut man in einer derartigen Adressaten- und Themenperspektive auf das Gesetz zur Förderung der Weiterbildung und des lebensbegleitenden Lernens im Lande Hessen (Hessisches Weiterbildungsgesetz – HWBG), so ist dort die soziale und inhaltliche Inklusionsperspektive deutlich formuliert:[3] „Jede und jeder soll die Möglichkeit haben, die zur freien Entfaltung der Persönlichkeit und zur freien Berufswahl erforderlichen Kenntnisse und Qualifikationen zu erwerben und zu vertiefen" (§ 1). Und: Das Bildungsangebot der Einrichtungen der Weiterbildung umfasst die „Bereiche der allgemeinen, politischen, beruflichen und kulturellen Weiterbildung sowie der Weiterbildung im Zusammenhang mit der Ausübung eines Ehrenamtes und schließt die Vorbereitung auf den Erwerb von Schulabschlüssen sowie Gesundheitsbildung, Eltern-, Familien- und Frauen- und Männerbildung ein. Behinderten Menschen ist die Teilnahme an Weiterbildungsmaßnahmen durch einen möglichst barrierefreien Zugang zu ermöglichen" (§ 2,1).

Neben der sozialen und inhaltlichen Perspektive formuliert das Gesetz auch Ansprüche mit Blick auf die räumliche und zeitliche Dimension des Lernens im Erwachsenenalter. Die Weiterbildung ist als „Teil des lebensbegleitenden Lernens und von dessen Anforderungen her weiterzuentwickeln. Dabei geht es um das Erkennen von Lernbedarf, die Realisierung von Lernbedürfnissen und Lernmöglichkeiten in erreichbarer Nähe zur Lebens- und Arbeitswelt sowie entlang der Lernbiografie" (§ 2,2).

Zusammenfassend lässt sich dieser inklusive Gestaltungsanspruch von Weiterbildung folgendermaßen graphisch darstellen (vgl. Tabelle 1):[4]

Sozial	Jede und Jeder
Inhaltlich	Allgemeine, politische, berufliche, kulturelle WB
Räumlich	Erreichbare Nähe zur Lebens- und Arbeitswelt
Zeitlich	Entlang der Lernbiographie

Tabelle 1:   Adressierungen von Weiterbildung (Hessisches Weiterbildungsgesetz)

---

3   Die folgenden Zitate sind dem Gesetz in seiner alten Fassung entnommen. In der novellierten Fassung sind die Formulieren z.T. identisch, z.T. leicht verändert. Zum Vergleich der Formulierungen vgl. die Synopse im Anhang.

4   Dass dieser Anspruch nur partiell und selektiv realisiert wurde – und wird, ist die komplementäre Seite, die – je nach gesellschaftlicher Großwetterlage – durchaus legitimatorischen Druck erzeugen kann. Inklusiver Anspruch und selektive Teilhabe sind daher seit Jahrzehnten Dauerthemen der erwachsenenpädagogischen und erziehungswissenschaftlichen Debatten.

1.2 Adressierungen durch die Politik

In welcher Weise werden nun erwachsene Menschen von der Politik im Allgemeinen und in lernbezogener Hinsicht im Besonderen angesprochen? Welche Themen lassen sich identifizieren und welche Steuerungsmechanismen werden entwickelt, um die Ansprache auch konkret wirksam werden zu lassen?

Adressaten- und Themenansprache durch die Politik

Die umfassende Analyse der Internetauftritte der hessischen Ministerien ergab eine Fülle unterschiedlichster Adressierungen, die nach soziodemographischen Merkmalen, nach spezifischen Funktionen und nach Fachpersonal differenziert werden können (vgl. Tabelle 2):

Sozialdemographische Merkmale	
Alter:	Kinder, Jugendliche, Senioren
Geschlecht:	Mann, Frau
Familienstatus:	Väter, Mütter, Familie, Alleinerziehende
Herkunft:	Deutsche, Migranten, Aussiedler
Gesundheitszustand:	Kranke, Pflegebedürftige, Behinderte
Kombinationen:	jugendliche Aussiedler, alleinerziehende Mütter, ausländische Frauen
Spezifische Funktionen	
Verbraucher, Ehrenämtler, Bürger, Kunden, Lotsen, Multiplikatoren, Führungskräfte	
Fachpersonal	
Förster, Landwirte, Gärtner, Lehrer, soziale und pädagogische Berufe, Landesbedienstete, etc.	

Tabelle 2:   Adressatenansprache von Politik (soziale Dimension)

Interessant ist nun, dass diese zielgruppenbezogenen Adressierungen beliebig mit thematischen Adressierungen, die eine enorme inhaltliche Breite aufweisen (u. a. Gesundheit, Ernährung, Umwelt, Energie, Verkehr, Sport, Sprachen, Arbeit, Soziales, Wirtschaft, Finanzen, Kunst), kombiniert werden. Dabei geht die Politik ähnlich vor wie die Weiterbildung und bedient sich *zweier zentraler Kombinationsmodi*. Zum einen werden Zielgruppen thematisch ausdifferenziert und konkretisiert (etwa Frauen, die mit Blick auf Beruf, Ausbildung, Arbeitswelt, Familie, Gesundheit, Behinderung, Migration, etc. angesprochen werden). Zum anderen sind Themen auf Zielgruppen hin ausdifferenziert und konkretisiert (etwa Umwelt/Gesundheit/Arbeit mit Spezifizierungen für Frauen, Mädchen, Schüler, Jugendliche, Senioren, etc.).[5]

Bildungsbezogene Ansprache

Auch eine enger gezogene Betrachtung der bildungsbezogenen Ansprache zeigt eine große thematische und zielgruppengerichtete Breite. Klammert man das Hessische Kultusministerium sowie das Hessische Ministerium für Wissenschaft und Kunst aus, die beide als Bildungsministerien bezeichnet werden können, so tauchen bei der Analyse der restlichen hessischen Ministerien folgende bildungsbezogene Adressierungen auf (die Auflistung ist nicht vollständig, sondern könnte bei einer genaueren Analyse noch verfeinert werden; vgl. Tabelle 3):

Umwelt, Energie, Landwirtschaft, Verbraucherschutz	*Inneres und Sport* Zentrale Fortbildung Landesverwaltung:
Umweltbildung	Führungskräfte aller Leitungsebenen
Ernährungs- und Verbraucherbildung	
Bildung und Beratung in der Landwirtschaft	
Wirtschaft, Verkehr, Landesentwicklung Berufliche Aus- und Weiterbildung	*Justiz, Integration, Europa* Sprachkurse für Erwachsene
Qualifizierungsoffensive:	Berufl. Qualifizierung von Gefangenen
Programme zur beruflichen Bildung	
Arbeit, Familie, Gesundheit Gesundheitserziehung	*Finanzen* Neue Verwaltungssteuerung:
Familie(nbildung)	Schulung und Fortbildung
Qualifizierung Ehrenamtlicher	
Bildungsurlaub (Maßnahmenanerkennung)	

Tabelle 3:   Bildungsbezogene Adressierungen der Hessischen Ministerien

Die Auflistung macht deutlich, dass in allen hessischen Ministerien bildungsbezogene Adressierungen in unterschiedlicher Gewichtung auftauchen, die mehr oder weniger deutlich markiert werden. Bildung durchzieht alle Ministerien als ein bedeutsames Querschnittsthema. Neben den expliziten Bildungsministerien (Kultus, Wissenschaft und Kunst) können insofern alle anderen Ministerien als implizite Bildungsministerien bezeichnet werden, da sie neben ihrer Hauptfunktion (Wirtschaft, Finanzen, Justiz, etc.) Bildung immer auch in der Nebenfunk-

---

5   Diese beiden Foki, Zielgruppen und Themen sowie ihre wechselseitige Verschränkung, finden sich prominent und exemplarisch bei Tippelt/v. Hippel (2011).

tion (mit-)bedienen. Allein diese Analyse der Adressatenansprache zeigt, dass
(Weiter-)Bildung seitens der Politik in allen Ressorts zum Thema wird und
dementsprechend auch Steuerungsimpulse von allen Ressorts aus initiiert werden. Weiterbildung wird damit zu einem Politikfeld, das einerseits durch das
Hessische Kultusministerium gesteuert wird, andererseits aber auch vielfältige –
komplementäre, verstärkende, überlappende oder konkurrierende – Impulse
durch die anderen Ministerien erhält.

Als *Zwischenfazit* lässt sich festhalten, dass tendenziell alle Personengruppen und Themen, die die Weiterbildung anspricht, auch von der Politik angesprochen werden. Adressierungen durch Weiterbildung und Politik entsprechen
sich und laufen parallel. Diese Homologie der Ansprache lässt vermuten, dass
daher auch die politikinduzierten Steuerungsimpulse auf die Weiterbildung
durch eine breite allgemeine, thematisch fokussierte und/oder zielgruppenspezi-
fische Ausrichtung kanalisiert werden.

2   Umweltbildung als Beispiel

Im Folgenden wird Umweltbildung als ein – prominentes – Beispiel für die
flankierende Steuerung eines wichtigen Themenfeldes der Weiterbildung aus
einem Ministerium heraus beleuchtet, das – wie bereits erwähnt – als ein implizites Bildungsministerium verstanden werden kann.

2.1 Verankerung des Themas im Ministerium

Das Hessische Ministerium für Umwelt, Energie, Landwirtschaft und Verbraucherschutz bezeichnet Umweltbildung als Bildungsauftrag im Umweltressort.
Es stellt aus der Sicht des Ministeriums ein vorsorgendes Instrument dar, das
sich am Leitbild Nachhaltige Entwicklung orientiert und auch international ab-
gestützt wird durch die UN-Weltdekade Bildung für nachhaltige Entwicklung
(vgl. www.hmuelv.hessen.de, Umwelt>Umweltbildung).[6]

Durch seine Bedeutung und thematische Breite stellt Umweltbildung ein
Querschnittsressort im Ministerium dar. Es ist verankert in der Zentralabteilung
(Grundsatzfragen der Umweltbildung), in der Abteilung VI: Forsten und Natur-
schutz (Forstliche Umweltbildung und Waldpädagogik) sowie in den übrigen
Fachabteilungen für entsprechende Einzelmaßnahmen. Darüber hinaus besteht

---

6   Die folgenden Ausführungen beziehen sich auf den Recherchezeitraum 2010. Die Hompagedar-
    stellung des Ministeriums hat sich seitdem etwas verändert und auch die einzelnen Aktivitäten
    sind weiterentwickelt worden. Gleichwohl sind alle angesprochenen Themenfelder nach wie vor
    präsent.

eine Verzahnung mit anderen Ministerien und Akteuren in der ‚Koordinierungs-
runde Umweltbildung Hessen' (Vertreter der hessischen Umweltbildungszentren, Vertreter der mit Umweltbildung befassten Ministerien sowie der Lehrer-
bildung).

2.2 Handlungsfelder und Einrichtungen

Die Handlungsfelder und entsprechenden Einrichtungen der Umweltbildung
werden seitens des Ministeriums in fünf Bereiche unterteilt (vgl. www.hmuelv.
hessen.de, Umwelt>Umweltbildung>Schwerpunkte):

- Kindergärten und Schulen mit Arbeitskreisen und Programmen wie ‚Arbeitskreis die ökologische Schule', ‚Umweltschule – Lernen und Handeln
  für unsere Zukunft', ‚Sauberhaftes Hessen', ‚Bauernhof als Klassenzimmer' oder ‚Energiesparprojekte in Berufsschulen'.
- Außerschulische Bildungsträger wie die in der Arbeitsgemeinschaft Natur-
  und Umweltbildung Hessen versammelten 63 Umweltbildungszentren sowie die acht in Hessen anerkannten Naturschutzverbände.
- Umweltbildung im Naturschutz/Freiwilliges ökologisches Jahr, die beide
  schwerpunktmäßig durch die Naturschutz-Akademie Hessen und die Naturschutzverbände koordiniert und umgesetzt werden.
- Umweltbildung im Biosphärenreservat Rhön mit dem Unesco-Informa-
  tionszentrum Wasserkuppe, Ausstellungen, dem Angebot der hauptamtli-
  chen Naturschutzwacht und dem Netzwerk privater Natur- und Land-
  schaftsführer.
- Forstliche Umweltbildung und Waldpädagogik als gesetzliche Aufgabe der
  Landesforstverwaltung (seit 2000) mit unterschiedlichen Bereichen:
  - Landesbetrieb Hessen Forst, der mit seinen 41 Forstämtern in ganz
    Hessen ein flächendeckendes Grundangebot (Waldführungen, Wald-
    projekte, Waldjugendspiele) organisiert;
  - Forstliches Bildungszentrum Weilburg, das neben der forstwirtschaft-
    lichen Aus- und Weiterbildung auch ein Fortbildungsangebot für
    waldpädagogische Multiplikatoren bereithält (Waldpädagogikzertifi-
    kat);
  - Wildparke und Jugendwaldheime als spezielle Orte der Umweltbil-
    dung;
  - Nationalparkamt Kellerwald-Edersee mit einem breiten Angebot wie
    Führungen mit Nationalpark-Rangers (über 12.000 Personen/Jahr),
    Schulpartnerschaften, Comeniusprojekte, grüne Klassenzimmer,
    Waldschule, etc.

Diese Handlungsfelder sind entlang unterschiedlicher Ordnungsprinzipien ausgestaltet. In räumlicher Perspektive wird geographische Breite mit geographischer Verdichtung kombiniert: So kontrastiert die flächendeckende Grundversorgung durch die Forstämter (Allzugänglichkeit, Ortsprinzip) mit spezialisierten Kleinräumen (Wildparks, Jugendwaldheime) und ausgewiesenen Großräumen (Biosphärenreservat Rhön, Nationalpark Kellerwald-Edersee). In inhaltlicher Perspektive wird thematische Extensivierung mit thematischer Intensivierung kombiniert: So werden allgemeine Bildungseinrichtungen (Kindergärten, Schulen) genutzt, um umweltspezifische Themen breit zu streuen, während spezialisierte außerschulische Träger bestimmte Aspekte themenorientiert vertiefen. In zeitlicher Perspektive schließlich gibt es ausgewiesene institutionalisierte Zeiten zum freiwilligen Engagement (Freiwilliges ökologisches Jahr) oder zur professionalisierten Aus- und Fortbildung (Waldpädagogikzertifikat).

Umweltbildung verbindet demnach Orte, Themen und Zeiten, ist vielfältig vernetzt und auf unterschiedlichste Weise politisch-administrativ (mit-)beeinflusst. Es ist zudem ein Paradebeispiel für ein integriertes, polyfunktionales und hybrides Angebot, das Bildung, Erholung, Anregung und fachlich betreutes Wald- und Umwelterleben miteinander kombiniert (vgl. dazu auch Landesbetrieb Hessen-Forst 2010).

2.3 Gesetzliche Grundlagen

Die gesetzlichen Grundlagen für das umwelt- und waldpädagogische Engagement finden sich vor allem im Hessischen Forstgesetz. Dort werden im Paragraphen 4, Absatz 3 die Aufgaben des Landesbetriebes Hessen Forst ausgeführt. Neben den forstlichen Kernaufgaben sind unter Ziffer 7 aufgenommen: „fachliche Aus-, Fort- und Weiterbildung, Waldpädagogik, Öffentlichkeitsarbeit, Umweltbildung sowie Tätigkeiten, die der Schutz- und Erholungsfunktion dienen" (www.rv.hessenrecht.hessen.de>Umweltrecht).

Das Hessische Forstgesetz kann durch die Aufnahme von Arbeitsbereichen wie Waldpädagogik und Umweltbildung als ein implizites Bildungsgesetz und insofern als funktionale Ergänzung des Hessischen Weiterbildungsgesetzes betrachtet werden.

2.4 Finanzierung

Die in der Umweltbildung angesiedelten Aktivitäten und Programme des Hessischen Ministeriums für Umwelt, Energie, Landwirtschaft und Verbraucherschutz werden durch entsprechende Fördertitel umgesetzt, die in der Summe erhebliche Mittel binden. Die Auflistung der Fördertitel zeigt, dass auch der Finanzierungsmodus von Umweltbildungsaktivitäten häufig eingelagert ist in inhaltlich breiter gestreute Fördertitel (vgl. Tabelle 4). Insofern kann – ähnlich wie bei den gesetzlichen Grundlagen – von einer impliziten Bildungsfinanzierung gesprochen werden. Das tatsächlich in die Umweltbildung verausgabte Finanzierungsvolumen durch explizite und implizite Umweltbildungstitel könnte allerdings nur durch erheblich differenziertere Recherchen und Offenlegung der internen Finanzsteuerung beziffert werden.

Umweltallianz Hessen, Nachhaltige Entwicklung, Umweltbildung, Zukunftstechnologien, Neue Medien (0921, Nr. 7)	317
Nachhaltigkeitsstrategie Hessen, Nachhaltige Entwicklung (0921, Nr. 11)	4.500
Naturschutzzentrum Hessen (0922, Nr. 14)	292
Zuwendungen an Jugendwaldheime (0922, Nr. 19)	190
Zuwendungen an Verbände und Organisationen des Naturschutzes und der Landschaftspflege (0922, Nr. 20)	263
Nationalpark Kellerwald-Edersee (0960, Nr. 3)	3.735
Forstliche Umweltbildung (0960, Nr. 4)	3.125
Summe	12.422[7]

Tabelle 4: Fördertitel Umweltbildung (Soll 2010, in 1.000 €) Quelle: www.hmdf.hessen.de, Finanzen>Haushalt>Haushaltspläne>2010

2.5 Synopse und Zwischenfazit

Fasst man die bisherige Analyse zusammen, so lässt sich zeigen, dass im Bereich der Weiterbildung eine komplementäre Parallelität von expliziten und impliziten Bildungsaktivitäten und Bildungsverweisen auf den unterschiedlichsten Ebenen besteht. Ministerien, Gesetze, Programme, Koordinierungsrunden, Einrichtungen und Finanzierungstitel wirken so zusammen, dass die explizit benannte, öffentlich kofinanzierte Weiterbildung über das Hessische Weiterbil-

---

7 Als Vergleich können die in der allgemeinen Weiterbildung nach HWBG verausgabten Summen dienen: Förderung der Weiterbildung und lebensbegleitenden Lernens (0402, Nr.7): 13.215.000 € sowie Außerschulische Weiterbildung (0440, Nr. 5): 687.000 €.

dungsgesetz funktional ergänzt wird durch spezifische Inhaltsbereiche, die schwerpunktmäßig durch andere Ministerien betreut, durch andere gesetzliche Regelungen fundiert und durch andere Fördertitel finanziell unterstützt werden (vgl. Tabelle 5).[8]

	Explizit	Implizit
Ministerien	HKM	HMUELV
Gesetze	Hessisches Weiterbildungsgesetz	Hessisches Forstgesetz
Programme	Hessencampus (HC) Innovationspool	Bildung für nachhaltige Entwicklung Sauberes Klassenzimmer
Koordinierungsrunden	Landeskuratorium HC-Sprecherkreis	Interministeriell
Einrichtungen	Anerkannte Träger der Weiterbildung Umweltbildung (spezialisiert)	Forstämter Naturschutzorganisationen
Finanzierung	Weiterbildung und Lebensbegleitendes Lernen Außerschulische Weiterbildung	Nachhaltige Entwicklung, Umweltbildung, Nachhaltigkeitsstrategie Hessen; Naturschutzzentrum Hessen; Jugendwaldheime; Verbände; Forstliche Umweltbildung, etc.

Tabelle 5:   Vergleich zwischen Weiterbildung (HKM) und Umweltbildung (HMUELV)

Die am Beispiel der Umweltbildung durchgeführte Analyse lässt sich in ähnlicher Weise auch in anderen Feldern fortsetzen. Auch im Bereich der Gesundheitserziehung, Verbraucherbildung, Sprachenbildung, Beruflichen Weiterbildung, etc. zeigt sich eine identische homologe Struktur im Sinne einer funktionalen Ergän-

---

8 Dieser Befund ist nicht neu, wird aber in den Diskussionen um Weiterbildungsstatistik und Weiterbildungsfinanzierung kaum berücksichtigt. Bereits 1997 hat Rainer Brödel auf diese Form der verstreuten ressortspezifischen Finanzierung hingewiesen mit hohen statistischen Dokumentationsdefiziten (vgl. Brödel 1997).

zung von Weiterbildungsaktivitäten, die aus anderen Ministerien heraus initiiert und begleitet werden.[9]

3 Korrespondenzen von Anspracheformaten, Institutionalisierungsmodi und Steuerungsformen

Die generalisierte (weiter-)bildungsbezogene Ansprache der Bevölkerung durch die hessischen Ministerien verbindet sich – wie exemplarisch an der Umweltbildung aufgezeigt – mit unterschiedlichen Anreizmöglichkeiten der gesetzlichen Absicherung, finanziellen Förderung und zeitlichen Institutionalisierung. Versucht man, die bisherigen Befunde einer komplementären Parallelität von expliziter und impliziter Steuerung hinsichtlich ihrer rechtlichen, finanziellen und zeitlichen Förderformen zu schematisieren, so liegt auf den ersten – oberflächlichen – Blick eine Zweiteilung vor: Die thematisch breite und offene Weiterbildungsansprache von Adressaten ist mit einer dauerhaften, gesetzlich abgesicherten Regelförderung verbunden, während die thematisch spezifische und vom Adressatenkreis her begrenzte Ansprache mit einem projektförmigen und zeitlich befristeten Finanzierungsmodus einhergeht. Der öffentlich geförderten, thematisch und sozial inklusiven Weiterbildung, die durch das HWBG gesetzlich abgesichert ist, eine finanzielle Regelförderung erhält und von der Zuständigkeit im Hessischen Kultusministerium ressortiert, korrespondiert die thematisch spezifische Ansprache bestimmter Zielgruppen für einen begrenzten Zeitraum im Modus der Projektförderung, die aus den anderen Ministerien heraus Steuerungsimpulse für die Weiterbildung setzt.

Diese schematische Zweiteilung erweist sich jedoch bei einer genaueren Analyse als wenig aussagekräftig und irreführend. Eine differenziertere Betrachtung der Steuerungsformen zeigt, dass es vielfältige Kombinationen zwischen Inhaltsbreite (allgemein/spezifisch), Adressatenkreis (offen/geschlossen), Finanzierungsmodus (Regelförderung/Projektförderung) und zeitlicher Dauer (dauerhaft/begrenzt) gibt, die nicht auf einzelne Ministerien zurechenbar sind, sondern breit über die Ministerien streuen.

---

9 Für eine detaillierte inhaltliche Beschreibung dieser weiterbildungsrelevanten Aktivitäten der einzelnen Ministerien vgl. Schemmann/Seitter 2011, S. 112ff.

3.1 Hessisches Kultusministerium

Öffentlich geförderte Weiterbildung durch HWBG: Gesetzlich abgesicherte Regelförderung

Es ist kein Zufall, dass die öffentlich geförderte, thematisch und sozial inklusive Weiterbildung in Hessen – und nicht nur dort – beim Kultusministerium ressortiert. Der spezifische Zugang des Kultusministeriums zur Bildung liegt in einer generalisierten Inklusionsperspektive, in dem Bestreben, allgemeine, politische, kulturelle und berufliche Teilhabe und Kommunikationsfähigkeit für alle Bevölkerungskreise vor dem Hintergrund eines ganzheitlichen Bildungsbegriffs zu sichern. Allen Personen soll prinzipiell der Zugang zur Schule, zur beruflichen und/oder akademischen Ausbildung offen stehen ebenso wie der Zugang zur Weiterbildung (und zunehmend auch der Zugang zum vorschulischen Bereich). Diese allgemeinkulturelle Inklusionsperspektive mit Blick auf den gesamten Lebenslauf zeigt sich programmatisch im Diskurs des Lebenslangen/Lebensbegleitenden Lernens und strukturell im Ausbau einer öffentlich finanzierten Bildungsinfrastruktur. Thematische Breite, soziale Inklusivität, flächendeckende Institutionalisierung und finanzielle Regelförderung sind Prinzipien dieser Perspektive.

Die öffentlich finanzierte Weiterbildung als zentrales Element einer lebenslaufbezogenen Weiterbildungsinfrastruktur hat in Hessen – ebenso wie bundesweit – im Vergleich zur öffentlich finanzierten Schule, Beruflichen Schule und Hochschule einen erheblichen Nachholbedarf an institutioneller und inklusiver Reichweite. Die seit den 1970er Jahren existierenden Weiterbildungsgesetze sowie das in Hessen geltende HWBG waren und sind zwar ein erster Schritt in Richtung eines öffentlich finanzierten Systems Lebensbegleitenden Lernens für alle Bevölkerungsgruppen mit Blick auf allgemein-kulturelle Teilhabe und Kommunikation. Für die Bereitstellung einer nachhaltig inklusiven Weiterbildungsinfrastruktur müss(t)en diesem Schritt allerdings weitere Schritte folgen.[10]

Die in Hessen bislang existente, flächendeckend organisierte, öffentlich finanzierte Grundversorgung an Weiterbildung mit einem entsprechenden inhaltlichen Pflichtangebot decken zum einen die Volkshochschulen sowie die Heimvolkshochschule Burg Fürsteneck ab, zum anderen die neun anerkannten Landesorganisationen, die eingebunden sind in die verbandlichen Trägerstrukturen gesellschaftlicher Großgruppen (Bauernschaft, Kirchen, Gewerkschaften, Sport, Wirtschaft). Das finanzielle Fördervolumen war in den letzten fünf Jahren stabil und lag bei ca. 10 Millionen Euro pro Jahr. Diese Form der institutio-

---

10 Dies vor allem unter der Prämisse, dass die Programmatik des Lebenslangen Lernens von der gesellschaftlichen Bedeutsamkeit des Lernens Erwachsener ausgeht mit der Konsequenz , dieses Lernen nicht ins Belieben eines jeden Einzelnen zu stellen, sondern als gesamtgesellschaftliche Aufgabe und Herausforderung zu begreifen.

nellen (Dauer-)Förderung und finanziellen Anreizung hatte – und hat – insofern einen überaus effizienten Steuerungseffekt, als dass mit relativ geringen Mitteln eine stete Einbindung von gesellschaftlichen Großgruppen über ihre entsprechenden Trägerverbände in die Weiterbildung erreicht wurde – und wird. Die Signalwirkung, die von der öffentlichen Förderung und Kofinanzierung mit Blick auf das nachhaltige Weiterbildungsengagement gesellschaftlicher Großgruppen ausgeht, wird auch in vielen Experteninterviews bestätigt (vgl. Teil III).[11]

Innovationspool: zeitlich befristete Projektförderung

Neben der gesetzlich abgesicherten Regelförderung gibt es auch im Kultusministerium thematisch, zeitlich und sozial begrenzte(re) Formen der Weiterbildungsförderung. Hier ist insbesondere der Innovationspool Weiterbildung zu nennen, der im HWBG (§ 19) verankert ist. Er soll mit einem Volumen von mindestens 2,5 % des staatlichen Fördervolumens ausgestattet sein und die Möglichkeit bereitstellen, über zeitlich begrenzte Projekte die Entwicklung der hessischen Weiterbildung (Qualität, Kooperation, Beteiligung an Programmen des Bundes und der Europäischen Union, etc.) gezielt zu fördern. In einem jährlich ausgeschriebenen Innovationsprogramm kann das Hessische Kultusministerium somit thematische Akzente setzen und zeitlich befristet (ein Jahr) mit begrenzten Finanzmitteln (25.000 €, seit 2010: 50.000 € maximale Förderhöhe pro Projekt) die (Weiter-)Entwicklung der hessischen Weiterbildung mit steuern.

Die Förderschwerpunkte waren in den letzten Jahren in der Regel auf drei begrenzt (u.a. Gestaltung von Übergängen, Kooperation und Vernetzung, Neue Lern- und Beratungsformen, Professionalisierung, lebensphasenorientiertes Lernen). Seit 2010 konzentriert sich das Innovationsprogramm ausschließlich auf einen Schwerpunkt (für 2010: Vielfalt und Heterogenität). Die Innovationsprogramme tragen insgesamt der expliziten Ausrichtung des HWBG auf Lebensbegleitendes Lernen Rechnung und intendieren (zumeist) auch einen Mehrwert mit Blick auf die Entwicklung von Hessencampus (HC).

Seit 2006 lässt sich durch die Geschäftsführung seitens der Koordinationsstelle Weiterbildung und Lebensbegleitendes Lernen und die Arbeit der Fachkommission nach § 19, Abs. 4 in einem zweistufigen Auswahlprozess nach gewichtetem Kriterienkatalog eine deutliche Professionalisierung in Ausschreibung, Auswahl und Durchführung erkennen. Zudem wurden die Projekte

---

11 Gleichwohl hat der durchschnittliche Landeszuschuss an der Gesamtfinanzierung der Weiterbildungseinrichtungen eine kritische Untergrenze erreicht, deren Unterschreiten die bisherige Einbindung der gesellschaftlichen Gruppierungen gefährden würde. Diese Gefahr zeigt sich u.a. an den Legitimationsanstrengungen der Erwachsenenbildungsarbeit der Freien Träger, die diesen Aufgabenbereich immer wieder im Kontext ihrer eigenen Großorganisationen absichern müssen.

des Innovationspools 2007, 2008 und 2009 durch Rambøll Management evaluiert. Die Evaluationen, die mit unterschiedlichen methodischen Designs (Dokumentenanalysen, quantitative und qualitative Erhebungen, Workshops, etc.) durchgeführt wurden, zeigen einerseits die Güte, Wirksamkeit und Nachhaltigkeit der Projektergebnisse sowohl in der Breiten- als auch in der Tiefendimension auf und beleuchten andererseits die neuralgischen Stellen im gesamten Projektzyklus (Bedarfsanalyse, Konzepterarbeitung, Kooperationsbereitschaft von Partnern, Gewinnung von Schlüsselpersonen für die TeilnehmerInnenakquise, Meilensteinabgleich, etc.).

Trotz der insgesamt positiven Ergebnisse des Programms ist im gesamten Berichtszeitraum die per Gesetz vorgeschriebene Mindesthöhe des Innovationspools (mindestens 2,5% des staatlichen Fördervolumens für die Weiterbildung nach HWBG, derzeit ca. 250.000 €/Jahr) nicht nur nicht erreicht, sondern mit einer Ausschüttungsquote von ca. 40% sogar deutlich unterschritten worden. Hier besteht mit Blick auf die Möglichkeiten, neue didaktische und organisationale Designs in Hessen experimentell zu erproben, ein klarer Handlungsbedarf.[12]

Hessencampus: Mittelfristig angelegte Strukturaufbauförderung

Neben Regelförderung und zeitlich begrenzter Projektförderung hat das Hessische Kultusministerium mit dem Hessencampus-Projekt eine dritte Steuerungsform entwickelt, die als Steuerung zur mittelfristigen Strukturaufbauförderung bezeichnet werden kann. Mit einem finanziellen Großvolumen und einer zeitlichen Projektförderung über insgesamt sechs Jahre (2007-2013) soll Hessencampus strukturbildende Wirkung im Sinne einer neuen Institutionalisierungsform von Weiterbildung erzeugen. Nach der Projektförderung ist daher auch die Überführung in ein – wie auch immer geartetes – Regelsystem von Hessencampus angedacht.[13]

Ziel von Hessencampus ist es, einen substantiellen Beitrag zur Erhöhung der Weiterbildungsbeteiligung Erwachsener in Hessen zu leisten. Durch die regionale bzw. auf die Region bezogene Kooperation und Abstimmung von Weiterbildungseinrichtungen soll eine hessenweite Verbundstruktur geschaffen werden, die – getragen von einer staatlich-kommunalen Verantwortung – die

---

12 Mit der Gesetzesnovellierung von 2012 ist der Innovationspool ersatzlos gestrichen worden. Damit hat das Kultusministerium ein wichtiges gesetzlich verankertes Instrument aus der Hand gegeben, um neue didaktische und organisationale Designs experimentell zu erproben. Ob unterhalb der gesetzlichen Ebene ein Ersatz für diese Form der transparenten und zeitlich befristeten Projektförderung geschaffen wird, bleibt abzuwarten. Nicht auszuschließen ist eine verstärkte Zunahme von ad-hoc-Förderungen je nach politischem Bedarf.

13 Seit 2013 wird die Fortführung der einzelnen Hessencampi über individuelle Kooperationsvereinbarungen zwischen dem Land Hessen und der jeweiligen Kommune bzw. des jeweiligen Landkreises geregelt.

gemeinsame öffentliche Verantwortung in diesem Bildungsbereich stärkt. Die landesweit gleichwertige Etablierung einer derart regional ausgerichteten Bildungskooperation unterschiedlicher Anbieter ist dabei offen für und angelegt auf bildungsbereichsübergreifende Kooperationsaktivitäten. Insofern ist Hessencampus ein interorganisationales Großprojekt, das horizontale und vertikale Verknüpfungen zwischen Bildungssegmenten und Bildungsbereichen anvisiert. Neben der regionalen und organisatorischen Dimension beinhaltet Hessencampus als dritte zentrale Komponente die pädagogische Dimension im Sinne der Entwicklung und Umsetzung einer erwachsenengerechten, beteiligungsförderlichen Lehr-/Lernkultur (Kruse 2008; Kruse u. a. 2010).

Die Ausgestaltung der konkreten Funktionen und Organisationsstrukturen von Hessencampus war von Anfang an eingebettet in eine Entwicklungspartnerschaft zwischen dem Land Hessen und den beteiligten Hessencampus-Initiativen. Die ursprüngliche Idee, Hessencampus als integrierten, betriebsförmig organisierten Bildungsdienstleister zu konzipieren, wich im Laufe eines langwierigen Diskussions- und Klärungsprozesses der Vorstellung, Hessencampus als Verbundorganisation mehrerer beteiligter und autonom bleibender Einrichtungen zu verstehen. Die Frage des Verhältnisses wie auch der rechtlichen Ausgestaltung von Einrichtungsautonomie und einrichtungsübergreifender kooperativer Angebotsgestaltung ist derzeit im Prozess der Klärung. Entscheidend sind in dieser Hinsicht die von der Politik zu gewährenden rechtlichen Voraussetzungen, die die beteiligten Einrichtungen dazu berechtigen und in die Lage versetzen, derartige kooperative Angebote auch eigenverantwortlich durchführen zu können.

Die 21 Hessencampi (Stand 2011) haben zu unterschiedlichen Phasen ihre Arbeit aufgenommen und differieren daher im Institutionalisierungsgrad und Konkretionsniveau ihrer inhaltlichen Aufgabenbestimmung. Die Unterschiede in der regionalen Ausgestaltung sind zwischen den einzelnen Hessencampi markant. So gibt es große Differenzen allein bei der Anzahl der beteiligten Partner, in der Art der horizontalen und vertikalen Vernetzung, bei der Schwerpunktsetzung der konkreten Projekte. Stark involviert sind in allen Hessencampus-Initiativen die lokalen Volkshochschulen, die Schulen für Erwachsene sowie die Beruflichen Schulen, die als Kernorganisationen von Hessencampus alle beim Hessischen Kultusministerium ressortieren bzw. durch das Kultusministerium gefördert werden. Trotz aller Unterschiede lassen sich gleichwohl auch inhaltliche Gemeinsamkeiten herausarbeiten: die Projektierung und Umsetzung einer unabhängigen, trägerübergreifenden Bildungsberatung, die kooperative Abstimmung des Angebots, die Förderung von blended-learning Strukturen (u. a. Selbstlernzentren), die verstärke Ansprache von bildungsfernen Bevölkerungsgruppen oder die Arbeit an einer erwachsenengerechten Lehr-/Lernkultur. Förderung der Weiterbildungsbeteiligung durch Bildungsberatung, Kooperation,

Neue Medien, Bildungswerbung und erwachsenengerechte Lernkultur können daher als gemeinsame Elemente von Hessencampus ausgemacht werden. Wissenschaftlich begleitet wird der Planungs-, Umsetzungs- und Entwicklungsprozess von Hessencampus durch die Sozialforschungsstelle Dortmund, die Konzeptions-, Moderations- und Begleitfunktionen wahrnimmt. Die Arbeit der Sozialforschungsstelle bewegt sich sowohl auf der lokal-regionalen als auch auf der Landesebene und verbindet praxisorientierte Umsetzung gleichzeitig mit reflexiv-distanzierter Analyse. Aufgrund der stark kommunikativ-diskursiven Prozessgestaltung von Hessencampus und der kontinuierlichen Praxisbeobachtung durch die Sozialforschungsstelle kann Hessencampus auch als ein großflächiges Reflexionsprojekt der hessischen Weiterbildung bezeichnet werden (zur Sozialforschungsstelle vgl. sfs-dortmund.de).

Das Hessencampus-Projekt steht nicht isoliert in der bildungspolitischen Landschaft. Auch Programme wie ‚Lernende Regionen' oder ‚Lernen vor Ort' sehen – bei aller Unterschiedlichkeit im Einzelnen – die regionsbezogene horizontale und vertikale Vernetzung von Bildungseinrichtungen als eine wichtige Modernisierungsaufgabe für das Bildungswesen vor. Die dichte zeitliche Abfolge bzw. zeitliche Parallelität all dieser Programme zeigt, dass Regionalität und bereichsübergreifende Kooperation als Schlüsselaufgaben für eine zukunftsorientierte, inklusive und demographiesensible Bildungsverfassung angesehen werden. Bei allen Programmen stellt sich allerdings die Frage der finanziellen und strukturellen Verstetigung, die auch bei Hessencampus zukünftig noch zu klären ist.[14]

Auf der Basis des bisherigen Entwicklungsstandes kann Hessencampus in ganz unterschiedlichen Perspektiven bewertet und gedeutet werden. Diese Unterschiedlichkeit der Perspektiven ist Ausdruck der noch weitgehend ungeklärten bzw. sich im Suchprozess befindlichen Institutionalisierungsform von Hessencampus mit Blick auf Aufgabe, Funktion, Rechtsstatus und Inhalt.

In der *Perspektive erwachsenenpädagogischer Optimierung* verkörpert Hessencampus das Prinzip der Regionalität, verstanden als Wohnort- und Lebensweltnähe, als verbesserte Angebotsabstimmung und Transparenz für Bildungsinteressenten, als zielgenauere Erhebung von Bedürfnissen und Bedarfen vor Ort, als passgenaue Ansprache von Adressaten mit einer zeitgemäßen Lehr-/Lernkultur, als Bündelung von räumlichen, materiellen und personellen Ressourcen (Gebäude, Räume, Ausstattung, Professionelle).

In der *Perspektive interorganisationaler Entwicklung* kann Hessencampus als organisationsbezogenes Entwicklungsprojekt gedeutet werden, als das Aufschließen von Organisationen der (Weiter-)Bildung füreinander, insbesondere

---

14 Die Gesetzesnovellierung hat diese Frage nicht beantwortet, da nach dem Ende der Projektförderung 2013 die weitere (Regel-)Finanzierung nach wie vor ungeklärt ist bzw. individuell für jeden HC gesondert geklärt wird (vgl. Fußnote 12).

mit Blick auf bildungsbereichs- und segmentübergreifende Kooperation. Die Abschottung und mangelnde Durchlässigkeit des Bildungswesens soll überwunden werden durch eine organisationale – und damit verbunden auch professionelle – Öffnung für- und Wahrnehmung voneinander.

In der *Perspektive kompensatorischer Bildungsbeteiligung* stellt Hessencampus eine Anlaufstelle für Bildungsferne und Bildungsbenachteiligte dar. Hessencampus ist eine Institutionalform, die diejenigen anspricht (ansprechen soll), die über HWBG nicht (kaum) erreicht werden. Hier wird insbesondere der Problem- und Zielgruppenbezug von Weiterbildung deutlich, vor allem in der Variante kompensatorischer, schulischer Weiterbildung.

In der *Perspektive bildungspolitischer Gestaltung* kann Hessencampus verstanden werden als ein Großprojekt mit medialer Strahlkraft. Hessencampus ist in dieser Perspektive die Dokumentation und Materialisierung eines bildungspolitischen Gestaltungswillens, der sowohl von der Politik als auch von der Weiterbildungspraxis in einer gegenseitigen Allianz vorangetrieben und vermarktet wird.

In der *Perspektive bildungssystemischer Modernisierung* steht Hessencampus für die programmatische Verbindung von Lebenslaufbezug und Regionalität. Hessencampus ist ein Element im Prozess des – auch demographisch forcierten – Umbaus des gesamten Bildungswesens und der Neuverteilung von Bildungsinvestitionen über den Lebenslauf. Dieser Umbau erfordert den Ausbau der erwachsenenbildungsbezogenen Infrastruktur mit einer stark regionalen Bündelung und Ausrichtung.[15]

Fördermix

Überblickt man die drei zentralen Förder- und Steuerungsmodi des Hessischen Kultusministeriums mit Blick auf die Weiterbildung, so zeigt sich eine Verbindung von dauerhafter Regelförderung, kurzzeitiger Projektförderung und mittelfristiger Strukturaufbauförderung. Die Regelförderung betrifft das offene Weiterbildungsangebot in der Fläche über anerkannte Träger(verbände). Die begrenzte Projektförderung zielt flankierend auf konkrete aufgaben- und problembezogene Optimierungen. Die mittelfristige Strukturaufbauförderung intendiert die hessenweite Etablierung regionaler Kooperationsverbünde und institutioneller Netzwerke. Während mit Blick auf die inhaltlich-zeitliche Verstetigung

---

15 Neben den Fördermitteln, die das Land für den Aufbau von Hessencampus einsetzt, werden seit 2008 auch Sonderfördermittel für die anerkannten landesweiten Organisationen in freier Trägerschaft in Höhe von 800.000€ pro Jahr bereitgestellt. Diese Mittel dienen dem weiteren Aufbau eines Systems lebensbegleitenden Lernens in Hessen, an dem auch die Freien Träger maßgeblich beteiligt sind. Ein bestimmter Teil der Gelder ist für gemeinsame Aktivitäten innerhalb der Hessencampus-Initiativen bestimmt. Diese Sonderfördermittel können auch als Ersatz für den mittlerweile gestrichenen Innovationsfonds gedeutet werden.

ein deutlicher Unterschied zwischen Projekt- und Strukturaufbauförderung besteht, existiert haushalts- und finanztechnisch kein Unterschied zwischen diesen beiden Fördermodi (Antragstellung, Bewilligung, Zuwendungsbescheid für ein Jahr, etc.). Die haushaltsjahrbezogene Projektbewilligung steht als generalisierte Fördersystematik insofern einer zeitlichen Langfristperspektive von Projekten mit strukturbildender Wirkung entgegen, für die eine haushaltsjahrübergreifende Steuerungs- und Finanzierungsform notwendig wäre.

3.2 Weitere Ministerien

Betrachtet man neben dem Hessischen Kultusministerium auch die anderen hessischen Ministerien, so zeigt sich, dass auch dort der Schematismus 'begrenzt/projektförmig' für die unterschiedlichen Formen der bildungsbezogenen Adressierung, Steuerung und Anreizung zu kurz greift.

Bereits das o.g. Beispiel Umweltbildung im Hessischen Ministerium für Umwelt, Energie, Landwirtschaft und Verbraucherschutz (vgl. Kapitel 2) macht die große Variationsbreite deutlich, die in der Kombination von Themen, Adressaten und Finanzierung bei der Förderung von Umweltbildung aus dem Ministerium heraus existiert:

- die flächendeckende Finanzierung der Forstämter mit einem offenen Grundangebot an waldpädagogischer Weiterbildung (spezifisch/offen/dauerfinanziert);
- die (Dauer-)Finanzierung bestimmter Einrichtungen für bestimmte Zielgruppen und Multiplikatoren: Naturschutzakademie, Forstliches Bildungszentrum Weilburg, Jugendwaldheime, etc. (spezifisch/geschlossen/dauerfinanziert);
- die (Dauer-)Finanzierung bestimmter geographischer Areale, in denen auch Angebote der Umweltbildung mit bedacht werden: Biosphärenreservat Rhön, Wildparks, Nationalparkamt Kellerwald-Edersee (spezifisch/offen/dauerfinanziert);
- die Finanzierung begrenzter Projekte mit mehr oder weniger langer Dauer: Sauberhaftes Hessen, Bauernhof als Klassenzimmer (spezifisch/geschlossen/projektfinanziert).

Ähnlich variabel kombiniert sind auch die weiteren – über die verschiedenen Abteilungen und Referate verstreuten – Aktivitäten der Ernährungs- und Verbraucherbildung sowie der landwirtschaftlichen Bildung dieses Ministeriums.

Die Kombinationsformen von Steuerung aus den anderen Ministerien lassen sich ebenfalls in ähnlicher Weise konkretisieren.

Das *Hessische Ministerium für Wirtschaft, Verkehr und Landesentwicklung* hat seine Weiterbildungsaktivitäten in einer Abteilung (Aus- und Weiterbildung) konzentriert und in den Programmen zur beruflichen Bildung (Qualifizierungsoffensive) gebündelt. Die Programme fördern sowohl zeitlich begrenzte Projekte (Berufsbildungsforschung, Entwicklung und Erprobung von regional- bzw. branchenspezifischen Bildungsprodukten) als auch längerfristig angelegte Maßnahmen zur Verbesserung von Qualität, Information und Transparenz der Weiterbildung (Hessische Weiterbildungsdatenbank, Qualitätssiegel Weiterbildung Hessen e. V., etc.). Besonders interessant – und auch hier wiederum mit strukturbildender Wirkungsabsicht – sind die Förderungen zur Etablierung eines landesweiten Netzes von Qualifizierungsbeauftragten, die für kleinere und mittlere Unternehmen Qualifizierungs- und Weiterbildungsberatung anbieten, sowie von Einrichtungen, die kooperativ und mit sich ergänzenden spezifischen Schwerpunktsetzungen berufs- und betriebsbezogene Beratungsdienstleistungen vorhalten.

Das *Hessische Sozialministerium* hat ebenfalls eine Vielzahl von Förderkombinationen wie etwa die (Dauer-)Förderung bestimmter Einrichtungen mit einem breiten Angebot (Gesundheitserziehung: Hessische Arbeitsgemeinschaft für Gesundheitserziehung) oder die zeitlich befristete Förderung von Qualifizierungsangeboten für bestimmte Zielgruppen (Qualifizierung Ehrenamtlicher, berufliche Aus- und Weiterbildung von sozial benachteiligten Personen bzw. deren Integration in den Arbeitsmarkt). Mit Blick auf die Förderung von Kindern und Jugendlichen (Bildungs- und Erziehungsplan 0-10), die Vernetzung der für diese Bildungsphase maßgeblichen Einrichtungen, die Qualifizierung der beteiligten Professionsgruppen aus den unterschiedlichen Bereichen und den Aufbau von Supportstrukturen (Gemeinsame Geschäftsstelle) hat auch dieses Ministerium ein Förderinstrument entwickelt, das strukturell dem Hessencampus-Projekt ähnlich ist: nämlich der projektförmige, langfristige, auf Strukturwirkung abzielende, über Qualifizierung und Support abgesicherte Aufbau neuer bzw. die Vernetzung bereits vorhandener Strukturen.

Demgegenüber vollzieht sich im *Hessischen Ministerium für Wissenschaft und Kunst* die Steuerung/Finanzierung mit Blick auf die (wissenschaftliche) Weiterbildung in einem anderen Modus. Hier wird nur indirekt – gleichwohl sehr wirkungsvoll – gesteuert, indem über Erlasse Parameter der (formalen) Ausgestaltung der wissenschaftlichen Weiterbildung an Hochschulen definiert werden. Beispielhaft kann dies gezeigt werden am Erlass des Ministeriums vom 15.10.2008 zur Kostendeckung von weiterbildenden Studien, in dem Mindestanforderungen im Hinblick auf die kostenrechnerische Kalkulation und Erfassung von Istkosten auf die weiterbildenden Studiengänge formuliert werden und alle entsprechenden Maßnahmen der Hochschulen insgesamt kostendeckend sein müssen. Weiterbildung wird so als ein abgrenzbarer und wirtschaftlich unabhängiger Zweig definiert, bei dem Quersubventionierungen nur noch bedingt zulässig sind. Der Erlass begrenzt die hochschulische Weiterbildung auf diejenigen Inhaltssegmente, die einen Marktpreis erzielen können, der unter Bedingungen von Vollkostenrechnung wirtschaftlich rentabel ist. Mit seinen Vorgaben hat der Erlass eine enorme Steuerungswirkung, ohne in irgendeiner Weise den Hochschulen inhaltliche Vorgaben zu machen.

3.3 Temporalbezüge von Steuerung: Synopse

Insgesamt unterscheiden sich die Steuerungs- und Finanzierungsmodalitäten in den verschiedenen Ministerien kaum in der Art ihrer formalen Struktur. Daueraufgaben, Optimierungsaufgaben und Innovationsaufgaben mit strukturbildender Wirkung sind in allen Ministerien im Fokus der Politik und bilden ein Geflecht unterschiedlicher Zeithorizonte ab, auf die das politische Steuerungsgeschäft bezogen ist. Daueraufgaben sind in der Vergangenheit definiert worden und bestimmen aufgrund ihrer hohen Bedeutung auch die Gegenwart. Optimierungsaufgaben sind gegenwartsbezogen und dienen der kurzfristigen Verbesserung des Bestehenden. Innovationsaufgaben fokussieren gegenwärtige Herausforderungen und Problemlagen, die auch in der Zukunft herausragende Bedeutung haben werden.

4   Steuerungsmedien der Weiterbildung

Bisher wurden unterschiedliche Formen der Adressierung und die mit ihnen verbundenen Formen der Steuerung analysiert. In diesem Abschnitt soll es demgegenüber darum gehen, nach den konkreten Medien zu fragen, mit Hilfe derer Politik das Feld der Weiterbildung – und nicht nur dieses – steuert. Steuerungstheoretisch werden klassischerweise drei Medien unterschieden, nämlich Recht, Geld und Wissen (vgl. Willke 2001). Zusätzlich zu diesen drei Medien kann als viertes, sprachlich verfasstes und prozessbezogenes Umsetzungsmedium noch Kommunikation identifiziert werden. Diese vier Medien sind in den bisherigen Analysen teils verstreut, teils ausführlich bereits angesprochen worden, im folgenden Kapitel soll nun eine systematisierte Zusammenschau erfolgen.

4.1 Recht

Mit Blick auf die Steuerung durch rechtlich-administrative Regelungen lassen sich Steuerungsformen mit unterschiedlicher Reichweite und Wirkung differenzieren:

Gesetze als rechtliche Kodifizierungen können die Weiterbildung entweder direkt und explizit regeln (Hessisches Hochschulgesetz, Hessisches Bildungsurlaubsgesetz, Hessisches Weiterbildungsgesetz) oder indirekt und implizit weiterbildungsrelevante Paragraphen und Inhalte aufweisen (u.a. Hessisches Forstgesetz oder Gesetz zur Förderung der kleineren und mittleren Unternehmen der hessischen Wirtschaft). Gesetze lassen sich unabhängig von ihrer direkten oder indirekten Steuerungswirkung noch einmal danach unterscheiden, ob sie als Fördergesetze oder Gewährleistungsgesetze für die Weiterbildung verbindliche Soll-Aussagen (Ansprüche) oder lediglich unverbindliche Kann-Aussagen (Fördermöglichkeit) formulieren.

Ausführbestimmungen und Umsetzungsverordnungen regeln demgegenüber die Umsetzung und konkrete Applikation von Gesetzen, im Falle des Hessischen Weiterbildungsgesetzes beispielsweise die konkrete Form der Leistungsabrechnung oder die quantitative Aufteilung des förderfähigen Unterrichtsvolumens auf die verschiedenen anerkannten Landesorganisationen. Ausführbestimmungen haben insofern eine unmittelbare und konkrete Steuerungswirkung, indem sie allgemeine Gesetzesaussagen in operationalisierbare Handlungsschritte überführen.

Antragsverfahren und Verfahrensrichtlinien sind weitere Formen der rechtlich-administrativen Steuerung, wie sie beispielsweise bei Projektförderungen oder Programmausschreibungen zur Anwendung gelangen. Die jährliche Programmausschreibung des Innovationspools steuert die Weiterbildung sowohl inhaltlich (über die Auswahl bestimmter Themen) als auch vom Zuschnitt (spezifischer Zugang, inhaltlicher Mehrwert) wie auch vom Zeitablauf, vom Auswahlprozedere, durch das Finanzierungsvolumen, die Antragsstellung, etc.

Die *Anerkennung und Registrierung von genehmigungspflichtigen Veranstaltungen* sind ebenfalls Formen der rechtlich-administrativen Steuerung, indem durch sie – wie etwa beim Bildungsurlaub – die formalen und inhaltlichen Kriterien überprüft werden, die nach den gesetzlichen Vorgaben erfüllt sein müssen. Ähnliche Steuerungsformen finden sich dort, wo die Erlaubnis, in bestimmten Handlungsfeldern tätig zu werden, an bestimmte Qualitätsvoraussetzungen (Siegel, Testat, Qualifikationsnachweise, etc.) gebunden ist. Ebenso verhält es sich bei der Akkreditierung von Studiengängen (Weiterbildungsmaster), wo entsprechende Verfahrensvorschriften eine erhebliche praktische Steuerungswirkung mit Blick auf formale und inhaltliche Zuschnitte des Weiterbildungsangebots entfalten.

Erlasse und Zielvereinbarungen sind Steuerungsformen, die insbesondere im schulischen und hochschulischen Bereich zur Geltung kommen und die eine unmittelbare und direkte Steuerungswirkung auf die schulförmig ausgestaltete bzw. wissenschaftliche Weiterbildung entfalten. Erlasse wie der Erlass zur Kostendeckung weiterbildender Studien haben zwar keinen direkten Einfluss auf

Art und Inhalt der (wissenschaftlichen) Weiterbildung, erzwingen allerdings durch ihre Rahmensetzungen eine sehr spezifische Form der bildungspraktischen Ausgestaltung.

In *Verträgen* – wie etwa den Zuwendungsbescheiden des Landes Hessen an konkrete Projektnehmer (z. B. Hessencampus) – werden schließlich die gegenseitigen Rechte und Pflichten der Zusammenarbeit festgelegt (Inhalte, Laufzeiten, Finanzierungsvolumina, Berichtspflichten, etc.) und rechtskräftig kodifiziert.

In der Gesamtschau entfaltet sich über das Steuerungsmedium Recht ein breites Spektrum an Steuerungsmöglichkeiten, die eine große Abstufung an konkreter Steuerungsbreite und Steuerungstiefe zulassen und auch mit Blick auf die hessische Weiterbildung vielfältig Anwendung finden.

4.2 Geld

Das zweite zentrale Steuerungsmedium ist Geld. Bei der Finanzierung von Weiterbildung lassen sich idealtypisch nachfrage- und angebotsorientierte Finanzierungsformen unterscheiden, wobei die Finanzierung dauerhaft und gesetzlich abgesichert oder projektförmig und zeitlich begrenzt erfolgen kann. Die im HWBG geregelte Förderung der hessischen Weiterbildung ist als gesetzlich abgesicherte Regelfinanzierung eine angebotsorientierte Finanzierungsform und als solche an bestimmte Vorgaben gebunden: an die Anerkennung der Anbieter als Landesorganisation (mit einem entsprechenden Kriterienkatalog), an definierte Inhalte (Grundversorgung), an festgelegte Quoten (25 % des Angebots muss der beruflichen oder der Grundbildung zurechenbar sein), an tatsächlich abgehaltene Unterrichtsstunden (Output-, nicht Inputsteuerung), etc.

Die zeitlich befristete Projektförderung ist in Hessen – wie auch in anderen Bundesländern – in der Regel mit bestimmten Inhalten, mit der Ansprache bestimmter Zielgruppen, mit der Entwicklung spezifischer didaktischer Designs oder mit der Ausgestaltung von institutionellen Kooperationsformen verbunden. Sie kann sich aber auch auf die Förderung von Support- und Entwicklungsstrukturen (für Beratung, Forschung, Fortbildung, Evaluation, Qualität, etc.) beziehen. Interessant ist die zeitliche Dauer der Projektförderung. Hier lassen sich kurzfristige Förderungen (Innovationspool) unterscheiden von Förderungen, die inhaltlich längerfristig angelegt sind (Hessencampus) mit dem Ziel einer institutionellen Verstetigung und einer (möglicherweise gesetzlich festgelegten) Dauerabsicherung. Das Entwicklungs- und Förderprogramm Hessencampus (Kultusministerium) ist dabei in seiner Finanzierungs- und Steuerungsform ähnlich aufgebaut wie Förderprogramme anderer Ministerien (Bildungs- und Erziehungsplan 0-10: Sozialministerium; Qualifizierungsberatung: Wirtschaftsminis-

terium). Sie alle sollen in einer inhaltlichen Langfristperspektive für den entsprechenden Förderbereich strukturbildende Wirkung haben und in eine – wie
auch immer geartete – Regelförderung überführt werden. Dabei haben Hessencampus, Bildungs- und Erziehungsplan 0-10 und Qualifizierungsberatung unterschiedliche Ansatzpunkte: Sie fokussieren die Region (räumliche Dimension),
eine bestimmte Zielgruppe (soziale Dimension) oder ein bestimmtes Problem
(inhaltliche Dimension). Ihr gemeinsames Thema ist dabei Vernetzung im Sinne
einer kooperativ zu erbringenden Bildungsdienstleistung von ganz unterschiedlichen Organisationen und Professionen.

4.3 Wissen

Während rechtlich-administrative Regelungen auf Macht bezogen sind und Geld
ein tauschwertbezogenes Anreizsystem darstellt, verkörpert Wissen die inhalts-
bezogene Innovationsseite von Steuerung. Wissen ist bezogen auf die inhaltlich
neue, entwicklungsorientierte, steigerungsfähige, optimierbare Seite der Steuerung bzw. auf die nachträgliche Evaluation und Reflexion der Umsetzung.
Dementsprechend lassen sich unterschiedliche Arten von Wissen unterscheiden,
die steuerungsrelevant auf die Weiterbildung wirken:
    Dem *Planungs- und Programmwissen* liegen entsprechende Bedarfe bzw.
Probleme zugrunde, die als politikrelevant erachtet und in entsprechende Hand-
lungsvorgaben überführt werden. Das Planungs- und Programmwissen lässt sich
noch einmal unterscheiden nach dem Grad seiner konkreten umsetzungsbezoge-
nen Steuerungsrelevanz. Während allgemeine Politikstrategien (zum Beispiel
Bildung für eine nachhaltige Entwicklung) den allgemeinen Hintergrund für
eine regional, national – oder auch international – koordinierte Politik abgeben,
formulieren Programme (Qualifizierungsoffensive; Programme zur beruflichen
Bildung) sehr viel konkretere Handlungsperspektiven und Zielvorgaben für bestimmte Bereiche. Pläne (Bildungs- und Erziehungsplan) schließlich unterfüt-
tern Programme und Strategien mit inhaltlich ausgearbeiteten, mehr oder weniger differenzierten, wissenschaftlich abgesicherten Aussagen über Ziele, Inhalte,
Methoden, etc.
    Das *Prozesswissen* fokussiert demgegenüber die Ausführungsseite der Pla-
nung. Die Erprobung durch Modellprojekte sowie deren wissenschaftliche Begleitung und Umsetzung oder die Arbeit von Projektbeiräten und Kuratorien
sind Formen der Konstitution derartigen Prozesswissens. Im Hessencampus-
Projekt materialisiert sich das Prozesswissen etwa in der Arbeit der Sozialforschungsstelle oder im durch Sitzungen und Protokolle geronnenen Wissen über
die Konstitution und Ausgestaltung des HC-Sprecherkreises.

Evaluationswissen systematisiert nachträglich – oder auch prozessbeglei-
tend – die Erfahrungen, Resultate und Probleme von Planung/Umsetzung durch
Berichte, Befragungen, Kennziffern, Indikatoren, etc. Für die hessische Weiterbildung liegt eine ganze Reihe entsprechenden Evaluationswissens vor: der Eva-
luationsbericht zur Wirksamkeit des Hessischen Weiterbildungsgesetzes (Sozialforschungsstelle 2005), die Evaluationen der Innovationspoolprojekte (vgl.
etwa Hessisches Kultusministerium 2008) oder wissenschaftliche Studien mit
evaluativem Charakter etwa zu den beruflichen Schulen (Harney u. a. 2009) oder
zur Weiterbildung für Bildungsferne (Beckmann/Schmid 2009).

Die gezielte, an Standards orientierte Steuerung obliegt dem *Normierungswissen*. Die Formulierung von Standards, die Normierung und Kodifizierung
von Prozessen in Qualitätsmanagementverfahren oder die inhaltliche Bestimmung von Akkreditierungs- und Zertifizierungsverfahren sind Beispiele von
Normierungswissen. Sie finden sich in Hessen etwa in den landesweiten Leitli-
nien für Bildungsberatung im Hessencampus oder in der Implementierung hes-
senspezifischer Qualitätssiegel für Weiterbildung.

Das *Reflexionswissen* bringt schließlich eine kritische Überprüfung und
Hinterfragung bisheriger Verfahrensweisen, Resultate oder Diagnosen in Form
von Monitoringverfahren, institutioneller Selbstbeobachtung und wissenschaftlicher Expertise. All diese Elemente sind auch Modi einer wissensbasierten
Steuerung und in Hessen in vielfältigen Kombinationen erkennbar.

4.4 Kommunikation

Quer zu den bisherigen drei Medien liegt das vierte Medium: Kommunikation.
Kommunikation kann im hier verstandenen Sinne bezeichnet werden als die
verbale, interaktiv oder medial gebundene Abstimmung zwischen unterschiedlichen Partnern, als die prozessförmig ausgestaltete Dimension der drei anderen
Medien. Recht, Geld und Wissen sind in ihrer steuerungspraktischen Umsetzung
immer an Formen der mündlichen oder schriftlichen Sprachkommunikation gebunden. Die relative Festigkeit der drei Medien Recht, Geld und Wissen wird
durch Kommunikation prozessualisiert, kommunikativ verhandelt und in einem
Wechselspiel von Verflüssigung und Verfestigung immer wieder verstetigt.
Dieser kommunikative Prozess vollzieht sich wiederum in unterschiedlichen
Formen wie Koordinierungs- und Abstimmungsrunden, Treffen und Konsultationen, die ihrerseits wieder verfestigt werden in Berichten und Protokollen. Insofern fungiert sprachliche Kommunikation – mündlich oder schriftlich, interaktiv
oder medial – als Prozessmedium von Recht, Geld und Wissen.

Mit Blick auf die hessische Weiterbildung lassen sich in dieser Perspektive
die vielfältigsten Kommunikationsformen nachweisen, wie sie im Landeskura-

torium für Weiterbildung und Lebensbegleitendes Lernen, im Hessencampus-Sprecherkreis, im Landesausschuss für berufliche Bildung, in intra- und interministeriellen Abstimmungsrunden, in Gremien, Ausschüssen, Arbeitsgemeinschaften, etc. zu finden sind.[16]

4.5 Zusammenfassung

Die hier behandelten Steuerungsmedien sind in der hessischen Weiterbildung in vielfältigen Formen und Kombinationen identifizierbar. Die politische Steuerung der hessischen Weiterbildung bedient sich aller vier Medien in unterschiedlichster Ausprägung, Dichte, und Kombinationsvielfalt. Die Komplexität des Steuerungsgeschehens zeigt sich im ständigen Oszillieren zwischen Verfestigung und Verflüssigung, zwischen Entscheidung, Entscheidungsumsetzung und Entscheidungsrevision. Steuerung bewegt sich so zwischen den Polen fest und flüssig. Während der Rekurs auf Recht einen deutlichen Grad an Festigkeit und damit zeitlicher Überdauerung markiert, steht Kommunikation für den Pol der Verflüssigung und Prozessualisierung (vgl. Abbildung 1). Die Dynamik der politischen Steuerung pendelt zwischen der Fixierung von Flüchtigkeit und der Verflüchtigung des Festen hin und her. Diese Oszillation gibt der Steuerung ihre Dynamik, ohne dass ein Punkt zentralistischer übergeordneter Koordination auszumachen wäre.

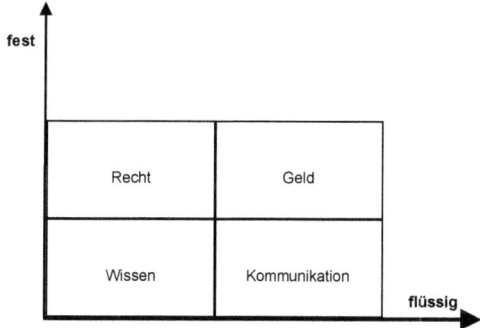

Abbildung 1: Grad der Festigkeit von Steuerungsmedien

---

16 Eine genauere Auflistung und Beschreibung der institutionalisierten Kommunikation gibt auch Teil III über ‚Professionelle Reflexionskultur'.

5 Komplexität von Steuerung und Mehrfachadressierung

Die drei hier verfolgten Zugänge über Adressierungen (explizit/implizit), über Steuerungskombinationen (allgemein/spezifisch, offen/geschlossen, Regelförderung/Projektförderung, dauerhaft/begrenzt) und über Steuerungsmedien (Recht, Geld, Wissen, Kommunikation) zeigen die Vielfalt und Komplexität, mit der seitens der Politik versucht wird, auf das Feld der Weiterbildung einzuwirken. Gesetze, Finanzierungsmodalitäten, Programme und kommunikative Abstimmungsformen bilden ein Ensemble, das explizit auf Weiterbildung fokussiert ist oder integriert in weitergehende Programme (Nachhaltigkeit, Beschäftigungsfähigkeit) Weiterbildung auch mitbedient. Versucht man, diese Komplexität am Beispiel von drei Ministerien (Kultus, Umwelt, Wirtschaft) noch einmal zu verdeutlichen, so ergibt sich folgende Synopse (vgl. Tabelle 6):

	Explizit	Implizit	Hybrid	Medien
Ministerien	HKM	HMUELV	HMWVL	
Gesetze	Hessisches Weiterbildungsgesetz	Hessisches Forstgesetz	Gesetz zur Förderung der kleineren und mittleren Unternehmen der hessischen Wirtschaft	Recht
Finanzierung	Weiterbildung und Lebensbegleitendes Lernen Außerschulische Weiterbildung	u.a. Nachhaltigkeitsstrategie Hessen Forstliche Umweltbildung	u.a. Regionale Wettbewerbsfähigkeit und Beschäftigung (ESF) Überbetriebliche Lehrgänge und Weiterbildung	Geld
Programme	Hessencampus Innovationspool	Bildung für nachhaltige Entwicklung Sauberes Klassenzimmer	Qualifizierungsoffensive Programme zur beruflichen Bildung	Wissen
Koordinierungsrunden	Landeskuratorium Hessencampus	Interministeriell	Landesausschuss für Berufliche Bildung	Kommunikation
Einrichtungen	Anerkannte Träger der Weiterbildung Umweltbildung (spezialisiert) Berufliche Bildung (spezialisiert)	Forstämter Naturschutzorganisationen	Betriebe Kammern	

Tabelle 6: Steuerungsformen und Steuerungsmedien im ministeriellen Vergleich: Hessisches Kultusministerium (HKM), Hessisches Ministerium für Umwelt, Energie, Landwirtschaft und Verbraucherschutz (HMUELV), Hessisches Ministerium für Wirtschaft, Verkehr und Landesentwicklung (HMWVL)

Insgesamt lässt sich die (politisch-ministerielle) Steuerung der Weiterbildung als Kombination von expliziten und impliziten, direkten und indirekten, breiten und spezialisierten, starken und schwachen, unidirektionalen und multidirektionalen Steuerungsmodi beschreiben, die in dezentraler, nicht koordinierter Form auf das Feld der Weiterbildung wirken und in ihrer Gesamtheit gleichwohl eine funktionale Komplementarität entfalten. Die Dreifachansprache der Weiterbildung in allgemeiner Form, über Themen und/oder über Zielgruppen, die Kombination von Regel-, Projekt- und Strukturaufbauförderung, die Bedienung unterschiedlicher Zeithorizonte, etc. erzeugt ein weites Netz von Steuerungsimpulsen und gegenseitigen Verstärkungseffekten. Sie schafft gleichzeitig aber auch das Problem der Koordinierung und Abstimmung, ohne von einem klaren Zentrum ausgehen zu können. Die Verstärkung der Steuerung durch Mehrfachansprache und ministerielle Mehrfacheinbindung kann neben dem bereits erwähnten Komplementärverhältnis daher auch Redundanz- und Konkurrenzverhältnisse erzeugen. Diese müssen jedoch keineswegs dysfunktionale Effekte zeitigen. Unter dem Gesichtspunkt der angestrebten Erhöhung der Weiterbildungsbeteiligung sind mögliche redundante und konkurrente Anspracheverhältnisse durchaus funktional, indem sie die Wahrscheinlichkeit deutlich erhöhen, AdressatInnen zu erreichen und zur faktischen Bildungsteilnahme zu gewinnen. Dies entbindet allerdings weder das Feld noch die Politik, über intelligente und koordinierte Formen der Mehrfachansprache nachzudenken.

Was bedeuten nun diese Befunde für die Trägerlandschaft und die Einrichtungen der Weiterbildung? Insbesondere für die öffentlich finanzierte Weiterbildung zeigt sich ein hoher Zumutungscharakter. Ihre Einrichtungen sind (sollen sein): Flächendeckend aufgestellt und regionsspezifisch fokussiert, in horizontaler (Weiterbildung) und in vertikaler Dimension (Bildungswesen) vernetzt, auf eine Lebensphase (Erwachsene) und doch zunehmend lebensphasenübergreifend ausgerichtet, thematisch allgemein und offen, aber auch thematisch und zielgruppenspezifisch fokussiert, finanziell grundfinanziert und gleichzeitig projektförmig angereizt. Diese Vielfalt gleichzeitiger Bezüge macht – summarisch gesprochen und ohne weitere vertiefende Einzelanalysen – einen (Groß-)Teil der Einrichtungen zu flexiblen Organisationen mit unterschiedlich ausgerichteten Abteilungen, mit ministeriellen Mehrfachbezügen und parallelen Politik- und Refinanzierungsstrategien, die unterschiedlichen Programm- und Organisationslogiken folgen. Einrichtungen der Weiterbildung sind insofern Organisationshybride im Spannungsfeld von Lebenslaufbezug und Inhaltsbreite, von thematischer und lebenslaufbezogener (Voll-)Versorgung, von Mehrspartenausrichtung und Mehrgenerationenangebot. Die spezifische Steuerungsfunktion des Hessischen Kultusministeriums liegt in der Mitgestaltung eines expliziten, allgemeinzugänglichen, themenoffenen, inklusiven Weiterbildungsangebots, während die thematisch fokussierten und zielgruppenspezifischen Steuerungsimpulse aus den anderen Ministerien eine große Streubreite an gesetzlichen Regelungen, finanziellen Förderungen, programmatischen Zielsetzungen, inhaltlichen Füllungen und einrichtungsspezifischen Umsetzungen aufweisen (vgl. Abbildung 2).[17] Auch die öffentlich geförderte Weiterbildung profitiert – in komplementärer und überlappender Form – von diesen Impulsen, sie richten sich schwerpunktmäßig allerdings auf Einrichtungen, die jenseits des Regelungsbereichs von HWBG liegen.

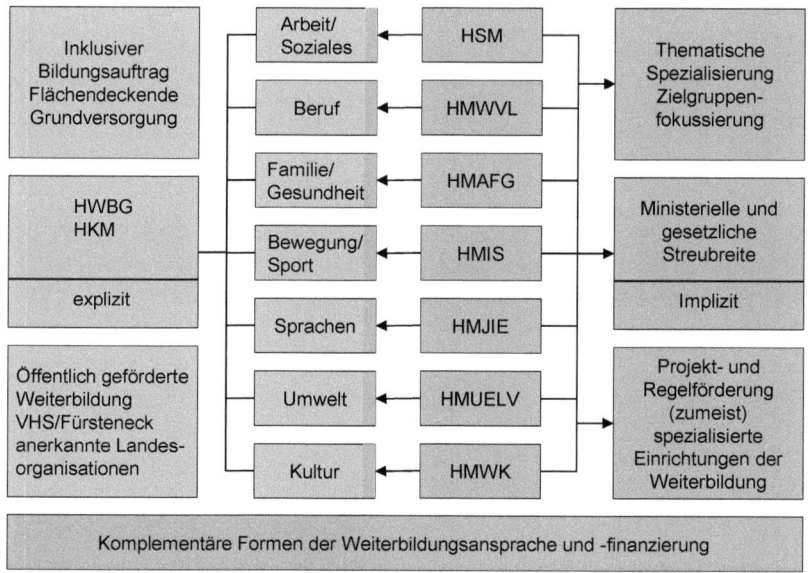

Abbildung 2: Strukturelle Verflechtungen zwischen Weiterbildung und Ministerien[18]

---

17 Zu den professionspolitischen Konsequenzen einer derartigen Mehrfachausrichtung mit einem Bedeutungszuwachs von akquisitorischen Konsequenzen sowie differentiellen Präsentationsbedarfen und Legitimationstheorien vgl. bereits Brödel 1997, S. 168f.

18 HSM: Hessisches Sozialministerium
HMVWL: Hessisches Ministerium für Wirtschaft, Verkehr und Landesentwicklung
HMIS: Hessisches Ministerium des Innern und für Sport
HMJIE: Hessisches Ministerium der Justiz, für Integration und Europa
HMUELV: Hessisches Ministerium für Umwelt, Energie, Landwirtschaft und Verbraucherschutz
HMWK: Hessisches Ministerium für Wissenschaft und Kunst

III Reflexionskultur – Professionsebene

Reflexive Vielfalt.
Zur Systematisierung von Formen, Räumen, Akteuren und Inhalten professioneller Reflexion in der hessischen Weiterbildung
Wolfgang Seitter

Teil einer professionalisierten Weiterbildungsstruktur ist eine institutionalisierte Reflexionspraxis, in der die Akteure der Weiterbildung Veränderungen im Aufgabenspektrum analysieren, daraus abgeleitete Entwicklungsperspektiven formulieren und gegebenenfalls Maßnahmen zur eigenen Weiterqualifizierung ergreifen. Auch in Hessen existiert eine Reihe solcher Foren, die auf den unterschiedlichen Ebenen kooperativ oder arbeitsteilig die Praxis der weiterbildungsbezogenen Reflexion ermöglichen und verstetigen.

Ziel des folgenden Teils ist es, diese Ebenen und Institutionalisierungsformen professioneller Reflexion zu systematisieren und in ihrer komplementären Ergänzung zu beschreiben. Versucht man eine Gesamtschau des Feldes, so lassen sich drei Formen von Reflexion unterscheiden, die in Reichweite, institutioneller Verstetigung, reflexiver Spezialisierung und Verortung im Feld deutlich voneinander abweichen und die im Folgenden detailliert beschrieben werden:

- Reflexionsformen und -räume der Akteure im Feld – und zwar auf der politisch-öffentlichen, der (inter-)organisational-trägerspezifischen sowie der individuell-professionellen Ebene;
- auf Reflexionsangebote spezialisierte Institutionalformen im und durch das erwachsenenpädagogische(n) Feld;
- externe, jedoch in das Feld intervenierende Gestaltungs- und Beobachtungsformen durch Bildungspolitikberatung und Wissenschaft.

Grundlage der Ausführungen sind umfangreiche Internetrecherchen und Dokumentenanalysen unterschiedlichster Art (Tagesordnungen, Protokolle, Tagungsberichte, etc.).[1] Flankierend zu der Auswertung der schriftlichen Materialien wurden zahlreiche Gespräche mit Vertreterinnen und Vertretern hessischer Weiterbildungseinrichtungen geführt, um sowohl deren Kenntnis über entsprechende Re-

---

1   Mein Dank gilt an dieser Stelle Frau Sibylle Klingebiel vom Hessischen Kultusministerium und der Koordinationsstelle Weiterbildung und Lebensbegleitendes Lernen, die dem Verfasser zeitnah und unbürokratisch zahlreiche interne Dokumente zur Verfügung gestellt hat.

flexionsformen zu nutzen als auch eine Einschätzung über Bedeutung und Reichweite der jeweiligen Foren einzufangen (vgl. dazu ausführlicher Abschnitt 5).

1   Reflexionsformen und -räume der Akteure im Feld

Die Reflexionsformen und -räume der Akteure im Feld lassen sich unterscheiden, je nachdem, ob sie auf der politisch-öffentlichen, der (inter-)organisationalen bzw. trägerspezifischen oder der individuell-professionellen Ebene angesiedelt sind. Obwohl diese Reflexionsformen sich vielfältig überschneiden, ist es gleichwohl sinnvoll, sie getrennt darzustellen.

1.1   Trägerübergreifende hessenweite Ebene im (bildungs-)politischen Raum

Auf dieser Ebene agieren insbesondere das Landeskuratorium für Weiterbildung und Lebensbegleitendes Lernen sowie der Hessencampus-Sprecherkreis.

Das *Landeskuratorium* als die im Weiterbildungsgesetz verankerte Beratungsinstanz für die Landesregierung umfasst neben den Volkshochschulen, den neun anerkannten Landesorganisationen, der Hessischen Heimvolkshochschule Burg Fürsteneck sowie den Planungsregionen als stimmberechtigte Mitglieder vier hessische Ministerien, die im Hessischen Landtag vertretenen Parteien sowie eine ganze Reihe weiterer mit Bildungsfragen beschäftigter Einrichtungen ohne Stimmrecht (u. a. Handwerkskammern, Industrie- und Handelskammern, Hochschulen, Landeszentrale für politische Bildung, Hessischer Rundfunk). Das Landeskuratorium hat einen geschäftsführenden fünfköpfigen Vorstand, der als regelmäßig tagendes Gremium bildungspolitische und inhaltlich-thematische Entwicklungen vordiskutiert und abstimmt mit einer entsprechenden Vorlauf-, Filter-, Koordinierungs-, Fokussierungs- und Initiierungsfunktion. Unterstützt wird die konzeptionelle und operative Arbeit des Landeskuratoriums durch die Koordinationsstelle Weiterbildung und Lebensbegleitendes Lernen.

Analysiert man die Tagesordnungen und Protokolle der letzten Jahre, so wird deutlich, dass die Arbeit des Landeskuratoriums unterschiedliche Aufgabenbereiche und Funktionen betrifft:

▪   Informationsaustausch und Berichtswesen über laufende aktuelle Entwicklungen und Planungsstände, so etwa über die Arbeit von Hessencampus, über Förderprogramme (Lernen vor Ort), die Einführung der Bildungsprämie, über Tagungen (Jahresforum Hessencampus) oder den Weiterbildungsbericht;

▪   Beratungen mit Blick auf gesetzliche Veränderungen, hier insbesondere die Novellierung des Hessischen Weiterbildungsgesetzes oder die Anpassung des Hessischen Bildungsurlaubsgesetzes an die veränderte europäische Rechtslage;

- Entgegennahme und Diskussion von Evaluations- und Projektberichten, so etwa über die Arbeit des Innovationspools oder die Bildungsurlaubssemi- nare des DGB-Bildungswerks, die Projektergebnisse der sieben Lernenden Regionen in Hessen, der Online-Befragung von Beschäftigten zur berufli- chen Weiterbildung, der Weiterbildungsberatung in Hessen oder über das Design eines regionalen Weiterbildungsberichts im Odenwaldkreis;
- Vorbereitung, Durchführung und Auswertung von Tagungen (Weiterbil- dungskonferenz, Klausurtagungen);
- Information und Berichterstattung über den Innovationspool, über das jähr- lich auszuschreibende Programm, über die Besetzung der Auswahlkom- mission, über Evaluationsergebnisse oder über die laufende Arbeit;
- Inhaltliche Inputs der Mitglieder zu bestimmten Themenstellungen wie etwa Profilpass und Jobnavigator, Ästhetische Bildung und Erziehung, Stand und Perspektiven der Erwachsenenbildung in Schweden oder Demo- graphische Entwicklung;
- Hessencampus: Dieses Thema war und ist zentral in (fast) allen Sitzungen des Landeskuratoriums der letzten Jahre. Dabei ging es um Konzepte, Ent- wicklungen, Zwischenbilanzen, Zusammenarbeit, etc. und vor allem um die Frage der Regionalisierung als Zukunftsaufgabe der hessischen Weiter- bildung mit der Perspektive des Aufbaus eines Systems Lebensbegleiten- den Lernens. In diesem Zusammenhang ist dann auch zu sehen die:
- Arbeit an Eckpapieren, Positionspapieren und Empfehlungen an die Hessi- sche Landesregierung (vgl. etwa Landeskuratorium 2008b).

Insgesamt geht es bei der Arbeit des Landeskuratoriums um Information, Aus- tausch, Aussprache, Diskussion, Beratung, Reflexion, Koordination, Abstim- mung und Empfehlung – konkreter um die Anpassung der Weiterbildung an Gesetze, Förderrichtlinien und Rahmenbedingungen, um die Koordination und Abstimmung zwischen den Organisationen und Gremien, um den Austausch über inhaltliche Fragen und Themen, um die reflexiv-evaluative Vergegenwärti- gung vergangener Arbeit und um die zukünftige organisatorische Verfasstheit der öffentlich finanzierten Weiterbildung (Hessencampus, System Lebensbe- gleitendes Lernen).

Der zweite prominente Akteur auf Landesebene ist seit einigen Jahren der *Sprecherkreis der Hessencampus-Initiativen*. Während das Landeskuratorium als Reflexionsraum per Gesetz institutionalisiert und auf Dauer gestellt ist und die öffentlich finanzierte Weiterbildung durch anerkannte Träger fokussiert, vertritt der HC-Sprecherkreis die räumlich-regionalspezifische Ausprägung der Weiterbildung, die bildungsbereichs- und einrichtungsübergreifend organisiert

ist, sich auf projektförmiger Basis konstituiert und als politik- und programmin-
duzierte Kommunikations- und Reflexionsform angesehen werden kann (weitere Varianten dieser raumbezogenen sowie einrichtungs- und bildungsbereichsübergreifenden Institutionalform sind die Lernenden Regionen und die
Initiativen von Lernen vor Ort, aber auch Einrichtungen wie der Verein Mitte-
Hessen, die im Weiteren unberücksichtigt bleiben).

Der HC-Sprecherkreis vertritt die 21 Hessencampus-Initiativen (Stand
2011). Auch hier zeigt der Blick auf die Tagesordnungen, dass der Sprecherkreis unterschiedliche Funktionen der Reflexion, Planung und Koordination
ausübt. Die Gewichtung und inhaltliche Ausgestaltung der Funktionen differiert
deutlich vom Landeskuratorium, da Hessencampus als Aufgabenfeld und Organisationsstruktur erst im Aufbau begriffen ist und in den letzten Jahren verschiedene
programmatische Veränderungen durchlaufen hat (vom betriebsförmig integrierten Bildungsdienstleister zur bildungsbezogenen Verbundorganisation):

- Laufende Berichterstattung aus dem Hessischen Kultusministerium, dem
  Landeskuratorium, den beteiligten öffentlich finanzierten Gründungsein-
  richtungen (Volkshochschulen, Berufliche Schulen, Schulen für Erwachsene), Informationen zu Gesprächen mit politisch Verantwortlichen, zu För-
  derprogrammen des Bundes, etc.;
- Reflexion über die eigene Organisationsstruktur des Sprecherkreises
  (Selbstverständnis, Aufgabenstellung, Geschäftsordnung);
- Diskussion und Beratung über die Institutionalisierung von Hessencampus:
  strategische Planung, Entwicklungsprogramm, Meilensteinplanung, Finan-
  zierung, Organisations- und Rechtsformen, Kooperationsvereinbarung
  Land/Kommunen, Integration neuer Initiativen, landesweite Struktur, etc.;
- Kontaktformen in der Arbeit mit Parteien und politisch Verantwortlichen
  (Abgeordnete, MinisterIn, Ministerpräsident);
- Inputs und Berichte der wissenschaftlichen Begleitung (Sozialforschungs-
  stelle Dortmund);
- Bericht über die inhaltliche Arbeit der gegründeten AGs: Bildungsbera-
  tung, Internet, Pädagogik;
- Vor- und Nachbereitung von Treffen, Klausurtagungen, HC Jahresforen.

Mit Blick auf Reflexion stellt sich die spannende Frage, wie diese beiden hessenweit agierenden Foren miteinander kommunizieren bzw. wie die gegenseitige und/oder aufeinander bezogene Kommunikation und Reflexion organisiert
ist. Die Arbeit beider Foren wird nämlich durch zwei unterschiedliche Strukturprinzipien bestimmt: einerseits durch das Prinzip einer trägerbezogenen, grundfinanzierten, auf die öffentliche Weiterbildung insgesamt fokussierten Institutionalform und andererseits durch das Prinzip einer raum- und regionsbezogenen,
projektförmig finanzierten und auf die Vernetzung unterschiedlicher (Bil-

dungs-)Einrichtungen fokussierten Institutionalform. Die Spannung zwischen diesen beiden Prinzipien zeigt sich nicht nur an der Differenz zwischen Träger-bezug, Finanzierungsform und Raumorientierung, sondern auch an der Entwick-lung zweier unterschiedlicher öffentlicher Selbstdarstellungsforen, wie sie im HC-Jahresforum und in der Weiterbildungskonferenz institutionalisiert sind. Es wird daher eine Zukunftsaufgabe der hessischen Weiterbildung(spolitik) sein, die kommunikativ-reflexive Abstimmung zwischen diesen beiden Foren klug aus-zutarieren und mögliche kommunikative Reibungsverluste als Ausdruck der gleichzeitigen Realisierung dieser beiden Strukturprinzipien zu deuten und zu bearbeiten.

1.2 Die (inter-)organisationale Ebene der Volkshochschulen und Freien Träger im organisatorisch-didaktischen Raum

Auf der (inter-)organisationalen Ebene geht es – neben der Kommunikation, Koordination und Abstimmung der (Freien) Träger untereinander – vor allem um die trägerspezifischen Reflexions- und Institutionalformen. In dieser Hin-sicht lassen sich fünf Grundformen von Kommunikation und Reflexion mit un-terschiedlicher Dichte und Reichweite voneinander abgrenzen:

- Horizontaler Austausch zwischen unterschiedlichen Bildungseinrichtun-gen: Hier dominiert der institutionalisierte Austausch von Einrichtungslei-tungen, die in unterschiedlichen Bildungsbereichen innerhalb des jeweili-gen Trägerverbundes arbeiten (organisationale ‚Großfamilien' der Kirchen, der Gewerkschaften, des Sports oder der Bauernschaft). Als Beispiel seien hier die regelmäßigen Einrichtungsleitertagungen der Katholischen Er-wachsenenbildung in Hessen und Rheinland-Pfalz genannt oder die Leite-rInnenkonferenz der Hessischen Volkshochschulen.
- Vertikaler Austausch zwischen gleichen Bildungseinrichtungen auf regio-naler oder nationaler Ebene: Hier unterhalten die Einzeleinrichtungen der Trägerverbände regionale oder bundesweite Querverbindungen mit ent-sprechenden Verbandsorganisationen, so etwa die Verbundorganisationen der Familienbildungsstätten, die Arbeitsgemeinschaft der Bildungswerke der Deutschen Wirtschaft oder der Verband der Bildungszentren im ländli-chen Raum mit entsprechenden Jahresversammlungen, Foren und Tagun-gen.
- Kommunikation zwischen Bildungsverantwortlichen unterschiedlicher le-benslaufbezogener Adressatengruppen. Hier steht der Austausch von Funk-tionsträgern innerhalb der Großverbände im Vordergrund wie etwa der Austausch zwischen den Bildungsverantwortlichen für Jugend, Frauen, Se-

nioren oder Erwachsene, z. B. im Sport oder für die ländliche Bevölkerung (Landjugend, Landsenioren, Landfrauen).

▪ Austausch von Einrichtungen, die segmentspezifisch arbeiten: Hier interessiert die Reflexion über spezifische Bereiche wie landwirtschaftliche, berufliche oder kulturelle Bildung, die in entsprechenden Foren einrichtungsübergreifend etabliert ist.

▪ Kommunikation innerhalb der gesellschaftlichen Großverbände über Themenbezüge, in die auch die Bildungsverantwortlichen involviert sind: Hier stehen thematisch übergreifende Fragen im Vordergrund, die für den Erhalt der Organisation insgesamt von Bedeutung sind und die – wie etwa innerhalb der Gewerkschaften, des Landessportbundes oder des Verbandes hessischer Unternehmensverbände – über Fachtagungen, Konferenzen, aber auch mit institutionalisierten Angeboten (wie etwa der Führungs- und Verwaltungsakademie des Sport in Berlin) bearbeitet werden.

Insgesamt existieren somit Formen der Reflexion durch organisationale Vernetzung in horizontaler und vertikaler Hinsicht (Bildungseinrichtungen gleichen oder verschiedenen Typs), funktionale Vernetzung (Bildungsverantwortliche in Einrichtungen), segmentspezifische Vernetzung (Themenfelder, die vorangetrieben werden) oder thematische Vernetzung (bildungs- und organisationsrelevante Themen in Großverbänden wie Personalführung, Organisationsentwicklung, Qualität, Marketing, etc.). Diese Formen der Vernetzung sind oft wenig zugänglich, z. T. auch wenig formalisiert, so dass ihre Reichweite und Bedeutung nur über ausgedehnte qualitative Einzelfallstudien eruiert werden könn(t)en. Themenfelder und Konjunkturen werden nur dort sichtbar, wo es ein ausgeflaggtes und einsehbares Programm gibt.[2]

Die Volkshochschulen als ‚reine‘ Bildungsanbieter stellen im Kontext der öffentlich geförderten Träger insofern einen Sonderfall dar, als sie ein durchstrukturiertes bildungsbezogenes System auf einer (verbands-)politischen, organisatorischen und professionell-inhaltlichen Ebene bilden. Unter Reflexionsgesichtspunkten sind insbesondere die unterschiedlichen Kommunikationsformate innerhalb des Hessischen Marketingverbundes von Bedeutung, in dem Marketing, Innovationsentwicklung und (kollegiale) Reflexion zusammenlaufen (vgl. www.marketing.vhs-bildung.de). Neben der ‚Steuerungsgruppe‘ und dem ‚Anwenderkreis‘ sind vor allem die ‚Projektgruppen‘ und ‚Entwicklungsworkshops‘, die ‚Innovationskonferenzen‘ sowie die beiden Kommunikationsformate ‚Bildung im Fluss‘ und ‚Weiterbildungssalon‘ von Bedeutung. Während in den Entwicklungsworkshops konkrete Marketingfragen fokussiert werden, geht es in

---

2 So beispielsweise die Tagungen des Verbandes der Bildungszentren im ländlichen Raum über ‚Die Bedeutung von Bildung für die Bürger- und Sozialkultur im ländlichen Raum‘ (2007) oder ‚Bildung und Gesundheit in ländlichen Räumen‘ (2009).

den zeitlich befristeten Projektgruppen schwerpunktmäßig um die Bearbeitung methodisch-didaktischer Entwicklungsaufgaben. Die Innovationskonferenzen sind öffentlichkeitsbezogene Präsentationsformen, wohingegen ‚Bildung im Fluss' und ‚Weiterbildungssalon' nach innen gerichtete Reflexionsforen für die hauptberuflichen Professionellen darstellen. Daneben wird die Volkshochschularbeit reflektiert durch thematisch ausgerichtete Fachgruppen (Beruf, Gesundheit, Kultur, Gesellschaft, Sprachen) und Programmbereichskonferenzen mit mehreren Terminen pro Jahr. Zusätzlich offeriert das hvv-Verbandsinstitut ein breit gefächertes Angebot für Kursleiterfortbildung auf fachlicher und erwachsenenpädagogischer Ebene. Schließlich ist die regionale Arbeit auch eingebunden in die bundesweiten Foren des Deutschen Volkshochschulverbandes, einerseits über die thematischen Arbeitskreise für Fortbildung, Arbeit und Beruf, Grundbildung, Alphabetisierung, Schulabschlüsse, Sprachen, Gesundheit, Kultur, Politik und Umwelt, andererseits in die organisatorischen Arbeitskreise für die großstädtischen, mittelstädtischen und regional arbeitenden Volkshochschulen (vgl. Anhang, Professionelle Reflexionskultur).

Zusammenfassend lässt sich resümieren, dass die Reflexionsorte der öffentlich geförderten Weiterbildung vielfältig, differenziert und in Teilen nur schwer greifbar sind. Neben zeitlichen Dauerinstitutionalisierungen gibt es kurzfristige, projektförmige Foren. Eine inhaltliche und nach außen sichtbare Verbindung zwischen diesen unterschiedlichen Institutionalformen ist nur wenig gegeben, was mit der pluralen Verfasstheit von Weiterbildung zu tun hat. Auch im Verhältnis von Verband und Einzelorganisationen herrschen unterschiedliche Grade der Verbindlichkeit und verbandlichen Kohäsion. Gleichwohl agieren die Landesorganisationen in einer doppelten Perspektive als intermediäre Gestaltungs- und Reflexionsinstanzen: Nach außen vertreten sie einerseits die öffentlich geförderte Weiterbildung, die durch die spezifische Form der gesetzlichen Anerkennung einen institutionellen Ansprechpartner hat. Andererseits operieren sie nach innen in den (inter-)organisationalen Raum, in dem nicht nur die eigene Arbeit reflexiv begleitet wird, sondern auch die Freiwilligkeit der erwachsenenpädagogischen Leistungserbringung durch die jeweiligen Träger immer wieder neu begründet und legitimiert werden muss.

1.3 Individuell-professionelle Ebene der kollegialen Fortbildung und Reflexion

Die individuell-professionelle Ebene der reflexiven Verständigung ist von außen kaum einsehbar, sie wird allerdings in vielen Gesprächen als ausgesprochen wichtig hervorgehoben. Sie ist geprägt durch den informellen kollegialen Austausch etwa bei Fortbildungen oder Tagungen, durch das bilaterale Gespräch oder wird gespeist durch Netzwerke, die individuell oder auch institutionell verstetigt werden. Der persönliche Beziehungsfaktor hat hier eine prägende Wirkung, ebenso wie persönliche thematisch-methodische Vorlieben. Diese Ebene ist nur durch ausgreifende qualitative Explorations- und quantitative Breitenstudien weiter zu erhellen, indem Prozesse individueller Professionalitätsentwicklung und Kompetenzaufschichtung rekonstruiert und bestimmt werden.

2 Die institutionalisierten Supportstrukturen für Reflexion, Beratung, Forschung, Fortbildung

Neben den Reflexionsformen und -räumen, die auf den drei feldbezogenen Ebenen angesiedelt sind, gibt es auch Institutionalformen, die als bereits ausdifferenzierte und spezialisierte Formen im Bereich von Support für Reflexion, Beratung, Forschung und Fortbildung bezeichnet werden können.

In dieser Hinsicht hat das *hvv-Institut* als wissenschaftliche Service-Einrichtung der hessischen Volkshochschulen eine besondere Position (vgl. www.hvv.vhs-bildung.de).[3] Neben den bereits erwähnten Kommunikationsformen im Bereich von Marketing, Koordination und Vernetzung sind hier vor allem die Bereiche ‚Qualifizierung und Fortbildung' in Allgemeiner Erwachsenenbildung, Arbeitsweltbezogener Weiterbildung und Kommunalorientierter Projektarbeit sowie ‚Qualitätsmanagement' und ‚Weiterbildungsberatung' zu nennen, wo das hvv-Institut schwerpunktmäßig für hauptberufliche Mitarbeiter/innen und freiberufliche Kursleiter/innen der Volkshochschulen Leistungen zur Qualitätsentwicklung und -sicherung anbietet (ca. 160 Fortbildungen pro Jahr mit etwa 2000 Teilnehmenden). Das hvv-Institut leistet Support im Medienverbund ‚Funkkolleg', unterhält eine Prüfungszentrale (Sprachen/Beruf), erstellt Dokumentationen und Statistiken und organisiert internationalen fachlichen Austausch. Zudem gibt das Institut die überregionale Zeitschrift ‚Hessische Blätter für Volksbildung – Zeitschrift für Erwachsenenbildung in Deutschland' heraus.

Auch die *Abteilung Berufsbildungsforschung innerhalb des Bildungswerks der Hessischen Wirtschaft* übernimmt eine Reihe von Supportfunktionen (vgl. www.bwhw.de). So erstellt sie Studien, Gutachten und Handreichungen zu bestimmten Themen (z. B. Interkulturelles Personalmanagement). Sie führt Weiterbildungsprojekte durch etwa zur berufsbegleitenden Nachqualifizierung oder zur Weiterbildung für Ausbilder/innen und Lehrer/innen. Sie unterhält die Netzwerkservicestelle Berufliche Bildung mit einer Supportfunktion für die

---

3   2013 wurde das hvv-Institut aufgelöst und in den Hessischen Volkshochschulverband (HVV) reintegriert. Das Aufgabenspektrum blieb allerdings unverändert erhalten. Da zum Zeitpunkt der Datenerhebung das hvv-Institut existierte und in vielen Gesprächen Bezugspunkt war, wird es auch in den folgenden Ausführungen entsprechend erwähnt.

Vernetzung berufsbildungsbezogener Netzwerke (Netzwerkatlas, Fachtagungen, Fortbildungsreihe Netzwerkmanagement). Schließlich ist sie Teil der Qualifizierungsberatungszentren in Hessen für die Beratung zur Qualifizierung von Arbeitskräften kleiner und mittlerer Unternehmen, u. a. mit dem Schwerpunkt Demographieberatung.

Ein drittes, erst in jüngerer Zeit aktives Forum stellt der *Verein Weiterbildung Hessen e. V.* dar, der sich insbesondere in den Bereichen Qualitätstestierung und Verbraucherschutz engagiert (vgl. www.weiterbildunghessen.de).

Alle drei Einrichtungen unterstützen die Einrichtungen der Weiterbildung mit je spezifischen, z. T. träger- und bereichsspezifischen, z. T. träger- und bereichsübergreifenden Angeboten, jedoch institutionell unabhängig voneinander und ohne kommunikativ-inhaltliche Abstimmung.

3   Unternehmensberatungen, Bildungspolitikberatungen, Wissenschaft

Eine weitere Form der Reflexion stellen Angebote dar, die im Kontext von Einrichtungen der Bildungspolitikberatung und der universitären Forschung entwickelt werden. Hier sind drei Akteure zu nennen, die in unterschiedlicher Nähe/Distanz zum Feld agieren:

▪ Unternehmensberatungen wie PricewaterhouseCoopers oder Rambøll Management Consulting GmbH;

▪ wissenschaftliche Zentren an Universitäten wie die Sozialforschungsstelle Dortmund oder das Institut für Wirtschaft, Arbeit und Kultur an der Goethe-Universität Frankfurt;

▪ einzelne Lehrstühle der Erwachsenenbildung, Weiterbildung oder Berufspädagogik (u. a. an den Universitäten Bochum, Darmstadt, Frankfurt, Gießen und Marburg).

Die durch diese drei Akteure erstellten Expertisen, Gutachten, Evaluationen, Studien, etc. und deren kommunikative Verbreitung in Steuerungsgruppen, Gremien, Workshops, Tagungen sowie durch entsprechende Publikationen stellen ebenfalls ein erhebliches Potential an Reflexion dar, die in unterschiedlicher Nähe zum Feld entwickelt werden und z. T. auch entwicklungsorientierte Anwendung finden. Inhaltlich sind hier insbesondere Aktivitäten im Bereich Hessencampus, der beruflichen Schulen und der Schulen für Erwachsene zu nennen.

4   Synopse und Fazit

Versucht man, die unterschiedlichen Ebenen der erwachsenenbildungsbezogenen Reflexion in Hessen graphisch zusammenzufassen, so ergibt sich folgendes
Bild (vgl. Abbildung 1):

Abbildung 1:   Reflexionsformen und -foren der hessischen Weiterbildung

Insgesamt sind die Reflexionsformen vielschichtig und vielgestaltig, auf unterschiedlichen Ebenen angesiedelt und mit unterschiedlicher individueller, organi-
sationaler und interorganisationaler Reichweite und Profilschärfe ausgestattet.
Eine zentrale Herausforderung dieser vielfältigen Reflexionslandschaft ist es,
Knotenpunkte auszubilden, welche die Kommunikation und Reflexion *zwischen*
den unterschiedlichen Ebenen verstetigen, sie problembezogen bündeln und
inhaltlich weiterentwickeln. Derartige Verdichtungen finden häufig punktuell
und problemorientiert sowie evaluativ und entwicklungsorientiert statt. Eine
institutionalisierte Reflexion, die auf breiter Grundlage möglichst unterschiedliche Akteure *dauerhaft* einbindet, ist ein Desiderat. Dies gilt insbesondere auch
für die Verknüpfung zwischen den Handlungsakteuren (Träger, Hessencampus,
hvv) und den Beobachtungsakteuren des Feldes (Unternehmensberatung, Wissenschaft). Für diesen Prozess der Zusammenführung der unterschiedlichen Re-
flexionsebenen und -akteure haben insbesondere das Landeskuratorium als plu-

ral verfasstes landesweites Beratungs- und Reflexionsgremium sowie das hvv-Institut als wichtige Supportinstanz der hessischen Weiterbildung eine hervorgehobene Bedeutung.

5 Die hessische Weiterbildung im Spiegel von Expertenbefragungen

Wie bereits mehrfach erwähnt, wurden viele Informationen im Zuge der Recherchen über Gespräche mit OrganisationsvertreterInnen der hessischen Weiterbildung erhoben bzw. abgesichert. All diese Gespräche lassen sich – neben vielen anderen Funktionen – auch als eine spezifische Form von Reflexionsarbeit und reflexiver Co-Begleitung von Wissenschaft und Praxis verstehen.

Von besonderer Bedeutung waren in dieser Hinsicht die Gespräche mit VertreterInnen der Volkshochschulen, von Burg Fürsteneck und der anerkannten Landesorganisationen. Die Ergebnisse dieser insgesamt elf Gespräche werden daher als eine weitere Kommentierungsvariante der hessischen Weiterbildung und ihrer Reflexionskultur im Prozess in dieses Kapitel integriert. Auch wenn die VertreterInnen als Sprecher ihrer Einrichtungen bzw. Verbände fungieren und insofern immer auch einrichtungsspezifische und partikulare Gesichtspunkte zur Geltung bringen, so gibt das Gesamtspektrum der Antworten gleichwohl eine durchaus eindringliche Situationsbeschreibung der öffentlich geförderten Weiterbildung. Bezeichnend ist – bei aller Unterschiedlichkeit – der hohe Übereinstimmungsgrad in der inhaltlichen Beurteilung und Einschätzung zentraler Entwicklungslinien und Herausforderungen der hessischen Weiterbildung durch die beteiligten Akteure.

Die Gespräche wurden im Rahmen von ExpertInneninterviews geführt. Sie fanden in den Räumlichkeiten der entsprechenden Einrichtungen statt und dauerten zwischen 90 und 180 Minuten. Die Gespräche fokussierten folgende Themenbereiche:

- Bedeutsame Entwicklungen der hessischen Weiterbildung während der letzten vier Jahre
- Steuerungsformen und Steuerungspolitiken, die aus den hessischen Ministerien auf die hessische Weiterbildung (ein-)wirken
- Reflexionsorte und Reflexionsmedien (der Akteure) der hessischen Weiterbildung
- Einschätzung über das Hessische Weiterbildungsgesetz
- Zukünftige Herausforderungen der hessischen Weiterbildung

Die Beschreibungen und Einschätzungen der ExpertInnen über Steuerungsformen und Reflexionsorte sind bereits in die entsprechenden Teile des Bandes (vgl. Teil II und die Kapitel 1-3 dieses Aufsatzes) eingeflossen. Das vorliegende

Kapitel konzentriert sich daher auf die Themenkomplexe ‚Entwicklungen der vergangenen Jahre', ‚HWBG' und ‚Zukünftige Herausforderungen'. Da die Aussagen über das HWBG zumeist mit Beschreibungen vergangener Entwicklungen und zukünftiger Herausforderungen verwoben sind, ist die folgende Darstellung auf die letzten beiden Punkte fokussiert. Die dabei identifizierten Themen mit Blick auf die Entwicklung der vergangenen Jahre und mit Blick auf zukünftige Herausforderungen lassen sich auf drei unterschiedliche Ebenen beziehen: die politische, die inhaltlich-didaktische sowie die Reflexions- und Supportebene (vgl. Tabelle 1).

Politische Ebene	
Entwicklungen der letzten vier Jahre	**Zukünftige Herausforderungen**
HWBG HC – Regionalisierung Politische Kommunikation	HWBG HC – Regionalisierung Politische Kommunikation
Inhaltlich-didaktische Ebene	
Entwicklungen der letzten vier Jahre	**Zukünftige Herausforderungen**
Lebenslauforientierung TeilnehmerInnenverhalten	Inklusion-Demographie AdressatInnenansprache Bildungswerbung E-Learning Bildungsberatung Aufsuchende Bildungsarbeit
Reflexions- und Supportebene	
Entwicklungen der letzten vier Jahre	**Zukünftige Herausforderungen**
Qualitätsentwicklung Projektförderung	Visionsarbeit Bildungsbegriff

Tabelle 1:   Synopse der Themen und Ebenen

5.1 Politische Ebene

Entwicklungen der letzten vier Jahre

Bei den Befragten herrscht ein großer Konsens darüber, dass das Weiterbildungsgesetz solide gebaut ist und insbesondere eine Planungssicherheit für die Träger ermöglicht. Das Gesetz beinhaltet eine breite Bildungskonzeption (allgemein, politisch, beruflich, kulturell) mit einem entsprechend breiten Pflichtangebot. Jeder Träger kann sich darin wiederfinden und gemäß seiner je eigenen

Bindungen und Ausrichtungen eine autonome Programmgestaltung entfalten. Mit Blick auf die Adressaten werden einerseits durch diese Bandbreite, andererseits durch die Trägerbindung viele Personengruppen erreicht (Familien, Senioren, kirchlich, sportlich oder gewerkschaftliche Interessierte). Für diese doppelte Adressatenansprache ist gerade auch die öffentliche Sockelfinanzierung von Bedeutung, durch welche die Weiterbildungseinrichtungen legitimatorischen Druck auf ihre jeweiligen Mutterorganisationen ausüben können. Die öffentliche Finanzierung war und ist insofern für die Einbindung der gesellschaftlichen Großgruppen mit ihren Organisationsfamilien von entscheidender Bedeutung und entfaltet – trotz ihres prozentual geringen Volumens – eine enorme bindungsbezogene Wirkungskraft.

Ebenfalls herrscht bei den Befragten ein großer Konsens darüber, dass Hessencampus als neue von der Bildungspolitik angeregte Initiative viele Kräfte gebunden hat, insbesondere mit Blick auf die Konkretisierung einer adäquaten Organisationsform von Hessencampus (integrierter Bildungsdienstleister, Verbundorganisation) und einer darauf bezogenen Aufgabenbestimmung (Bildungsferne, Übergangsmanagement, Bildungsberatung). Alle Befragten sehen die Notwendigkeit, Hessencampus inhaltlich weiter zu schärfen und zu profilieren. Unabhängig von der konkreten Institutionalisierungsform Hessencampus heben alle Befragten darauf ab, die regionsbezogene Abstimmung und Kooperation zwischen den Weiterbildungseinrichtungen zu stärken. Landkreistag und Städtetag als gemeinsame Träger von Bildungsinfrastruktur werden als wichtige Partner für die dauerhafte Verstetigung eines öffentlichen Bildungsinteresses angesprochen.

Mit Blick auf die Kommunikation und Reflexion der Akteure betonen die Befragten die gute und verbesserte Abstimmung zwischen den Landesorganisationen sowie zwischen den Landesorganisationen und den Volkshochschulen. Auch die Arbeit des Landeskuratoriums als gesetzlich verankertem Beratungsgremium nehmen die meisten Befragten positiv wahr. Einen politisch positiven Effekt von Hessencampus sehen die Befragten in einer Intensivierung der Diskussion über Weiterbildung, auch und gerade in der parlamentarischen Landschaft.

Zukünftige Herausforderungen

Mit Blick auf das Weiterbildungsgesetz herrscht unter den Beteiligten große Übereinstimmung darüber, dass die öffentlich finanzierte Weiterbildung ihren Stellenwert behalten und strukturell verankert bleiben muss. Ebenso ist aus Sicht der Beteiligten der Erhalt eines breiten Bildungsbegriffs mit einem entsprechend breiten Angebot von großer Bedeutung. Auch sollten die organisationsbezogenen Freiräume des Gesetzes erhalten bleiben, damit sich Einrichtungen gemäß ihrem Profil weiterentwickeln können (Kooperationsfreiheit). Eine

große Herausforderung wird zudem im Erhalt des bisherigen finanziellen Fördervolumens sowie in der Beibehaltung einer flächendeckenden Grundfinanzierung gesehen (s. a. Punkt Projektförderung).

Was die Regionalisierung der Weiterbildung betrifft, sollten Aufgaben und
Funktionen von Hessencampus im Gesetz klar geregelt und deutlich zu den
Aufgaben der grundfinanzierten öffentlichen Weiterbildung durch die bisherigen anerkannten Träger abgegrenzt sein. Hessencampus ist aus Sicht der Beteiligten ein Teilsystem innerhalb eines Gesamtsystems Weiterbildung in Hessen,
über dessen Konturen und Ausgestaltung noch eine Verständigung herbeige-
führt werden müsse. Als notwendig erachten die (meisten) Beteiligten die Etablierung regionaler Koordinierungsgremien sowie die Einbettung der landesweiten Strukturen Hessencampus in das Landeskuratorium. Für bedeutsam halten
die meisten Befragten auch die Unterschiede in und zwischen den Regionen und
plädieren deshalb für Heterogenität als Ausgangspunkt aller Überlegungen (etwa ‚junge Stadt Offenbach' im Kontrast zu den demographisch ‚alten' Regionen). Gerade mit Blick auf die Ausdünnung der Regionen werden neue Formen
der Bildungsbenachteiligung ausgemacht und ein Recht auf Erreichbarkeit angemahnt. In diesem Zusammenhang werden auch Formen aufsuchender Bildungsarbeit als zunehmende Herausforderung benannt (s. a. Punkt AdressatIn-
nenansprache).

Mit Blick auf die politische Kommunikation wird die Notwendigkeit der
Beibehaltung intermediärer Instanzen für die bildungspolitische Lobbyarbeit
betont. In dieser Hinsicht wird als Herausforderung benannt, die bisher vernach-
lässigten Kommunikationsstrukturen zwischen Praxis und Politik sowie zwischen den politischen Parteien stärker als bisher zu bedienen. Insbesondere wird
das Problem der Fixierung von Flüchtigkeit angesprochen und die Arbeit für die
Aufmerksamkeitserzeugung für Weiterbildung mit Blick auf den politischen
Bereich hervorgehoben.

5.2 Inhaltlich-didaktische Ebene

Entwicklungen der letzten vier Jahre

Ein zentrales Thema der letzten Jahre ist für die meisten Befragten die Lebens-
lauforientierung der Einrichtungen und des Bildungsangebots. So ist eine Aus-
dehnung auf bislang wenig adressierte Zielgruppen (Kinder, Jugendliche, Alte)
ebenso zu beobachten wie die institutionelle Kooperation mit altersspezifischen
Einrichtungen wie (Berufs-)Schulen oder Kindertagesstätten. Die Arbeit an einem lebenslauforientierten Programm ist in Ansätzen vorhanden ebenso wie die
Fortbildung von pädagogischem Personal mit Blick auf ein lebenslauforientier-
tes Lebenslanges Lernen (ErzieherInnen, LehrerInnen).

Kritisch hinterfragt wird der bildungspolitische Fokus dieser Orientierung am Lebenslangen Lernen mit Blick auf seine inhaltliche Breite bzw. berufsbezogene Engführung und Verwertbarkeit (Zunahme beruflich verwertbarer Wissensnachfrage, zunehmende Zertifikatsorientierung, Verlust von Muße und Entschleunigung). In diesem Zusammenhang wird auch ein verändertes Teilnahme- und Bildungsnachfrageverhalten angesprochen, das sich u.a. in der Tendenz zu kürzeren Wochenendseminaren, in der zunehmenden Belegung von Einzelveranstaltungen und insgesamt in einem unverbindlicheren Anmeldeverhalten niederschlägt. Die TeilnehmerInnen transportieren in die Kurse eine individualisierte Erwartungshaltung und den Anspruch, dass die Teilnahme sofort etwas bringen muss. Passgenaue Angebote leisten einer individualisierten Nachfrage Vorschub mit einer zunehmenden Tendenz zur Einzelfallberatung und zum Individualcoaching. Ob diese Art der Orientierungsleistung von Weiterbildung jenseits einer kursbezogenen Gemeinschaftskomponente und Verantwortlichkeit tatsächlich eine Zunahme an Autonomie und Selbstständigkeit impliziert, muss sich allerdings erst noch erweisen.

Zukünftige Herausforderungen

Als große zukünftige Herausforderung wird von allen Befragten das Thema Inklusion benannt: nämlich die Aufgabe, alle Bevölkerungsschichten durch Lernen gesellschaftsteilhabefähig zu machen. Dies betrifft insbesondere die Teilhabefähigkeit von Personen aus bildungsfernen Haushalten, was mit einer Sozialpädagogisierung der Bildungsarbeit einhergehen wird. Als zweites großes Thema wird der demographische Wandel benannt – und zwar in unterschiedlichen Dimensionen: mit Blick auf einen langsame(re)n Berufsausstieg, mit Blick auf das Lernen im vierten Lebensalter (eingeschränkte Mobilität; Lernen im Altersheim, Lernbegleitung) und mit Blick auf alternde Bildungsorganisationen und der damit verbundenen Notwendigkeit intensivierter Personalrekrutierung (Mangel an systematischer Personalentwicklung in den Einrichtungen).

Eng mit den beiden Themen Inklusion und Demographie zusammenhängend ist das Problem der Teilnehmer- und Adressatenansprache, das ebenfalls von allen Befragten als zukünftige Herausforderung angesprochen wird. Dabei lassen sich vier Themenkreise unterscheiden:

- Mit Blick auf Bildungswerbung wird die Notwendigkeit angesprochen, Bedürfnis und Nutzen von Weiterbildung, insbesondere bei Jugendlichen, besser zu verankern. Die Gewinnung/Ausbildung von Fachkräften und das Heranführen von Jugendlichen an das Konzept des Lebenslangen Lernens kann beispielsweise über eine doppelte Akquisestrategie verstärkt werden, die den Zugang zu den Adressaten sowohl über die Träger und Verbände als auch über die beruflichen Fachschulen sucht.

- Bildungsberatung wird als notwendige Ergänzung gesehen, allerdings ist die Form ihrer Institutionalisierung unklar. Die unterschiedlichen Formen von Beratung sollten aus Sicht der Befragten besser koordiniert und die Finanzierung besser gebündelt werden.
- Auch die Etablierung von Formen des E-Learning und Blended Learning wird als Herausforderung angesprochen. Hier zeigt sich die Notwendigkeit, eine eigene Didaktik auszudifferenzieren, die ein Publikum erzeugen kann, das es in den traditionellen Formen der Weiterbildung so nicht gibt. Das soziale Netzwerkverhalten, insbesondere der jüngeren Generation, wird als riesiges Potential für Teilnehmerakquise gesehen, das in seiner Schnelligkeit und Atemlosigkeit allerdings nicht den habituellen Traditionen kursförmiger Weiterbildung entspricht. In diesem Zusammenhang stellt sich auch das Problem der Finanzabrechnung, da Unterrichtsstunden als Bewertungsgrundlage nicht (mehr) die richtige Maßeinheit darstellen.
- Aufsuchende Bildungsarbeit wird ebenfalls als Notwendigkeit angesprochen, mit Blick auf die demographische Ausdünnung von Regionen, mit Blick auf Immobilität im Alter und mit Blick auf ein ‚Recht auf Erreichbarkeit'. Hier sind viele Befragte von der Notwendigkeit überzeugt, stärker als bisher Kommstrukturen durch Gehstrukturen zu ersetzen. In diesem Zusammenhang wird auch auf den Vorteil einer ortsnahen, lebensweltbezogenen Form von Erwachsenenbildung hingewiesen, wie sie insbesondere die Kirchen vertreten. Aber auch bei Themen wie Übergangsmanagement oder Inhouse-Schulungen zeigt sich ein derartiger Paradigmenwechsel, der von den Einrichtungen eine deutlich höhere räumlich-zeitliche Flexibilität erfordert und auch ortsbezogenen Zentralisierungsbestrebungen klare Grenzen setzt.

5.3 Reflexions- und Supportebene

Entwicklungen der letzten vier Jahre

Auf dieser Ebene lässt sich zum einen das Thema Qualität und Qualitätsentwicklung verorten. Hier ist nach Ansicht der Befragten ein deutlicher Sprung nach vorne zu verzeichnen, sowohl was die Stärkung von Prozessabläufen und Qualitätssicherungsmaßnahmen nach innen betrifft als auch mit Blick auf die Stärkung der je eigenen (Markt- und Verkaufs-)Position nach außen.

Zum anderen werden im Kontext von Reflexion und Support die zunehmende Projektförderung und die damit verbundene Bürokratisierung bei der Finanzierung von Weiterbildung angesprochen. Ob Innovationspool, Europäischer Sozialfond, Projektförderung durch Ministerien oder Vergabepraktiken der Arbeitsagentur – überall stellt sich die Frage nach dem Verhältnis von Kosten und Ertrag. Darüber hinaus gibt es insbesondere für die kleinen Einrichtungen das Problem, sich überhaupt in die Lage zu versetzen (Personal, Zeit, knowhow), entsprechende Mittel zu beantragen und zu bewirtschaften. Die Reflexion über Projektförderung ist auch verbunden mit der Frage nach dem Verhältnis von Regelförderung und Projektförderung, von Grundfinanzierung und Programmfinanzierung. Regel- und Projektförderung werden schließlich mit politischen Sichtbarkeitsansprüchen in Verbindung gebracht: Regelförderung ist politisch wenig sichtbar und kann kaum medial verwertet werden, wohingegen über Projekte Gestaltungskraft nachgewiesen und sichtbar gemacht werden kann. Mit Blick auf diese Diskrepanz stellt sich die Frage nach der Möglichkeit, das Innovative im Regelbetrieb der Einrichtungen sichtbar zu machen.

Zukünftige Herausforderungen

Entsprechend wird von den meisten Beteiligten die Notwendigkeit hervorgehoben, das Neue, das vor Ort entsteht, zu identifizieren, zu reflektieren sowie trägerintern – und ggf. auch trägerübergreifend – verfügbar zu machen. Dies bedeutet auch, Sensibilität für gesellschaftliche Bedarfe zu schärfen, Kreativität und Kooperationsfähigkeit zu pflegen sowie über die Notwendigkeit einer systematischen Umweltbeobachtung nachzudenken. Konkret könnte dies bedeuten, in institutionalisierte Beobachtungsstrukturen zu investieren bzw. eine institutionalisierte Adresse für innovatives Denken und Kontaktpflege einzurichten mit einer entsprechenden seismographischen Funktion. In diesem Zusammenhang wird auch immer wieder der mögliche Support durch das hvv-Institut angesprochen, Support in Richtung Projektmanagement, Fortbildung und Bildungsberatung – allerdings auf der Grundlage einer modifizierten Trägerstruktur bzw. Inhaltsausrichtung.

Eng verbunden mit Fragen von Reflexion und Support ist auch die Herausarbeitung einer gemeinsamen zukunftsbezogenen Vision für die hessische Weiterbildung. Vision als gemeinsame ‚Bilderstellung‘ wird gesehen im Kontext der Überlegungen, wie sich das Organisationsgefüge von Weiterbildung weiterentwickeln kann, wie die Qualitäten der öffentlich geförderten Weiterbildung zu bestimmen sind, welche thematischen Vernetzungen/Kooperationen etabliert und entwickelt werden können, wie exponierte Trendaufgaben institutionell zu bearbeiten sind oder wie Entwicklungsstandorte für spezifische Aufgaben etabliert werden können. Allerdings wird auch angemahnt, in der Aufgabenbeschreibung über Bildung realistisch zu bleiben und die Vorstellungen, was über Bildung tatsächlich zeitlich und inhaltlich erreicht werden kann, nicht zu überfrachten.

IV Weiterbildungsbeteiligung – Adressatenebene

Weiterbildungsbeteiligung in Hessen

Michael Schemmann/Dörthe Herbrechter

1 Ausgangsüberlegungen und methodische Anmerkungen

Mit dem folgenden Beitrag wird nunmehr die Weiterbildungsbeteiligung in Hessen näher in den Blick genommen. Generell ist festzuhalten, dass Untersuchungen zur Erfassung und Erklärung von Weiterbildungsbeteiligung auf eine beachtliche Tradition zurückgreifen können. Schon zur Wende vom 19. zum 20. Jahrhundert wurden im Rahmen der Universitätsausdehnungsbewegung in Österreich vom Wiener Ausschuss für volkstümliche Universitätsvorträge erste systematische Hörerstatistiken geführt, die zum einen eine Rechenschaftsfunktion gegenüber politischen Entscheidungsgremien erfüllten, zum anderen aber auch Aufschlüsse über die soziale Lage der Hörer/Innen und über ihre Motivation zur Teilnahme boten (Herbrechter/Schemmann 2011: 46). Die Forschung zu Weiterbildungsteilnahme bzw. dazu, welche Faktoren die Weiterbildungsaktivität regulieren, kann als durchaus differenziert in ihren Befunden gekennzeichnet werden. Schneider (2004) identifiziert in ihrer Arbeit insgesamt 26 Faktoren, die einen Einfluss auf Weiterbildungsteilnahme haben (vgl. ebd.: 47). Gleichwohl ist der Wissensstand auch als defizitär gekennzeichnet worden: „Ungeklärt ist, welches Gewicht jeder einzelne dieser (und weiterer) Faktoren hat und welche Zusammenhänge zwischen ihnen bestehen" (Wittpoth 2006: 53).

Der vorliegende Beitrag ist jedoch weniger als Beitrag zum Forschungsstrang der Adressaten- und Teilnehmerforschung in der Weiterbildung zu sehen, als vielmehr in dem gesamtkonzeptionellen Gefüge des Berichtes über Weiterbildung im Lande Hessen. Als solches wird im Folgenden die Individualebene anhand des Weiterbildungsnachfrageverhaltens abgebildet. Dabei ist ein doppeltes Erkenntnisinteresse angelegt. Einerseits geht es darum, Segregationsmuster der Weiterbildungsteilnahme zu analysieren. Im Blickpunkt stehen dabei insbesondere die Faktoren Bildungsabschluss und Erwerbstätigkeit. Andererseits steht die regionale Analyse von Weiterbildungsteilnahme im Blick, um analog zur regionalen Analyse der Anbieterstruktur einen Vergleich zwischen den einzelnen Kreisen und kreisfreien Städten in Hessen vornehmen zu können.

Mit Blick auf die Auswahl der Datengrundlage, anhand derer die Analyse der Weiterbildungsbeteiligung in Hessen vorgenommen wurde, fiel die Wahl auf den Mikrozensus. Dabei waren pragmatische Gründe entscheidend. Als weitere Befragungen, die Informationen zur Weiterbildungsteilnahme der deutschen

Bevölkerung auf Individualebene bereithalten, kamen noch das Berichtssystem Weiterbildung (BSW) und das Sozio-oekonomische Panel (SOEP) in Frage.

Das BSW stellt die älteste kontinuierliche Befragung zum Weiterbildungs-verhalten in Deutschland dar. Bereits seit 1979 wird mit diesem Instrument in einem Rhythmus von drei Jahren die Weiterbildungsbeteiligung in Deutschland erhoben. Grundlage ist dabei eine repräsentative Stichprobe der 19- bis 64-jährigen Bevölkerung in der Bundesrepublik Deutschland (vgl. Bellmann 2003: 24 f.). Eine Sonderauswertung für das Land Hessen ist jedoch vor dem Hinter-grund der Stichprobe nicht ohne weiteres möglich. Daher kommt das BSW als Grundlage für diese Untersuchung nicht in Frage.

Auch das SOEP als Längsschnittstudie zur Erfassung von Lebens- und Ar-beitsbedingungen der Bevölkerung bzw. deren Veränderungen offeriert Daten zur Weiterbildungsteilnahme auf Individualebene. Obgleich es Einschätzungen zur Weiterbildungsteilnahme ebenso wie Einstellungen zur Nicht-Teilnahme deutlich differenzierter erfasst, wurde im Rahmen des Weiterbildungsberichts 2009/2010 dennoch der Mikrozensus zugrunde gelegt. Diese Entscheidung ge-gen Daten des Sozio-oekonomischen Panels ist das Ergebnis eines Abwägungs-prozesses, im Laufe dessen der höheren Aktualität des Mikrozensusdatenmaterials schließlich Vorzug gewährt worden ist gegenüber der größeren Variablenanzahl des SOEP. Denn obschon das SOEP eine höhere Itemzahl für die Analyse von Weiterbildungsbeteiligung aufwendet, zählt Weiterbildung zu den unregelmäßig erhobenen Schwerpunktthemen, so dass Daten, die sich sowohl auf die Teil-nahme an beruflicher als auch an allgemeiner Weiterbildung beziehen, nur für das SOEP-Berichtsjahr 2000 vorlagen (vgl. Widany 2009). Vor diesem Hinter-grund ist der Mikrozensus aus dem Jahre 2006 trotz seines geringeren Variab-lenspektrums für die Kategorie Weiterbildung als zum Projektzeitpunkt aktuellste Grundlage für die sekundäranalytische Betrachtung der Weiterbildungsbeteiligung in Hessen gewählt worden (Forschungsdatenzentren – FDZ – der statistischen Ämter des Bundes und der Länder, Mikrozensus 2006, 2009-2010, eigene Be-rechnungen). Der Mikrozensus ist eine jährliche, amtliche Erhebung über die Bevölkerungs- und Arbeitsmarktstruktur. Dabei wird eine dezentrale, quantitati-ve Befragung der wohnberechtigten Bevölkerung Deutschlands durchgeführt, die eine einstufig geschichtete Klumpen- bzw. Flächenstichprobe mit einem Auswahlsatz von einem Prozent umfasst. Ein entscheidender Vorteil liegt in der Regionalisierbarkeit der Daten, d.h. es lassen sich Aussagen auf der Ebene der Bundesländer, der Regierungsbezirke und der kreisfreien Städte und Landkreise treffen (vgl. Statistisches Bundesamt 2006).

Der Mikrozensus 2006 umfasst insgesamt 175 Fragen in einer Vielzahl an Themenblöcken, wobei für unseren Zusammenhang folgende Themenblöcke berücksichtigt worden sind: Raum, Angaben zur Person, Arbeitsmarktbeteili-

gung, Bildungs- und Ausbildungsabschlüsse, allgemeine und berufliche Weiter-
bildung/Lehrveranstaltungen, Unterhalte/Einkommen.
Die drei weiterbildungsbezogenen Variablen stellen sich wie folgt dar.

- Gefragt wird zum Ersten nach der Beteiligung: „Haben Sie in den letzten
  12 Monaten an einer oder mehreren Lehrveranstaltung(en) der allgemeinen
  oder beruflichen Weiterbildung in Form von Kursen, Seminaren, Tagungen
  oder Privatunterricht teilgenommen/nehmen Sie gegenwärtig daran teil?"
- Zum Zweiten wird auf den Zweck der Beteiligung abgestellt: „Was war der
  Zweck dieser Lehrveranstaltung(en)?"
- Und schließlich wird auf das Weiterbildungsvolumen abgehoben: „Wie
  viele Stunden haben Sie in den letzten 12 Monaten an einer oder mehreren
  Lehrveranstaltung(en) teilgenommen?"

Bevor nun die Stichprobenbeschreibung und die Datenauswertung folgen, gilt es
noch auf eine Besonderheit hinzuweisen. Obwohl BSW und Mikrozensus die
Teilnahme an Weiterbildung gleichermaßen in Bezug auf die letzten 12 Monate
abbilden, divergieren die Teilnahmequoten enorm. Mit dem Mikrozensus ist die
Teilnahmequote deutlich geringer auszuweisen als mit dem BSW. Diese Differenz lässt sich u. a. durch methodische Unterschiede zwischen den beiden Erhebungen erklären. Zunächst ist die Altersspanne im Mikrozensus viel breiter angelegt als im BSW. So werden im Rahmen des Mikrozensus Personen ab 15
Jahren und älter befragt, während das BSW die Gruppe der möglichen Befra-
gungsteilnehmenden auf 19 bis 64-jährige begrenzt. Darüber hinaus verzichtet
der Mikrozensus im Gegensatz zum BSW auf gestützte Fragen zur Weiterbildungsteilnahme. Die Befragten benennen also keine konkreten Veranstaltungen,
sondern beantworten im Rahmen der Mikrozensusbefragung lediglich vorgegebene, geschlossene Items (z. B. „Haben Sie in den letzten 12 Monaten an einer
oder mehreren Lehrveranstaltung(en) der allgemeinen oder beruflichen Weiterbildung in Form von Kursen, Seminaren, Tagungen oder Privatunterricht teilge-
nommen/nehmen Sie gegenwärtig daran teil?" mit den Antwortmöglichkeiten
„ja" versus „nein"). Je nach Weiterbildungsverständnis wird dabei mit ‚Weiterbildung' jedoch oftmals ganz Unterschiedliches assoziiert, wodurch die Weiterbildungsteilnahme systematisch unterschätzt bzw. der Anteil der beruflichen
Weiterbildung überschätzt werden kann, da bei einer ungestützten Befragung in
der Regel spontan auf berufliche Weiterbildung rekurriert wird. Im Falle einer
direkten, ungestützten Befragung hat zudem der soziale Hintergrund einen systematischen Einfluss auf das Antwortverhalten. Während Befragte mit privile-
gierter Herkunft unter diesen Befragungsbedingungen eher „sozial erwünscht"
antworten, wächst bei Befragten mit einer weniger sozial privilegierten Herkunft im Falle einer direkten Befragung durch eine interviewende Person das
Bedürfnis, sich von Bildungszusammenhängen zu distanzieren. Da die Befra-

gung im Rahmen des Mikrozensus sowohl in direkt-ungestützter als auch in indirekt-ungestützter Form erfolgen kann, können sich hierdurch weitere Abweichungen in der Ermittlung der Teilnahmequote ergeben.schließlich erlaubt der Mikrozensus so genannte Proxiinterviews – eine stellvertretende Beantwortung der Items durch andere Haushaltsmitglieder, wodurch sich die Wahrscheinlichkeit erhöht, dass die Weiterbildungsteilnahme systematisch unterschätzt wird, weil sie zum Befragungszeitpunkt vergessen worden oder schlicht nicht bekannt gewesen ist (vgl. Kuwan et al. 2006: 23, 13)

Stichprobenbeschreibung

Die als Grundlage der Datenanalyse verwendete hessische Stichprobe des Mikrozensus 2006 umfasst 54.050 gültige Fälle. Davon entfallen 21% auf den Regierungsbezirk Kassel, 18% auf den Regierungsbezirk Gießen und 61% auf den Regierungsbezirk Darmstadt (vgl. Tabelle 1).

	Absolute Häufigkeiten	Relative Häufigkeiten
Regierungsbezirk Kassel (Nordhessen)	11.138	21
Regierungsbezirk Gießen (Mittelhessen)	9.874	18
Regierungsbezirk Darmstadt (Südhessen)	33.038	61
Gesamt	54.050	100

Tabelle 1:   Absolute und relative Häufigkeiten – Regierungsbezirk

Mit Blick auf die Geschlechterverteilung ergibt sich fast ein Gleichgewicht zwischen Männern und Frauen. Auf Frauen entfiel ein Anteil von 52%, der Anteil der Männer lag bei 48% (vgl. Tabelle 2). Weitere Details mit Blick auf die nähere Kennzeichnung der Stichprobe, wie etwa Verteilungen nach Bildungsabschluss, Erwerbstätigkeit usw. sind im Anhang zusammengestellt.

	Absolute Häufigkeiten	Relative Häufigkeiten
Männlich	26.136	48
Weiblich	27.914	52
Gesamt	54.050	100

Tabelle 2:   Absolute und relative Häufigkeiten – Geschlecht

Für die Teilnahme an Weiterbildung lässt sich festhalten, dass 13 % der Stichprobe angeben, in den letzten 12 Monaten an einer oder mehreren Veranstaltung(en) der Weiterbildung teilgenommen zu haben bzw. gegenwärtig daran teilzunehmen.

Wie aus Tabelle 3 ersichtlich, überwiegt dabei insbesondere die Teilnahme an beruflicher Weiterbildung. 78 % der Befragten geben an, an beruflicher Weiterbildung teilzunehmen, weitere 11 % geben an, an allgemeiner *und* beruflicher Weiterbildung teilzunehmen. Nur 11 % suchen Veranstaltungen der allgemeinen Weiterbildung auf. Dies weicht deutlich ab von Befunden etwa aus dem Berichtssystem Weiterbildung, wonach sich die Teilnahme an allgemeiner und beruflicher Weiterbildung in etwa gleich ausnehmen. Auf mögliche erhebungsbedingte Gründe für diese Differenz ist bereits verwiesen worden.

	Absolute Häufigkeiten	Relative Häufigkeiten
Beruflich	4.837	78
Allgemein	710	11
sowohl beruflich als auch allgemein	693	11
Gesamt	6.240	100

Tabelle 3:   Absolute und relative Häufigkeiten – Weiterbildungsform

Schließlich ist noch festzuhalten, dass das Mittel des Weiterbildungsvolumens, d. h. die durchschnittlich aufgewendeten Stunden, hessenweit bei 90 Stunden liegt (MEAN: 90, SD: 164 (n = 6.075)).

2   Weiterbildungsteilnahme nach soziodemographischen Merkmalen

Im Folgenden werden die Befunde zur Weiterbildungsteilnahme nach soziodemographischen Merkmalen entfaltet. Dabei zeigt Tabelle 4, welche Variablen näher in den Blick genommen worden sind.

Insgesamt lässt sich an dieser Stelle bereits vorwegnehmen, dass die Weiterbilungsteilnahme in Hessen sehr stark segregiert ist. Dabei findet sich ein Muster der Weiterbildungsbeteiligung, das ebenso für die Bundesrepublik und andere westliche Industriestaaten gilt (vgl. Deutsches Institut für Erwachsenenbildung 2010) und auch seit längerer Zeit durchaus stabil erscheint (vgl. Bélanger/Valdivielso 1997).

Soziodemographische Variablen	Weiterbildungsbezogene Variablen
• Alter • Geschlecht • Schulbildung • Berufsbildung • Erwerbstätigkeit • Berufliche Stellung • Überwiegender Lebensunterhalt • Höhe des Nettoeinkommens im letzten Monat (je Haushaltsmitglied) • Regierungsbezirk	• Teilnahme an einer oder mehreren Lehrveranstaltungen der allgemeinen oder beruflichen Weiterbildung (gegenwärtig oder in den letzten 12 Monaten) = im Folgenden „Weiterbildungsteilnahme" • Zweck der Lehrveranstaltung (in den letzten 12 Monaten) = im Folgenden „Weiterbildungsform" • Stunden der Lehrveranstaltung(en) in den letzten 12 Monaten = im Folgenden „Weiterbildungsvolumen"

Tabelle 4:   Übersicht der betrachteten Variablen zur Kontrolle des „Matthäus-Prinzips"

In der Literatur hat sich für dieses Phänomen nunmehr der Begriff des „Matthäus-Prinzips" durchgesetzt. Zurückgegriffen wird dabei auf die Bibel, Matthäus 13, Vers 12: „Denn wer da hat, dem wird gegeben." Bezogen auf die Weiterbildungsteilnahme wird damit der Befund umschrieben, dass diejenigen, die bereits in Bezug auf bestimmte soziodemographische Faktoren begünstigt sind, auch stärker an Weiterbildung teilnehmen.

In der folgenden Analyse werden zum einen die Zusammenhänge von Bildungsabschluss und Weiterbildungsteilnahme sowie von Erwerbsstatus und Weiterbildungsteilnahme in besonderer Weise fokussiert, u.a. auch, weil sich hier das sogenannte Matthäus-Prinzip besonders stark nachweisen lässt.

Weiterbildungsteilnahme und Bildungsabschluss

Hinsichtlich des Zusammenhangs von Weiterbildungsteilnahme und Bildungsabschluss lässt sich allgemein aus verschiedensten Studien festhalten, dass sich die Wahrscheinlichkeit der Weiterbildungsteilnahme mit steigendem Bildungsabschluss erhöht. Abbildung 1 stellt die Befunde aus der Mikrozensusauswertung dar. Dabei wird deutlich, dass 44% der an Weiterbildung Teilnehmenden über eine Oberschulreife bzw. ein Abitur verfügen, weitere 10% haben die Fachhochschulreife erworben. 30% der Teilnehmerinnen und Teilnehmer haben einen Realschulabschluss oder ein entsprechendes Äquivalent absolviert,

1% den Abschluss der allgemeinbildenden polytechnischen Oberschule der DDR. Der Anteil derjenigen, die über einen Haupt- oder Volksschulabschluss verfügen, liegt bei 14%.

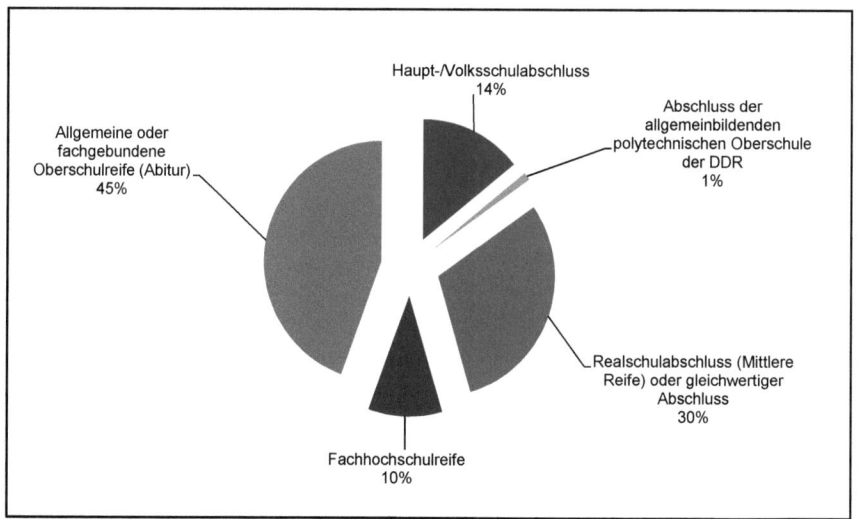

Abbildung 1: Höchster schulischer Abschluss der an Weiterbildung Teilnehmenden (n = 6.116) (Signifikanz der Chi-Quadrat-Testung: 0,001; C = 0,26**)

Weiterbildungsteilnahme und Erwerbstätigkeit

Mit Blick auf die Weiterbildungsteilnahme nach Erwerbstyp lassen sich aus der Mikrozensusauswertung ebenfalls Muster erkennen, die auf das sogenannte Matthäus-Prinzip verweisen. Dabei unterscheidet der Mikrozensus bei der Variable Erwerbstyp wie folgt: Unter die Kategorie Erwerbstätige werden jene gefasst, die mindestens einer Stunde Erwerbstätigkeit zum Zeitpunkt der Befragung nachgehen. Als Erwerbslose werden diejenigen eingestuft, die zwar zum Zeitpunkt der Befragung arbeitslos sind, dem Arbeitsmarkt aber kurzfristig, d.h. innerhalb von zwei Wochen zur Verfügung stehen können. Als arbeitsuchende Nichterwerbspersonen gelten Arbeitssuchende, die keine kurzfristigen Jobs annehmen können oder wollen (z.B. alleinerziehende Mütter). Schließlich werden unter sonstige Nichterwerbspersonen nicht-arbeitsuchende Personen verstanden – wie etwa Rentner und Hausfrauen.

Aus Abbildung 2 wird deutlich, dass 87% der Weiterbildungsteilnehmer als Erwerbstätige gelten, 8% der Teilnehmenden waren sonstige Nichterwerbspersonen, weitere 4% erwerbslos und 1% fielen in die Kategorie arbeitsuchende Nichterwerbspersonen.

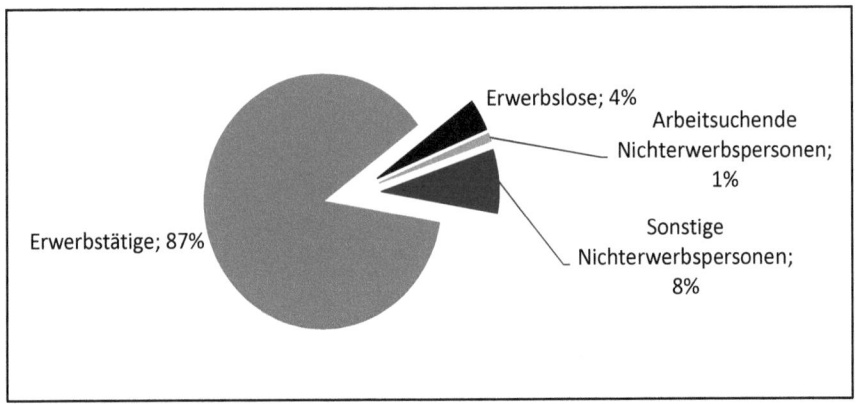

Abbildung 2:   Erwerbstyp der an Weiterbildung Teilnehmenden (n = 6.240) (Signifikanz der Chi-Quadrat-Testung: 0,001; C = 0,26**)

In Abbildung 3 wird die Weiterbildungsform nach Erwerbstypen dargestellt. Hier wird erkennbar, dass unter den Erwerbstätigen 84% an beruflicher Weiterbildung teilnehmen. Demgegenüber entfallen in der Gruppe der Erwerbstätigen nur 6% auf die allgemeine Weiterbildung und weitere 10% auf Angebote der beruflichen *und* allgemeinen Weiterbildung. Bei den Erwerbslosen ist mit einem Anteil von 63% ebenfalls ein klares Übergewicht bei der Teilnahme an beruflicher Weiterbildung zu erkennen. Bei den arbeitsuchenden Nichterwerbspersonen ist das Verhältnis am ausgewogensten, hier entfallen 42% auf berufliche Weiterbildung, 30% auf allgemeine und 28% auf allgemeine *und* berufliche Weiterbildung. Bei den sonstigen Nichterwerbspersonen schließlich liegt der Hauptanteil mit 64% auf der Teilnahme an allgemeiner Weiterbildung. Berufliche Weiterbildung folgt mit 24%. Weiterbildungsveranstaltungen der allgemeinen *und* beruflichen Weiterbildung machen hier weitere 12% aus.

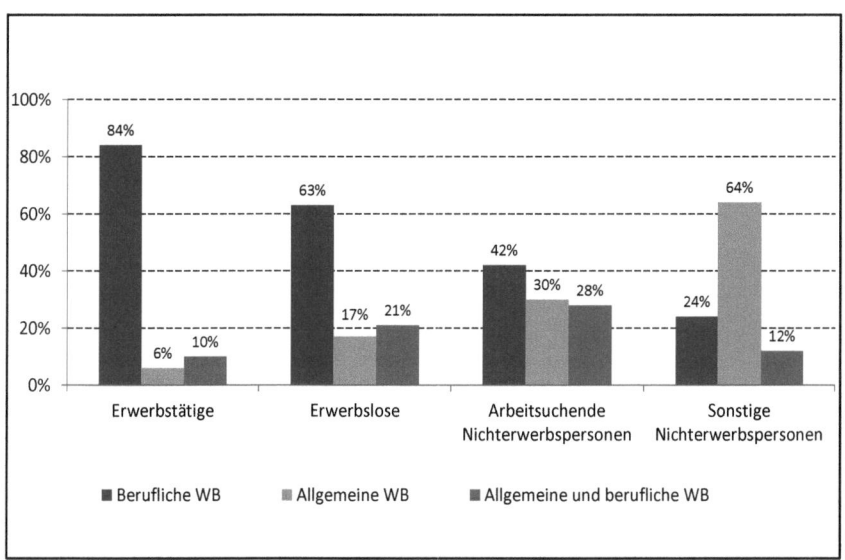

Abbildung 3: Weiterbildungsform gruppiert nach Erwerbstyp (n = 6.240) (Signifikanz der Chi-Quadrat-Testung: 0,001; C = 0,47**)

Mit Blick auf das Weiterbildungsvolumen nach Erwerbstyp ist bei den Erwerbstätigen vor allem auf die verhältnismäßig geringe Stundenanzahl von durchschnittlich 77 Stunden zu verweisen. Dies deutet auf vornehmlich kurze Maßnahmen und Schulungen hin. Bei den Erwerbslosen ist es eher umgekehrt, hier scheinen eher lange Maßnahmen zu überwiegen. Bei den sonstigen Nichterwerbspersonen, bei denen ein Schwerpunkt in der allgemeinen Weiterbildung lag, deutet sich ebenfalls eine Teilnahme an längeren Kursen an (vgl. Abbildung 4).

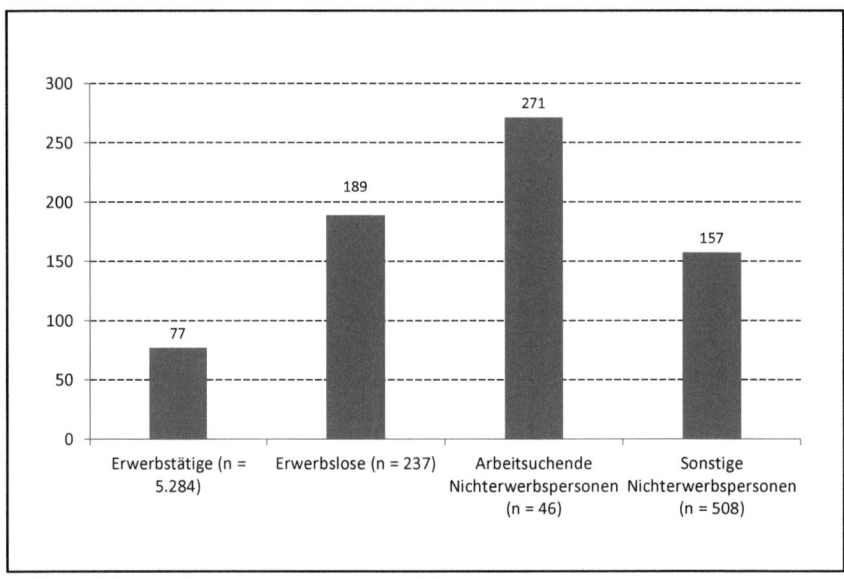

Abbildung 4: Durchschnittliches Weiterbildungsvolumen gruppiert nach Erwerbstyp (n = 6.075) (Signifikanz zwischen den Gruppen: 0,001; ETA: 0,207)[1]

3   Regionalanalyse der Weiterbildungsteilnahme

Weiterbildungsbeteiligung nach Regierungsbezirken

Betrachtet man die Weiterbildungsbeteiligung nach Regierungsbezirken, so ergibt sich für den Regierungsbezirk Gießen eine Beteiligungsquote von 16%, für den Regierungsbezirk Darmstadt von 14% und für den Regierungsbezirk Kassel von 10%. Unter den Weiterbildungsteilnehmenden Hessens wohnen 63% im Regierungsbezirk Darmstadt, 22% im Regierungsbezirk Gießen und 15% im Regierungsbezirk Kassel (vgl. Tabelle 5).

---

1   Detaillierte Angabe der Mittelwerte und Standardabweichung siehe Anhang

		WB-Teilnahme		
Regierungsbezirk		Ja	Nein	Gesamt
Regierungsbezirk Darmstadt (Südhessen)	Anzahl	3.903	2.4541	28.444
	% Regierungsbezirk	14	86	100
	% WB-Teilnahme	63	61	61
Regierungsbezirk Gießen (Mittelhessen-hessen)	Anzahl	1.383	7.078	8.461
	% Regierungsbezirk	16	84	100
	% WB-Teilnahme	22	18	18
Regierungsbezirk Kassel (Nord-hessen)	Anzahl	954	8.621	9.575
	% Regierungsbezirk	10	90	100
	% WB-Teilnahme	15	21	21
Gesamt	Anzahl	6.240	40.240	46.480
	% Regierungsbezirk	13	87	100
	% WB-Teilnahme	100	100	100

Tabelle 5:   Weiterbildungs(nicht-)teilnahme und Regierungsbezirke (n = 46.480) (Signifikanz der Chi-Quadrat-Testung: 0,001)

Auch im Hinblick auf die Teilnahmehäufigkeiten pro Weiterbildungsform lassen sich leichte Differenzen zwischen der Regierungsbezirken nachvollziehen. Wie in Abbildung 5 ersichtlich, überwiegt grundsätzlich der Anteil der Teilnahme an beruflicher Weiterbildung, wobei dieser im Regierungsbezirk Kassel mit 80% am höchsten liegt. In den Regierungsbezirken Gießen und Darmstadt liegt der Anteil bei jeweils 77%. Der Anteil der Teilnahme an allgemeiner Weiterbildung ist im Regierungsbezirk Gießen mit 13% am höchsten, danach folgen Darmstadt mit 11% und Kassel mit 10%. Der Anteil von beruflicher und allgemeiner Weiterbildung ist im Regierungsbezirk Darmstadt mit 12% am höchsten, in den Regierungsbezirken Kassel und Gießen liegt dieser bei jeweils 10%.

Betrachtet man schließlich noch die aufgewendeten Stunden, also das Weiterbildungsvolumen, so ergibt sich ebenfalls ein differenziertes Bild. Im Regierungsbezirk Kassel liegt dieser Wert mit 107 Stunden deutlich vor den Regierungsbezirken Gießen (88 Stunden) und Darmstadt (86 Stunden). Zieht man zu diesem Befund hinzu, dass im Regierungsbezirk Kassel die generelle Teilnahmequote mit 10% (Tabelle 5) eher unterdurchschnittlich ausgeprägt ist und der Teilnahmeanteil an beruflicher Weiterbildung im Vergleich mit 80% am höchsten ausfällt (Abbildung 5), so kann die Vermutung geäußert werden, dass sich im Regierungsbezirk Kassel vor allem längerfristige berufliche Maßnahmen, wie etwa von der Bundesanstalt für Arbeit finanziert, niederschlagen.

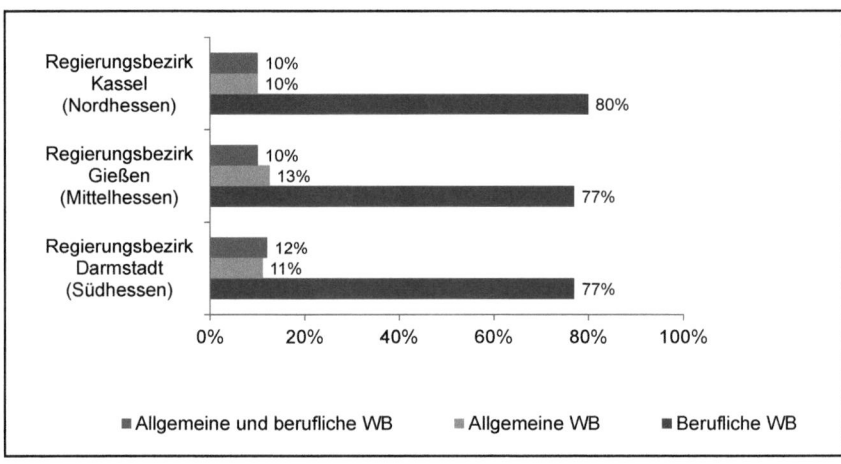

Abbildung 5:   Teilnahmehäufigkeiten pro Weiterbildungsform gruppiert nach Regierungsbezirk (n = 6.240)

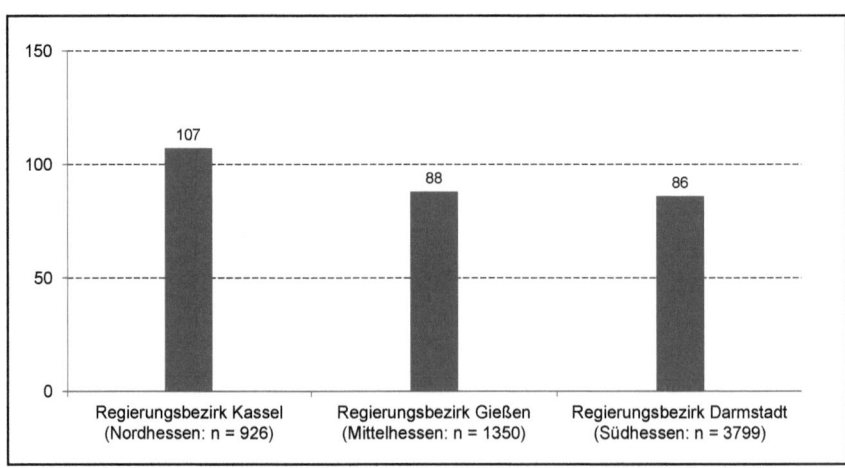

Abbildung 6:   Durchschnittliches Weiterbildungsvolumen gruppiert nach Regierungsbezirk (n = 6.075) (Signifikanz zwischen den Gruppen: 0,003; ETA: 0,044)[2]

---

2   Detaillierte Angabe der Mittelwerte und Standardabweichung siehe Anhang

Weiterbildungsbeteiligung nach Landkreisen und kreisfreien Städten

Nimmt man schließlich noch die Weiterbildungsbeteiligung nach Landkreisen und kreisfreien Städten in den Blick, so lassen sich einmal mehr Disparitäten feststellen. Die Gesamtübersicht findet sich in Abildung 7.

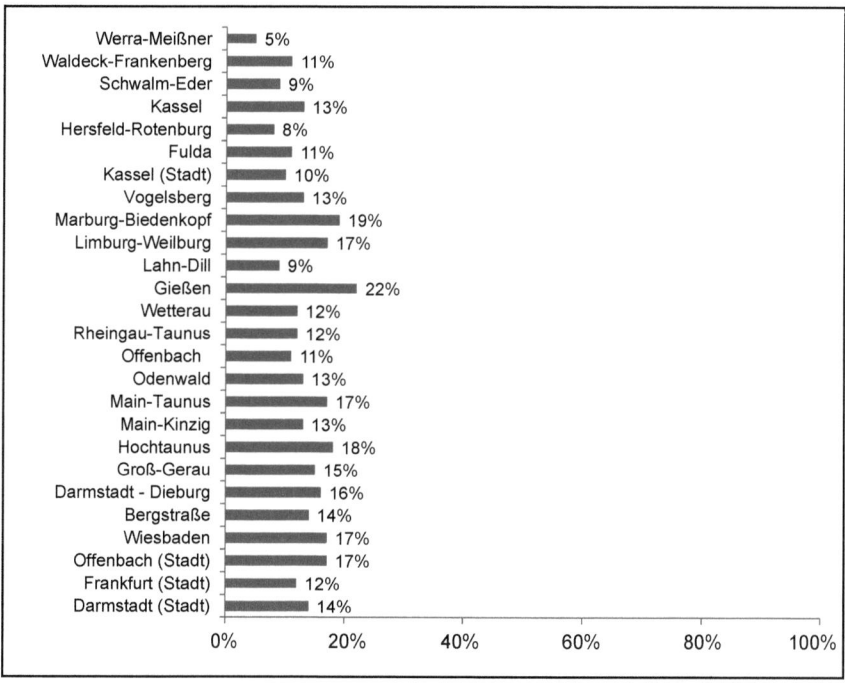

Abbildung 7: Weiterbildungsteilnahme gruppiert nach Landkreis/kreisfreier Stadt (n = 6.240) (Signifikanz der Chi-Quadrat-Testung: 0,001)

Dabei fällt auf, dass im Regierungsbezirk Kassel der Landkreis Kassel mit 13 % über die höchste Weiterbildungsquote verfügt, gefolgt von den Landkreisen Fulda, Waldeck-Frankenberg mit einer Weiterbildungsquote von 11 % sowie der Stadt Kassel mit 10 %. Danach folgen der Schwalm-Eder-Kreis mit 9 % und der Landkreis Hersfeld-Rotenburg mit 8 %. Deutlich abgesetzt ist der Werra-Meißner-Kreis mit einer Weiterbildungsquote von 5 %, die zugleich auch den niedrigsten Wert für Hessen darstellt. Insgesamt liegen damit sechs von sieben Landkreisen unter dem hessischen Durchschnitt, mit dem Landkreis Kassel liegt nur ein Raum genau im hessischen Durchschnitt.

In Mittelhessen (Regierungsbezirk Gießen) verfügt der Landkreis Gießen mit 22% über die höchste Weiterbildungsquote. Dieser Wert stellt zugleich den höchten Wert im gesamthessischen Vergleich dar. Danach folgen mit ebenfalls deutlich überdurchschnittlichen Beteiligungsquoten die Landkreise Marburg-Biedenkopf und Limburg-Weilburg. Der Vogelsbergkreis liegt mit 13% im hessischen Gesamtdurchschnitt, während der Lahn-Dill-Kreis mit 9% über die geringste Weiterbildungsteilnahmequote verfügt. Insgesamt liegen die Quoten von vier der fünf Landkreise über oder im hessischen Durchschnitt.

Blickt man schließlich auf den Regierungsbezirk Darmstadt, so ergibt sich für den Hochtaunuskreis mit 18% die höchste Weiterbildungsquote, unmittelbar gefolgt von den kreisfreien Städten Wiesbaden und Offenbach sowie dem Main-Taunus-Kreis mit je 17%. Daran schließen der Landkreis Darmstadt-Dieburg mit 16%, der Landkreis Groß-Gerau mit 15%, der Landkreis Bergstraße und die kreisfreie Stadt Darmstadt mit je 14% an. Exakt im landesweiten Durchschnitt von 13% Weiterbildungsbeteiligungsquote liegen der Odenwaldkreis und der Main-Kinzig-Kreis. Knapp unterhalb des hessischen Durchschnitts von 13% verbleiben die kreisfreie Stadt Frankfurt, der Reingau-Taunus-Kreis und der Wetteraukreis mit 12% sowie der Landkreis Offenbach mit 11%.

Hinsichtlich des Weiterbildungsvolumens zeigt sich ein eher heterogenes Bild. Den eindeutigen Spitzenwert mit Blick auf die aufgewendeten Stunden erreicht der Werra-Meißner-Kreis mit 261 Stunden. Mit der kreisfreien Stadt Kassel (175 Stunden) sowie dem Schwalm-Eder-Kreis (171 Stunden) gehören die drei Landkreise und kreisfreien Städte mit dem höchsten Weiterbildungsvolumen allesamt dem Regierungsbezirk Kassel an. Zugleich zählt jedoch auch der Landkreis Hersfeld-Rotenburg mit 56 Stunden als niedrigster Wert hessenweit zum Regierungsbezirk Kassel (vgl. Abbildung 8).

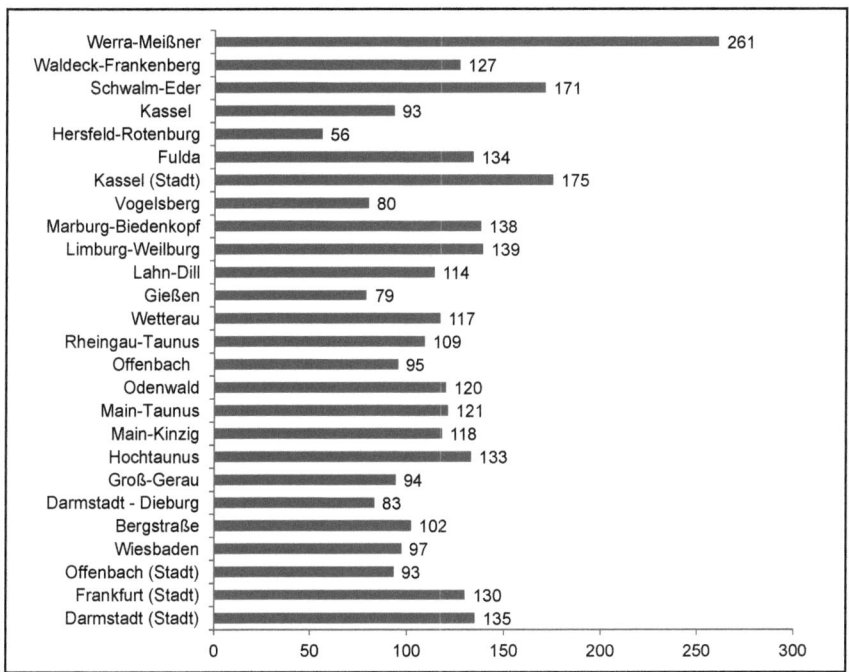

Abbildung 8:   Weiterbildungsvolumen gruppiert nach Landkreis/kreisfreier Stadt (n = 6.075) (Signifikanz zwischen den Gruppen: 0,001; ETA: 0,141)[3]

4   Schlussbemerkung

Wie in den Ausführungen gezeigt werden konnte, ist die Weiterbildungsteilnahme in Hessen sowohl in räumlicher als auch in soziodemographischer Hinsicht sehr heterogen. Herausgearbeitet werden konnte, dass die Beteiligung an Weiterbildung dem sogenannten Matthäus-Prinzip folgt. Wie in der Bundesrepublik generell aber auch in vielen anderen westlichen Industriestaaten bestehen Ungleichheiten bei der Teilnahme.

---

3   Detaillierte Angabe der Mittelwerte und Standardabweichung siehe Anhang

V Zwischen Politik, Praxis und Wissenschaft – Fokussierungen

Entwicklungsorientierung und Neukodifizierung. Der Weiterbildungsbericht im Prozess der Gesetzesnovellierung

Michael Schemmann/Wolfgang Seitter

Nachdem in den bisherigen Teilen eine Strukturanalyse der hessischen Weiterbildung auf den verschiedenen Ebenen erfolgt ist, soll in diesem Teil auf den Stellenwert des Weiterbildungsberichtes in seiner pragmatischen Verwendungsfunktion, vor allem hinsichtlich seines Beitrages im Prozess der Gesetzesnovellierung, hingewiesen werden. Die pragmatische Dimension des Berichts zeigt sich vor allem darin, dass die dezidierte Erwartung an die Forscher nicht nur darin bestand, einen empirisch gesättigten Bericht über die hessische Weiterbildung zu verfassen (analytische Erkenntnisfunktion), sondern gleichzeitig aus und mit der Analyse Empfehlungen abzugeben, die entwicklungsorientiert auf die Neukodifizierung des Gesetzes im Rahmen der Novellierung ausgerichtet sein sollten (pragmatische Verwendungsfunktion).

Die damit verbundenen Fokussierungsnotwendigkeiten lassen sich in vier Schritten beschreiben:

- Inhaltliche Fokussierung: Zunächst ging es in einer inhaltlichen Fokussierung darum, die Vielfalt und Komplexität der empirischen Daten zu reduzieren, sie zu bündeln und sie auf wichtige, zentrale Kernpunkte zu beziehen;
- Entwicklungsbezogene Fokussierung: Daraus abgeleitet bzw. darauf bezogen sollten Empfehlungen formuliert werden, um Entwicklungsperspektiven für die hessische Weiterbildung aufzuzeigen;
- Kommunikative Fokussierung: Beide Schritte wurden kommunikativ begleitet, abgestimmt und z. T. auch kontrovers diskutiert, sowohl in eher internen Gesprächsrunden (Geschäftsführender Vorstand des Landeskuratoriums, Fachreferat, HC-Sprecherkreis) als auch in eher öffentlichen Settings (Landeskuratorium, Weiterbildungskonferenz);
- Gesetzliche Fokussierung: Bei der gesetzlichen Neukodifizierung waren nicht mehr die Autoren selbst federführend, sondern die Akteure des vielschichtigen Feldes der Weiterbildung selbst. Der Bericht war in diesem Kontext nur eine diskursive Größe unter vielen mit unterschiedlichen Bezugs- und Rezeptionsmöglichkeiten.

1   Regionalität und Lebenslaufbezug (inhaltliche Fokussierung)

Die inhaltliche Fokussierung bestand vor allem darin, die zentralen Befunde des Berichts zu bündeln und sie insbesondere auf die in der Einleitung aufgeworfenen Problemstellungen von Regionalität und Temporalität, von horizontaler und vertikaler Öffnung, von Raumbezug und Lebenslaufbezug zu beziehen. Diese fokussierte Zusammenschau des Berichts wird im Folgenden im Original wiedergegeben (Schemmann/Seitter 2011: 91ff.):

Geographische Verteilung der Anbieterlandschaft

Mit Blick auf die flächenbezogene Verteilung der Anbieterlandschaft zeigt sich die Gleichzeitigkeit von Homogenität und Disparität. Auf dem Aggregationsniveau der Regierungsbezirke ist die Anbieterdichte (Anbieter/10.000 Einwohner) in allen drei Regierungsbezirken fast identisch und liegt bei 2,4. Auf Kreisebene hingegen findet sich eine große regionale Streubreite, die von 1,0 bis 5,9 reicht. Ebenso unterschiedlich sind sowohl auf Regierungsbezirksebene wie auf Kreisebene die Zentrum-Peripherie-Relationen zwischen anbietergesättigten und anbieterarmen (vorzugsweise ländlichen) Gebieten. In dieser Hinsicht zeigt sich die elementare Bedeutung, die Volkshochschulen und Vereine insbesondere für die Versorgung der ländlichen Bevölkerung mit einem breiten inhaltlichen Angebot an Weiterbildung haben. Die demographische Ausdünnung von bestimmten Regionen bzw. ihre ungünstige Altersstruktur verschärft diese Disparitäten und lässt die Frage nach den Möglichkeiten und Notwendigkeiten mobiler, wohnortnaher Bildungsarbeit virulent werden. Auch bei der Aufgaben- und Funktionsbestimmung von Hessencampus ist die Frage der Verhältnisbestimmung und Austarierung von räumlicher Konzentration und räumlicher Ausbreitung, von Punkt und Fläche, zentral. Die Allokation von Bildungsangeboten, ihr räumlicher Zuschnitt und ihre flächenbezogene Verteilung sind insofern zentrale Herausforderungen der hessischen Weiterbildung(-politik).

Institutionalisierungsformen und Förderlogiken

Gegenwärtig lassen sich für die hessische Weiterbildung drei zentrale Institutionalisierungsformen ausmachen:

- eine allgemeine, offene und flächendeckende Institutionalisierungsform, die schwerpunktmäßig durch die öffentlich geförderten Weiterbildungseinrichtungen (HWBG) repräsentiert wird;
- eine zweite Form, die mit thematischer und/oder sozialer Selektivität arbeitet, die also bestimmte Themen und/oder bestimmte Zielgruppen fokussiert. Sie kann ihrerseits flächendeckend institutionalisiert sein

(Beispiel: Waldpädagogik/Forstämter). Sie bedient sich jedoch häufig spezialisierter und räumlich konzentrierter Einrichtungen, die zum großen Teil jenseits des Regelungsbereichs des HWBG angesiedelt sind;

- eine regionalisierte, bildungsbereichsübergreifende Institutionalisierungsform (Hessencampus), in deren Zentrum öffentlich finanzierte Einrichtungen stehen, die gleichwohl in ihrer träger- und bildungsbereichsübergreifenden Ausrichtung auch andere Anbietertypen integrieren.

Entsprechend unterschiedlich fallen auch die finanziellen Fördermodi aus: die gesetzlich abgesicherte Grundförderung, die zeitliche befristete Projektförderung sowie die mittelfristig angelegte Strukturaufbauförderung. Diese drei Förderlogiken generieren eine dreifache Form der Adressatenansprache wie der Anbietersteuerung, die komplementäre, überlappende, konkurrente oder auch verstärkende Wirkungen auf die Weiterbildung entfalten (können). Dabei sind ganz unterschiedliche Ministerien mit den unterschiedlichsten Förderkombinationen an dieser Adressatenansprache und Anbietersteuerung beteiligt. Bezogen auf die Gesamtzahl der erhobenen Einrichtungen zeigt sich, dass ein großer Anteil der Einrichtungen durch diese unterschiedlichen ministeriellen Förderlogiken erreicht wird (53 % der erfassten Einrichtungen). Die Einrichtungen der Weiterbildung befinden sich insofern in einer ministeriellen Mehrfachausrichtung, was ihre Flexibilität zwar erhöht, ihre interne Organisationsausgestaltung jedoch komplexer macht. Insgesamt wird dadurch nicht nur die Koppelung zwischen Weiterbildung und Politik stärker, sondern auch die Notwendigkeit einer konkordanten ministeriellen Abstimmung dringlicher.

Lebenslaufbezug

Neben einer horizontalen Öffnung der Anbieterlandschaft lässt sich – zumindest ansatzweise – auch eine vertikale Öffnung in der Angebots- und Zielgruppenstruktur der Einrichtungen nachweisen. Die temporalisierte, auf den gesamten Lebenslauf bezogene Ausrichtung zeigt sich dabei in dreifacher Form. Zum einen forcieren die Einrichtungen die direkte Ausweitung auf altersphasenbezogene Zielgruppen: Kinder, Jugendliche, Auszubildende, Eltern und Familien, ältere Arbeitnehmer, alte Menschen stehen zunehmend im Fokus. Gerade die Mehrspartenanbieter mutieren zunehmend auch zu Lebenslaufanbietern, die durch ein lebenslaufbezogenes Adressatenmarketing die gesamte Altersspanne abzudecken versuchen. Prototyp dieser Entwicklung sind die Universitäten (Kinderuniversität, Schüleruniversität, akademische Erstausbildung, wissenschaftliche Weiterbildung, Senioren-universität), aber auch Volkshochschulen, kirchliche Träger oder Einrichtungen wie das Bildungswerk der Hessischen Wirtschaft wenden sich vermehrt an neue, altersphasenspezifische Adressatengruppen. Zum anderen gibt es eine indirekte Ausweitung des altersspezifischen Zielgruppenbezugs, indem Einrichtungen der Weiterbildung zunehmend mit Professionellen anderer Bildungssegmente zusammenarbeiten, in Teams, durch Schulungsangebote, in der interorganisationalen Koordination. Schließlich erfahren Einrichtungen der Weiterbildung eine vertikale, lebenslaufbezogene Öffnung durch die bildungsbereichsübergreifende Zusammenarbeit mit Einrichtungen, die wie Kindertagesstätten, (Abend-)Schulen, Berufliche Schulen, Universitäten oder Organisationen der Wirtschaft schwerpunktmäßig je spezifische Altersphasen bedienen. Bezugspunkt sind hier weniger die Adressaten oder Professionellen, sondern die Organisation, die durch ihre andere Segmentverortung die Anbieter der Weiterbildung zu einer entsprechenden lebenslaufbezogenen Öffnung bzw. Orientierungsleistung zwingt.

Reflexive Verkoppelung

Die ständigen Anpassungsprozesse, denen Weiterbildung – mit Blick auf Regionalisierung, Förderbedingungen, Angebotsgestaltung, Lebenslaufbezug, etc. – unterliegt, sind nur durch permanente reflexive Beobachtungs- und Kommunikationsleistungen zu vollbringen. Die in dieser Hinsicht ausdifferenzierten Formen der Reflexion sind vielfältig und eingelagert in die verschiedenen Institutionalisierungsformen von Weiterbildung. Die Kombination aus trägerübergreifenden, trägerspezifischen und individuellen Reflexionsleistungen sowie die unterschiedlichen Koppelungen zwischen Politik und Weiterbildung stabilisieren ein wechselseitiges Beobachtungs- und Kommunikationsverhältnis, das auf dialogische Formen der Reflexion angewiesen ist und die Entwicklung der hessischen Weiterbildung durch ein dichtes Netz von Abstimmungsprozessen weiter entwickelt. Die sinnvolle Verkoppelung derartiger Reflexionsprozesse innerhalb der verschiedenen Institutionalisierungsformen von Weiterbildung und diese übergreifend ist daher eine professionelle Daueraufgabe, deren Koordination und Durchführung die Akteure ebenfalls vor eine zentrale Herausforderung stellt.

Trägerstrukturen und Nachfrageverhalten

Sucht man trotz aller methodischer Vorbehalte die Analyse von Trägerstrukturen und Nachfrageverhalten zusammenzubringen, so ist darauf zu verweisen, dass Trägerstrukturen nur einen Faktor im Rahmen der Komplexität von Weiterbildungsteilnahme darstellen. Nur so lässt sich erklären, dass in der Stadt mit der höchsten Anbieterdichte (Kreisfreie Stadt Darmstadt) eine durchschnittliche Weiterbildungsteilnahme vorliegt, während gleichzeitig im Landkreis Gießen eine deutlich überdurchschnittliche Weiterbildungsdichte mit der höchsten Teilnahmequote korrespondiert. Insgesamt kann eine Politik, die die Steigerung der Weiterbildungsteilnahme zum Ziel hat, die Strukturförderung einer leistungsfähigen Weiterbildungslandschaft nicht aus dem Fokus lassen.

2 Empfehlungen (entwicklungsbezogene Fokussierung)

Auf der Grundlage der Daten und Befunde des Berichts sind eine Reihe von Konsequenzen im Sinne von Empfehlungen formuliert worden, deren konkrete Ausrichtung und inhaltliche Reichweite allerdings stark differieren. So gibt es Empfehlungen,

- die auf die Beibehaltung bewährter Prinzipien pochen (Breite des Bildungsbegriffs, Trias von Regel-, Projekt- und Strukturaufbauförderung),
- die auf eine behutsame Optimierung ausgerichtet sind (haushaltsjahrübergreifende Formen der Finanzierung, Weiterbildung als ressortübergreifendes Querschnittsthema, niedrigschwellige Zugangsmöglichkeiten),
- die eine finanzielle Stärkung des Bereichs betonen (Erweiterung des aktuellen Finanzierungsvolumens, Nutzung der demographischen ‚Rendite' für quantitative und qualitative Verbesserungen),
- die sich mit strategischen Ausrichtungen befassen (Weiterentwicklung der flächendeckenden und regionszentrierten Weiterbildung als zwei komplementäre Institutionalisierungslogiken).

Der Schritt von den Befunden zu den Empfehlungen war – und ist generell – besonders heikel, da hier Ableitungen und Setzungen vorgenommen werden, die nur begrenzt durch die empirischen Befunde gedeckt sind bzw. diese mit institutionellen und bildungspolitischen Kontexten relationieren (sollen).[1] In der Regel werden dabei die wissenschaftstheoretischen oder bildungspolitischen Präferenzen der Forscher ebenso wenig expliziert wie die zahlreichen, im Vorfeld stattgefundenen Feldeinflüsterungen seitens der beteiligten Akteure. Insofern sind die Empfehlungen nicht umsonst die umstrittensten Teile derartiger Berichte, deren Redaktions- und Abstimmungsaufwand besonders hoch ist und die als kommunikative Kompromissbildungen mit all den dazugehörigen politischen und normativen Implikationen bezeichnet werden können (vgl. dazu auch Abschnitt 3 und Epilog).

---

1 Vgl. Nuissl 2010, S. 114f. als einen der wenigen Autoren, der diese Aufgabe überhaupt benennt, ohne allerdings weitergehende Reflexionen der normativen Implikationen dieser Aufgabe zu anzustellen.

Im Folgenden werden die Empfehlungen des Berichtes ebenfalls im Original abgedruckt (Schemmann/Seitter 2011: 94f.), damit sich die Leserinnen und Leser selbst ein Urteil über die bildungspolitische Rahmensetzung und den konkreten Inhalt der Empfehlungen bilden können.

In einer mittel- bis langfristigen Perspektive wird der demographische Wandel eine Neuverteilung der Bildungsinvestitionen über den Lebenslauf erfordern. Das Lernen Erwachsener wird daher sehr viel stärker als bisher in seinen Effekten unter dem Gesichtspunkt gesellschaftspolitischer Bedeutsamkeit fokussiert werden (müssen), wie z. B. Arbeitsfähigkeit, Demokratiefähigkeit, Geschlechtergerechtigkeit, Umweltsensibilität, Interkulturalität, Persönlichkeitsentwicklung u. a. Aus unserer Sicht erfordert dies mittel- bis langfristig eine deutliche Bedeutungsaufwertung der Weiterbildung insgesamt und der öffentlich geförderten Weiterbildung im Besonderen. Die zu erwartende ‚demographische Rendite' sollte daher unbedingt im Bildungssystem mit der Zielperspektive belassen werden, die Weiterbildung und das Lebensbegleitende Lernen deutlich auszubauen.

Vor diesem Hintergrund und mit Blick auf die erhobenen Befunde kommen wir zu folgenden Empfehlungen:

- Die inhaltliche Breite des Bildungsbegriffs im Hessischen Weiterbildungsgesetz sollte beibehalten werden. Sie hat Signalwirkung und ist ein politisches Bekenntnis der öffentlichen Verantwortung für einen Bildungsbereich, der zunehmend an gesellschafts- und wirtschaftspolitischer Bedeutung gewinnt.

- Die öffentliche Ko-Finanzierung der Weiterbildung entfaltet eine hohe Bindungswirkung für die – auch finanziell bedeutsame – Beteiligung der gesellschaftlichen Großgruppen an Weiterbildung. Daher sollte das jetzige Finanzierungsvolumen auf jeden Fall angemessen erweitert werden. Eine Stagnation oder gar Absenkung würde das weitere finanzielle Engagement der beteiligten Verbände deutlich gefährden. Die mittelfristig zu erwartende ‚demographische Rendite' sollte dazu verwendet werden, auch die Strukturen der Weiterbildung quantitativ wie qualitativ deutlich zu verbessern.

- Die flächendeckend aufgestellte, trägerbezogene Weiterbildung und die regionszentrierte, bildungsbereichsübergreifende Weiterbildung (HESSENCAMPUS) sollten als komplementäre Institutionalisierungslogiken weiterentwickelt werden. Vor einer gesetzlichen Präzisierung der Funktion und Aufgaben von HESSENCAMPUS sollte der bisherige Stand an Aktivitäten und Erfahrungen evaluiert werden. Insbesondere sind auch die rechtlichen Voraussetzungen und Rahmenbedingungen einer kooperativen Zusammenarbeit und Angebotsgestaltung von Einrichtungen zu klären, die bislang durch ganz unterschiedliche Rechtskreise geregelt werden. Mit Blick auf die langfristige finanzielle Verstetigung regionalisierter Weiterbildungsstrukturen sollten die Finanzierungsvolumina der öffentlich finanzierten Weiterbildung, der Schulen für Erwachsene und der Beruflichen Schulen (bisheriges Verhältnis: 1:2:40) als Kernorganisationen von HESSENCAMPUS anteilig eingebracht werden.

- Die Trias von Regel-, Projekt- und Strukturaufbauförderung ist positiv zu bewerten, da sie das Feld der Weiterbildung insgesamt stärkt. Sinnvoll wäre allerdings eine haushaltsjahrübergreifende Form der Finanzierung von mittel- bis langfristig angelegten Projekten mit strukturbildender Wirkungsabsicht. Dies würde die Planungssicherheit für die beteiligten Einrichtungen erhöhen und zeitliche Engpässe bei der Projektbewilligung vermeiden. Entsprechende Instrumente liegen bereits vor und werden beispielsweise im Hochschulbereich auch angewendet (Hochschulpakt).

- Der Innovationspool als problem- und themenbezogene Projektsteuerung sollte einen stärkeren Wirkungsgrad entfalten. Dies ist nur zu erreichen, wenn die Finanzmittel an die gesetzlich vorgeschriebene Mindesthöhe von mindestens 2,5 vom Hundert des staatlichen Fördervolumens für die Weiterbildung (derzeit ca. 240.000 €) angepasst und das Programm weiterhin auf einen thematischen Schwerpunkt pro Jahr fokussiert wird.

- Die Zugangsmöglichkeiten zu (niedrigschwilliger) Weiterbildung sollten verbreitert werden. Beratung, Blended-Learning, Bildungswerbung und aufsuchende Bildungsarbeit sind entsprechende Instrumente, die weiterentwickelt und auf geeignete Weise gesondert gefördert werden sollten.

- Die Support- und Reflexionsstrukturen der hessischen Weiterbildung sollten erweitert und fokussiert werden. Institutionell ist insbesondere der Ausbau des hvv-Instituts denkbar. Über die bisherigen Aktivitäten hinaus sollten weitere Schwerpunkte die Professionalisierung von Projektakquise, die Verbindung mit der (Erwachsenenbildungs-)Wissenschaft und die Etablierung von Elementen eines kontinuierlichen Weiterbildungsmonitorings sein. Die international-vergleichende Beobachtung und Messung der Beteiligung an und der Wirkungen des Lebenslangen Lernens (ELLI, PIAAC) werden derzeit bildungspolitisch stark forciert. Die demographisch bedingte Verschlankung der Erstausbildung auf allen Ebenen wird komplementär zu einer Verbreiterung der Weiterbildungsmöglichkeiten führen (müssen). Die hessische Weiterbildung sollte diesen Prozess aktiv mitsteuern, ihre Leistungen – durchaus auch kennzifferbasiert – deutlich machen und einen geschärften Blick für die Entwicklung der Weiterbildungsbeteiligung in Hessen haben.

- Weiterbildung sollte zwischen den Ministerien und im politischen Handeln generell deutlicher als ressortübergreifendes Querschnittsthema mit hohem Zukunftspotential wahrgenommen werden. Eine zentrale Steuerung der Weiterbildung ist aufgrund ihrer vielen unterschiedlichen Facetten und ihrer Ressortierung in den unterschiedlichsten Themen- und Handlungsfeldern weder machbar noch wünschenswert. Gleichwohl sollten intelligente und kommunikativ abgestimmte Formen der (Mehrfach-)Ansprache weiterentwickelt werden mit dem Ziel, eine Weiterbildungsinfrastruktur zu etablieren, die in ihren Formen und in ihrem Gewicht den Lernnotwendigkeiten und Lernmöglichkeiten der langen Erwachsenenphase entspricht.
- Vor diesem Hintergrund ist es sinnvoll, das Landeskuratorium für Weiterbildung und Lebensbegleitendes Lernen als trägerübergreifendes und hessenweites Beratungsgremium der Landesregierung zu stärken. Auch sollten bisher nicht im Landeskuratorium vertretene Ministerien in dieses Gremium aufgenommen werden.
- Zur Stärkung des Landeskuratoriums für Weiterbildung und Lebensbegleitendes Lernen als Beratungsgremium der Landesregierung muss auch die Koordinationsstelle Weiterbildung und Lebensbegleitendes Lernen eine verlässliche Verortung und organisatorische Grundlage finden, um ihrer Funktion als Geschäftsführung des Landeskuratoriums für Weiterbildung und Lebensbegleitendes Lernen dauerhaft nachkommen zu können.

3 Dialogorientierung und kommunikative Verständigung (kommunikative Fokussierung)

Konzeption, Durchführung und Erstellung des Weiterbildungsberichts waren von Anfang an dialogisch ausgerichtet und eingebettet in einen intensiven Kommunikationsprozess. Der gesamte Forschungsprozess wurde kontinuierlich mit dem Geschäftsführenden Vorstand des Landeskuratoriums für Weiterbildung und lebensbegleitendes Lernen abgestimmt und reflektiert. Diese dialogorientierte Einbindung war insofern von großem Vorteil, als das Landeskuratorium in seiner Verbindung von Praxis- und Politikrepräsentanz dauerhaft in unterschiedlichen Funktionen beteiligt war: als Expertise, Begleitung, Feed-Back, Filterung, Fokussierung, Antizipation und Kontrolle. Auf der Grundlage eines gemeinsamen Arbeitsbündnisses, nämlich für die Stärkung der (öffentlichen) Weiterbildung zu wirken, war der gegenseitige Austausch über Prozess und Ergebnisse durchaus auch geprägt von beidseitigen Irritationen. Die Beschreibung der eigenen Praxis in Weiterbildung und Politik durch den wissenschaftlichen Außenblick *und* das Abklopfen wissenschaftlicher Ergebnisse durch den antizipatorischen Blick möglicher politischer Rezeptionsfallen eröffneten eine Interferenzzone gegenseitiger Zuordnung, Abstimmung und Abwägung, die interaktiv nicht immer einfach war. Insbesondere die textliche Endredaktion und die Arbeit an den Empfehlungen führten beide Seiten in einen kommunikativen Grenzbereich, in dem – in einem zum Teil schwierigen und stetig neu auszutarierenden Balanceakt – Grenzziehungen überwunden und gleichzeitig auch immer wieder neu behauptet werden mussten. Für die Wissenschaft führte dieses Grenzgängertum zur Erfahrung von Engführung (auf bestimmte Zwecke und Festlegungen), Entkoppelung und selektiver Bezugnahme als drei unterschiedliche Modi des Umgangs mit Differenz und der kommunikativen Be- und Abarbeitung an den wissenschaftlichen Befunden (vgl. dazu auch Epilog).

4 Gesetzesnovellierung und Neukodifizierung

Der Weiterbildungsbericht hat sowohl im Prozess seiner Erstellung als auch als textliches Endprodukt insofern eine (erhebliche) politische Brisanz, als er *einen* (wichtigen) diskursiven Referenzpunkt im Prozess der Gesetzesnovellierung darstellt. Seine unmittelbare Nutzung in der und für die Novellierungsdiskussion erklärt auch die dialogische Einbettung seiner Erstellung bzw. Fertigstellung in das Gespräch mit entscheidenden Stakeholdern und Akteuren. Allerdings: der Bericht ist nur ein und bei weitem nicht das zentrale oder gar ausschlaggebende Element. Vielmehr kreuzen sich die unterschiedlichsten Abstimmungsprozesse auf der Basis von Konsultationen und Anhörungen, von Beratungen und Initiativen durch die verschiedenen Akteure (anerkannte Landesorganisationen, HC-Sprecherkreis, Fachreferat im Kultusministerium, Kulturpolitischer Ausschuss, Parteien, etc.).[2] Im vielfältigen multi- und bilateralen Beziehungsgeflecht zwischen Politik, Praxis und Wissenschaft, innerhalb der Politik, innerhalb der Praxis und auch innerhalb der Wissenschaft wird der Bericht je nach Neigung und Interesse genutzt als (selektiver) Bezugspunkt, Vorbereitungsquelle oder Klärungsmaterial. Insofern hält sich seine Beschreibungs-, Deutungs- und Empfehlungsmacht in deutlichen Grenzen. Eigenlogische Rezeption und multiple Referenzverwertung minimieren gleichwohl nicht den Analyse- und Beschreibungsaufwand, der mit dem Bericht selbst geleistet wurde. Es ist vielmehr die (weiterführende) Aufgabe der Erwachsenenbildungswissenschaft, derartige Berichte in die weitere wissenschaftliche Diskussion einzuspeisen – als empirische Analyse, zur Theoriegenerierung oder zur reflexiven Selbstklärung wissenschaftlicher Inanspruchnahme durch Politik.

---

2 Es wäre ein eigenes, aufwändiges und überaus reizvolles Forschungsprojekt, die Etappen der Gesetzesnovellierung sowie die vielfältigen kommunikativen Abstimmungen auf den unterschiedlichen Ebenen selbst empirisch zu erheben und den Prozess vom ersten Gesetzesentwurf bis zur endgültigen Novellierung detailliert nachzuzeichnen.

Epilog: Über die Profilierung des Gesagten und die Grenzen des Sagbaren. Eine Selbstvergewisserung

Wolfgang Seitter

Der folgende Text beansprucht nicht, eine umfassende Analyse des geleisteten Forschungsprozesses oder gar eine systematisierte Introspektion der Herausforderungen im kommunikativen Geflecht der Berichterstellung zu liefern. Vielmehr gibt er einen pointierten und subjektiven Ausblick eines Beteiligten, der in der Rückschau bestimmte Problemlagen der Arbeit für sich selbst schärfer formulieren kann.[1]

Systemdifferenzen und Verstetigungsinteressen

Die Erstellung von (Weiter-)Bildungsberichten bringt drei unterschiedliche Systeme miteinander in Verbindung: Wissenschaft, Bildungspraxis, Politik. Alle drei Systeme haben trotz differenter Systemlogiken ein gemeinsames Interesse an institutioneller Verstetigung, das allerdings je unterschiedlich ausgeformt ist: Verstetigung durch Erkenntnisproduktion (Wissenschaft), Verstetigung durch Wissensvermittlung und Lernbegleitung (Praxis) und Verstetigung durch demokratische Bestätigung in Wahlen (Politik). Das Verstetigungsinteresse von Wissenschaft kann dabei ganz unterschiedlichen und unterschiedlich gewichteten Schwerpunktsetzungen folgen: Reputation (Ansehen), Drittmittelakquise (Geld), Feldzugang (Neugier) oder Feldbeeinflussung (Macht) und ist zudem inhaltlich durch eine mehr oder weniger gefestigte – wissenschaftstheoretische, wissenschaftspolitische und/oder bildungspolitische – Standpunkthaftigkeit gekennzeichnet.

Klärung von (Interessens-)Standpunkten

Die Frage nach Interessen sowie nach wissenschafts- und bildungspolitischen Standpunkten wird spätestens dann offenkundig, wenn in der kommunikativen Auseinandersetzung zwischen den verschiedenen Anspruchsgruppen die entscheidenden Weichen der zukünftigen Forschungsarbeit gestellt werden (sollen). Im konkreten Fall des Weiterbildungsberichts stand am Beginn der Verhandlungen die insbesondere von VertreterInnen der Bildungspraxis gestellte

---

[1]   In einer anderen Kontextuierung und Fassung sind die folgenden Ausführungen bereits in Seitter 2013 publiziert.

bildungspolitische Gretchenfrage an die Forscher: wie haltet ihr es mit der öffentlichen Weiterbildung? Hintergrund dieser Anfrage war die Absicht der Forscher, im Rahmen des Weiterbildungsberichts eine Vollerhebung aller hessischen Anbieter anzustreben und insofern die Erhebung nicht auf das Segment der öffentlich kofinanzierten Weiterbildung zu begrenzen, sondern auf das gesamte Feld der Weiterbildung auszudehnen. Das von der Praxis antizipierte mögliche Bedrohungsszenario eines derartigen Vorgehens für die öffentliche Weiterbildung evozierte seitens der Forscher die Notwendigkeit einer inhaltlichen Positionierung: dass nämlich eine Funktionsbestimmung der öffentlichen Weiterbildung nur im Kontext der Weiterbildung insgesamt möglich sei, dass es gute Gründe gäbe, die – als positiv zu bewertenden – Funktionen im Vergleich deutlich präziser herauszuarbeiten, dass bei den Forschern keine bildungspolitische Gegnerschaft zur öffentlichen Weiterbildung bestehe, dass im Gegenteil die Notwendigkeit öffentlich verantworteter Weiterbildung gerade auch aus der Kenntnis historischer Prozessverläufe begründbar und begründet sei. Ist eine derartige vorgängige Sympathieerklärung für das öffentliche Segment der Weiterbildung als Voraussetzung für das Eingehen eines produktiven und unumgehbaren Arbeitsbündnisses wissenschaftlich zulässig? Und: was wäre die Alternative? Beiden Seiten war klar: das Statement trug das Risiko des unsicheren Ausgangs in sich, es war ein ungedeckter Wechsel auf zukünftige, nicht vorhersagbare Ergebnisse, getragen von einem langsam gewachsenen Vertrauen, das diskursiv letztlich nicht beweisbar war.

Ein zweiter entscheidender Punkt kommunikativer Interessensabwägung war der Übergang von der Analyse zur Empfehlung. Inwiefern sind die von den Forschern abgegebenen Empfehlungen durch die Analyse gedeckt? Inwiefern kommen eigene Positionierungen, Profilierungen, Hervorhebungen oder Abschwächungen zum Tragen? Oder inwiefern sind sie ausgehandelte Kompromisse der unterschiedlichen Interessenslagen der Beteiligten und relativ unabhängig von der Analyse zu lesen? Aus bildungspolitischer Perspektive tritt in den abgegebenen Empfehlungen insbesondere ein Befund hervor, der als Zufallsbefund bei den empirischen Erhebungen zunehmend an Bedeutung gewann: nämlich die unterschiedlichen Finanzierungsvolumina der drei im Kultusministerium ressortierenden Bereiche der Beruflichen Schulen, der Abendschulen und der öffentlich geförderten Weiterbildungseinrichtungen im Verhältnis von 40:2:1. Dieses Verhältnis deutlich zu benennen und in den Kontext einer zukünftigen Neuverteilung der Bildungsinvestitionen über den Lebenslauf zu stellen, war eine intendierte Hervorhebung und Profilierung im klaren Bewusstsein der bildungspolitischen Sprengkraft dieser Relation.[2]

---

2   Die mitgelieferten Begründungen für eine derartige Neuverteilung (politisch forcierte Erhöhung der Weiterbildungsbeteiligung, die Verwerfungen des demographisches Wandels, die zunehmende Halbwertszeit des Wissens, die verstärkte Ansprache bildungsferner Zielgruppen, etc.)

Eine dritte Herausforderung bestand schließlich in der direkten Adressierung der bildungspolitischen Öffentlichkeit im Rahmen der Weiterbildungskonferenz.[3] Die Forscher haben diesen bildungspolitischen Resonanzrahmen genutzt, um nicht nur Ergebnisse des Weiterbildungsberichts zu präsentieren, sondern auch die – anwesenden – VertreterInnen der Politik mit einer Konsistenzprüfung ihrer Reden mit Blick auf die Bedeutsamkeit des lebenslangen Lernens zu konfrontieren. Die Intervention auf der Weiterbildungskonferenz war insofern Analyse und Rückspiegelung zugleich und hatte eine deutlich politische Zielsetzung: nämlich die Relationierung von politischen Reden mit faktischen strukturellen Gegebenheiten der Weiterbildung – wie etwa die bereits erwähnte Zahlenrelation von 40:2:1 – und die Erläuterung der sichtlich erkennbaren Diskrepanzen bei diesem Vergleich.

Kommunikative Resonanzfähigkeit und innersprachliche Mehrsprachigkeit

Die Klärung und auch Behauptung von Interessensstandpunkten war insofern in einen ständigen Kommunikationszusammenhang der beteiligten Gruppen eingebettet. Die Erstellung des Berichts und seine kommunikative Verhandlung wurden dabei auch und immer wieder geprägt durch die Antizipation bildungspolitischer Rezeptionsprobleme und Rezeptionsfokussierungen. Wissenschaftliches Arbeiten im Rezeptionskontext von Politik bedeutete daher immer wieder das Aufbringen einer spezifischen Resonanzfähigkeit mit Blick auf die – artikulierten – Befürchtungen der Gesprächspartner. So evozierte beispielsweise das Konzept der ‚impliziten Bildungsministerien' sofort die Befürchtung, Politik könne dieses Konzept als Aufforderung verstehen, (vermeintliche) Doppelausgaben zu streichen oder ressortübergreifend alle Gelder für Weiterbildung in einem Topf bzw. auf ein Ministerium zu konzentrieren. Die kommunikative Resonanzfähigkeit und Bereitschaft, sich auf derartige Blickweisen einzulassen und von dort aus eine Relektüre der bisher verrichteten Arbeit zu leisten, konnte allerdings nicht zur Aufgabe von Begriffen, Konzepten und Befunden führen, die im Laufe der Analyse erarbeitet und als wissenschaftlich angemessen angesehen wurden. Das Austesten der Bereitschaft zur Aufgabe von inhaltlichen Positionen bzw. von sprachlichen Regelungen und das Beharren auf der – auch schriftlichen – Präsentation der eigenen wissenschaftlichen Einsicht erforderten eine kommunikative Geschmeidigkeit von beiden Seiten, die sowohl das *going*

---

waren zwar plausibel und einsichtig, jedoch nicht im strengen Sinne aus den Befunden ableitbar.

3 Die Weiterbildungskonferenz fand im Dezember 2011 nach Abschluss des Novellierungsverfahrens statt und sollte die Befunde des Weiterbildungsberichts auch mit Blick auf zukünftige Gestaltungsbedarfe präsentieren und diskutieren (vgl. Hessisches Kultusministerium/Landeskuratorium für Weiterbildung und Lebensbegleitendes Lernen 2012).

native als auch die störrische Abwehr von Einwürfen gleichermaßen vermeiden musste.

Vertrauen und Vertraulichkeit

Bei all der kommunikativen Präsentations- und Begleitarbeit war immer wieder zu beachten, dass das Feld der Weiterbildung ein bildungspolitisch umkämpftes Feld darstellte, in dem die verschiedenen Akteure ständig eigene Interessen reklamierten, sich mit- und gegeneinander positionierten und auch die Forscher im Sinne einer offenen oder verdeckten Komplizenschaft nutzten bzw. zu nutzen versuchten. In den vielfältigen bi- und trilateralen Gesprächen des Forschungsprozesses ging es deshalb auch und gerade um das als wichtig Markierte, um das, was die anderen Parteien nicht hören sollten, um Vorderbühnen und Hinterbühnen, um die Weitergabe und Behandlung von vertraulichen Informationen. Je größer die Vertrautheit und der Dialog auf Augenhöhe waren, desto größer war auch die Vertraulichkeit der Information. In dieser kommunikativen Verwobenheit stellte sich daher immer wieder die Frage, inwiefern die Verwertbarkeit derart erhaltener Informationen sinnvoll und zulässig war. Nicht alles Vertrauliche wurde explizit als vertraulich markiert, der Kontext legte aber Vertraulichkeit nahe. Insofern gelangten die Forscher auch – und relativ schnell – an die Grenzen des Sag- und Schreibbaren, da sie mehr wussten, als gesagt werden durfte. Die Abwägung und Bestimmung der jeweiligen Grenzen waren allerdings nicht vorgegeben und konnten auch keinem Methodenhandbuch entnommen werden. Es ging insofern um die Ausprägung und Handhabung eines wissenschaftlichen Taktes im Umgang mit sensiblen Daten, der immer auch Zonen ungeklärter Inferenz enthielt. Ob und inwiefern in der Summe die Handhabung dieses Problems als angemessen gelten kann, müssen alle Beteiligten jeweils für sich klären.

Forschungsethik und die Grenzen von Evidenzbasierung

Bei einer Gesamtbilanzierung des Forschungsprozesses zeigen sich deutlich die normativen Prämissen des eigenen wissenschaftlichen Arbeitens bzw. die forschungsethischen Implikationen wissenschaftlicher Projektarbeit. Die Aufklärung über die Normativität des eigenen Tuns und das Bewusstsein von der eigenen Standpunkthaftigkeit geben daher auch einen Hinweis auf die Relativität dessen, was mit einem Bericht wie dem vorliegenden erreicht werden kann. Er ist ein Element unter vielen mit einer bestimmten Sicht auf Welt, die im Konzert der systemgebundenen und systembezogenen Stimmen nur eine unter vielen sein kann. Die Einsicht, dass die wissenschaftliche Beschreibung eines Feldes selbst höchst voraussetzungsreich ist mit der Fokussierung von Perspektiven, der spezifischen Methodisierung von Erkenntnisgewinnung und der entsprechenden Relativierung des Geltungsumfangs von Befunden, verweist auf die Grenzen von Evidenzbasierung und Verantwortungsdelegation von Politik auf Wissenschaft. Verantwortung für und Entscheidung über die Gestaltung eines gesellschaftlichen Handlungsfeldes tragen die Politik und die Akteure des entsprechenden Feldes selbst. Vorgelagerte und/oder begleitende wissenschaftliche Analyse ist *ein* Element in diesem Gestaltungsauftrag – nicht mehr und nicht weniger.

Literatur

Altrichter, H./Brüsemeister, T./Wissinger, J. (Hrsg.) (2007): Educational Governance. Handlungskoordination und Steuerung im Bildungswesen. Wiesbaden.

Ambos, I./Martin, A./Alke, M./Gnahs, D./Breyer, L. (Mitarbeit) (2013): Regionale Weiterbildungsverbünde Schleswig-Holstein – Infrastruktur für die Weiterbildung. Ergebnisse der Evaluierung im Auftrag des Ministeriums für Wirtschaft, Arbeit, Verkehr und Technologie des Landes Schleswig-Holstein. URL: www.die-bonn.de/doks/2013-weiterbildungsnetzwerke-01.pdf

Beckmann, N./Schmid, A. (2009): Betriebliche und berufliche Weiterbildung für Bildungsferne in Hessen. Projektbericht. [Online verfügbar unter: http://www.iwak-frankfurt.de/documents/Bildungsferne.pdf/; zuletzt geprüft am: 12.10.2010].

Bélanger, P./Valdivielso, S. (Hrsg.) (1997): The Emergence of Learning Societies. Who participates in Adult Education? London: Pergamon Press.

Bellmann, L. (2003): Datenlage und Interpretation der Weiterbildung in Deutschland. Schriftenreihe der Expertenkommission Finanzierung Lebenslangen Lernens, 2) Bielefeld: W. Bertelsmann Verlag.

Bilger, F./Seidel, S.: Anbieter auf dem Markt der Weiterbildung. In: Rosenbladt, B. v./Bilger, F. (Hrsg.): Weiterbildungsbeteiligung 2010. (DIE Spezial). Bielefeld: Bertelsmann. S. 109-122.

Bogumil, J. (2005): Kommune/Kommunale Selbstverwaltung. In: Akademie für Raumforschung und Landesplanung (ARL) (Hrsg.): Handwörterbuch der Raumordnung. Braunschweig: ARL. S. 515-520.

Born, A. (1991): Geschichte der Erwachsenenbildungsforschung. Bad Heilbrunn.

Bortz, J. (2005): Statistik für Human- und Sozialwissenschaftler. 6. Auflage. Heidelberg.

Brosius, F. (2008): SPSS 16. Das mitp-Standardwerk. Heidelberg.

Bundesamt für Bauwesen und Raumordnung (2005): Raumordnungsbericht 2005. Bond: Selbstverlag des Bundesamtes für Bauwesen und Raumordnung.

Deutscher Bildungsrat: Die Bildungskommission (1975): Bericht '75. Entwicklungen im Bildungswesen. Verabschiedet auf der 48. Sitzung der Bildungskommission am 13. Juni 1975

Deutscher Volkshochschul-Verband e.V. (Hrsg.) (2011): Die Volkshochschule – Bildung in öffentlicher Verantwortung. Bonn: Deutscher Volkshochschul-Verband e.V.

Deutsches Institut für Erwachsenenbildung (2010): Trends der Weiterbildung. DIE-Trendanalyse 2010. Bielefeld.

Dietrich, S. (2007a): Institutionalstruktur von allgemeiner und beruflicher Weiterbildung in Deutschland. In: Report: Zeitschrift für Weiterbildungsforschung, Jg. 30, H. 4, S. 32–41.

Dietrich, S. (2007b): Weiterbildungseinrichtungen in Deutschland. Problemaufriss für eine Erhebungsstrategie. Unter Mitarbeit von Sarah Widany. Deutsches Institut für Erwachsenenbildung (Hrsg.) [Online verfügbar: http://www.die-bonn.de/doks/dietrich0701.pdf, zuletzt geprüft am: 03.10.2012]

Dietrich, S./Schade, H. J./Behrensdorf, B. (2008): Ergebnisbericht Projekt Weiterbildungskataster. [Online verfügbar unter: http://www.die-bonn.de/doks/dietrich 0803. pdf/; zuletzt geprüft am: 12.10.2010].

Dohmen, G. (1999): Volkshochschulen. In: Tippelt, R. (Hrsg.): Handbuch Erwachsenenbildung, Weiterbildung. 2., überarb. und aktual. Auflage. Wiesbaden: VS Verlag für Sozialwissenschaften. S. 455-461.

Dollhausen, K. (2010): Rechtsformen. In: Arnold, R./Nolda, S./Nuissl, E. (Hrsg.): Wörterbuch Erwachsenenbildung. 2. überarbeitete Auflage. Bad Heilbronn: Julius Klinkhardt, S. 256

Dröll, H. (2001): Weiterbildungsmarkt Frankfurt. In: Nuissl, E./Schlutz, E. (Hrsg.): Systemevaluation und Politikberatung. Gutachten und Analysen zum Weiterbildungssystem. Bielefeld, S. 117-135.

Faulstich, P. (1997): Transformationsprozesse im Institutionenspektrum der Erwachsenenbildung. In: Derichs-Kunstmann, K./Faulstich, P./Tippelt, R. (Hrsg.): Enttraditionalisierung der Erwachsenenbildung. Dokumentation der Jahrestagung 1996 der Kommission Erwachsenenbildung der Deutschen Gesellschaft für Erziehungswissenschaft. (Beiheft zum Report). Frankfurt am Main: Deutsches Institut für Erwachsenenbildung, S. 61–70.

Faulstich, P. (2010a): Einrichtungen. In: Arnold, R./Nolda, S./Nuissl, E. (Hrsg.): Wörterbuch Erwachsenenbildung. 2. überarbeitete Auflage. Bad Heilbronn: Julius Klinkhardt, S. 71.

Faulstich, P. (2010b): Institutionen. In: Arnold, R./Nolda, S./Nuissl, E. (Hrsg.): Wörterbuch Erwachsenenbildung. 2. überarbeitete Auflage. Bad Heilbronn: Julius Klinkhardt, S. 153-155.

Faulstich, P. u.a. (1991): Bestand und Perspektiven der Weiterbildung. Das Beispiel Hessen. Weinheim.

Faulstich, P./Gnahs, D. (2005): Weiterbildungsbericht Hessen. Lebensbegleitendes Lernen: Weiterbildungsstrukturen und -trends. Frankfurt/M.

Faulstich, P. (2008): Weiterbildung. In: Cortina, Kai S./Baumert, Jürgen/Leschinsky, Achim/Mayer, Karl Ulrich/Trommer, Luitgard (Hrsg.): Das Bildungswesen in der Bundesrepublik Deutschland – Strukturen und Entwicklungen im Überblick. Reinbek: Rowohlt. S. 647-682.

FDZ der Statistischen Ämter des Bundes und der Länder, Mikrozensus 2006, 2009-2010, eigene Berechnungen.

Gesetz zur Förderung der Weiterbildung und des lebensbegleitenden Lernens im Lande Hessen (Hessisches Weiterbildungsgesetz – HWBG) vom 25. August 2001 (GVBl. I S. 370) geändert durch Gesetz vom 26. Juni 2006 (GVBl. I S. 342)

Gesetz zur Neuorganisation der Regierungsbezirke vom 15.10.1980, GVBl. I S. 377. [Online verfügbar unter: http://www.landesrecht-hessen.de/gesetze/300_Organisation/300-24-Landesplanungorganiation/RegierungsbezirkorganisationsG.htm; zuletzt geprüft am: 31.10.12]

Gieseke, W./Opelt, K./Stock, H./Börjesson, I. (2005): Kulturelle Erwachsenenbildung in Deutschland. Exemplarische Analyse Berlin/Brandenburg. (Europäisierung durch kulturelle Bildung. Bildung – Praxis – Event. Herausgegeben von Wiltrud Gieseke und Jósef Kargul) Münster: Waxmann.

Gnahs, D. (2001): Träger. In: Arnold, Rolf (Hrsg.): Wörterbuch Erwachsenenpädagogik. Bad Heilbrunn/Obb.: Klinkhardt, S. 312–313.

Gnahs, D. (2010): Träger der Erwachsenenbildung. In: Arnold, R./Nolda, S./Nuissl, E. (Hrsg.): Wörterbuch Erwachsenenbildung. 2. überarbeitete Auflage. Bad Heilbronn: Julius Klinkhardt, S. 288-289.

Grotlüschen, A./Beier, P. (Hrsg.) (2008): Zukunft Lebenslangen Lernens. Strategisches Bildungsmonitoring am Beispiel Bremens. Bielefeld.

Harney, K./Schwankl, C./Spillebeen, L./Weischet, M. (2009): Die Funktion der beruflichen Schulen im Übergangssystem Schule-Beruf in Hessen unter besonderer Berücksichtigung des Projektes ‚HESSENCAMPUS'. Bochum.

Herbrechter, D./Loreit, F. (2012): Zwischen Gleichförmigkeit und Besonderheit. Eine steuerungsbezogene Re-Analyse quantitativer Anbieterdaten am Beispiel Hessens. In: Hof, C./Ludwig, J./Schäffer, B. (Hrsg.): Steuerung – Regulation – Gestaltung. Dokumentation der Jahrestagung 2011 der Sektion Erwachsenenbildung der Deutschen Gesellschaft für Erziehungswissenschaft. Baltmannsweiler: Schneider-Verl. Hohengehren, S. 37-52

Herbrechter, D./Schemmann, M. (2008): Bestandsaufnahme und Analyse des Funktionsgefüges der Bildungslandschaft Mittelhessen. Abschlussbericht. [Online verfügbar unter: http://fss.plone.uni-giessen.de/fss/fbz/fb03/institute/ifezw/prof/wb/dokumente/wiss.%20Abschlussbericht.pdf/file/wiss.%20Abschlussbericht.pdf/; zuletzt geprüft am: 12.10.2010].

Hessische Statistisches Landesamt (2010): Bevölkerung am 31.12.2009 und durchschnittliche Bevölkerung 2009 nach Verwaltungsbezirken. [Online verfügbar unter: http://www.statistik-hessen.de/themenauswahl/bevoelkerung-gebiet/regionaldaten/bevoelkerung-am-31122009-und-durchschnittliche-bevoelkerung/index.html/; zuletzt geprüft am: 12.10.2010].

Hessisches Kultusministerium (Hrsg.) (2008): Evaluation des Innovationsprogramms 2007. Abschlussbericht von Rambøll Management.

Hessisches Kultusministerium (Hrsg.) (2009): HESSENCAMPUSinside 2009/2010. Lebensbegleitendes Lernen. Entwicklung in Partnerschaft. Wiesbaden.

Hessisches Ministerium für Wirtschaft, Verkehr und Landesentwicklung – Oberste Landesplanungsbehörde (HMWVL; Hrsg.) (2000): Landesentwicklungsplan Hessen 2000. [Online verfügbar unter: http://www.landesplanung-hessen.de/; zuletzt geprüft am: 27.05.2009].

Kade, J. (1997): Vermittelbar/Nicht-Vermittelbar: Vermitteln: Aneignen. Im Prozeß der Systembildung des Pädagogischen. In: Luhmann, N./Lenzen, D. (Hrsg.): Bildung und Weiterbildung im Erziehungssystem. Lebenslauf und Humanontogenese als Medium und Form. Frankfurt/M.: Suhrkamp, S. 30-70.

Klaus-Roeder, Rosemarie (1983): Sozialräumliche Strukturen und Weiterbildung am Beispiel der Volkshochschulen in Hessen. (Frankfurter Studien zur Bildungsforschung, 2). Baden-Baden: Nomos Verlagsgesellschaft.

Körber, K. (1995): Das Weiterbildungsangebot im Lande Bremen. Strukturen und Entwicklungen in einer städtischen Region. Bremen: Univ.-Buchh. (Bremer Texte zur Erwachsenen-Bildungsforschung, 3).

Kraft, S. (2006): Aufgaben und Tätigkeiten von Weiterbildner/inne/n – Herausforderungen und Perspektiven einer weiteren Professionalisierung in der Weiterbildung. (DIE-Reports zur Weiterbildung). [Online verfügbar unter: http://www.die-bonn.de/esprid/dokumente/doc-2006/kraft06_02.pdf]

Kruse, W. (2008): Entwicklungspartnerschaft HESSENCAMPUS. Aufbau regionaler Zentren für das Lebensbegleitende Lernen im erwachsenen Alter.

Kruse, W./Schröder, A./Kaletka, C./Pelka, S. (2010): HESSENCAMPUS 2007-2010. Ein Zwischenbericht aus Perspektive der Wissenschaftlichen Begleitfoschung (sfs-Beiträge aus der Forschung, Bd. 173). Dortmund.

Kuhlenkamp, D. (1997): Weiterbildungsgesetze als Garanten von Weiterbildungschancen?. In: Nuissl, E./Schiersmann, C./Siebert, Horst (Hrsg.): Pluralisierung des Lehrens und Lernens. (Theorie und Praxis der Erwachsenenbildung). Bad Heilbrunn: Klinkhardt. S. 181-202.

Kuwan, H./Bilger, F./Gnahs, D./Seidel, S. (2006): Berichtssystem Weiterbildung IX. Integrierter Gesamtbericht zur Weiterbildungssituation in Deutschland. Berlin.

Lachmann, T. (2010): Die Regierungsbezirke Hessens: Bevölkerung, Flächennutzung und Wirtschaft. In: Hessisches Statistisches Landesamt: Staat und Wirtschaft in Hessen. 11-10. S. 366-376 [Online verfügbar unter: http://www.statistik-hessen.de/fileadmin/media/files/Aufsaetze/fb01/Aufsatz_bevoelk_11_b_10.pdf. Zuletzt geprüft am: 12.11.12].

Landesbetrieb Hessen-Forst (Hrsg.) (2010): Nachhaltigkeitsbericht für die Geschäftsjahre 2008 und 2009. Kassel. [Online verfügbar unter: http://www.hessen-forst.de/service/download/HF_Nachhaltigkeitsbericht0809.pdf/; zuletzt geprüft am: 12.10.2010].

Landeskuratorium für Weiterbildung und Lebensbegleitendes Lernen (Hrsg.) (2008a): Weiterbildung in Hessen – Lebensbegleitendes Lernen. Wiesbaden.

Landeskuratorium für Weiterbildung und Lebensbegleitendes Lernen (2008b): Lebensbegleitendes Lernen für Erwachsene in Hessen. Empfehlungen an die Hessische Landesregierung.

Langhagen-Rohrbach, C. (2010): Raumordnung und Raumplanung. 2. durchgesehene Auflage. Darmstadt: WBG (Wissenschaftliche Buchgesellschaft).

Mielke, B. (2005): Gebietskategorien. In: Akademie für Raumforschung und Landesplanung (ARL) (Hrsg.): Handwörterbuch der Raumordnung. Braunschweig: ARL. S. 353-359.

Nuissl, E. (2000): Einführung in die Weiterbildung. Zugänge, Probleme und Handlungsfelder. (Grundlagen der Weiterbildung). Neuwied: Luchterhand.

Nuissl, E./Schlutz, E. (2001): Weiterbildungs-Evaluation im Vergleich. In: Nuissl, E./Schlutz, E. (Hrsg.): Systemevaluation und Politikberatung. Gutachten und Analysen zum Weiterbildungssystem. (Theorie und Praxis der Erwachsenenbildung). Bielefeld: W. Bertelsmann Verlag. S. 9-75.

Raumordnungsgesetz vom 30. Juni 2009 mit Ausnahme von Abschnitt 3 (§§ 17 bis 25) und § 29, die am 31.12.2008 in Kraft getreten sind. [Online verfügbar unter: http://dejure.org/gesetze/ROG/1.html. Zuletzt geprüft am: 31.10.2012].

Regierungspräsidium Darmstadt (RP) – Regionalversammlung Südhessen (Hrsg.) (2000): Regionalplan Südhessen. Darmstadt. [Online verfügbar unter: http://www.landesplanung-hessen.de/; zuletzt geprüft am: 27.05.2009].

Regierungspräsidium Gießen (RP) – Regionalversammlung Mittelhessen (Hrsg.) (2001): Regionalplan Mittelhessen. [Online verfügbar unter: http://www.landesplanung-hessen.de/; zuletzt geprüft am: 27.05.2009].

Regierungspräsidium Kassel (RP) – Regionalversammlung Nordhessen (Hrsg.) (2000): Regionalplan Nordhessen. [Online verfügbar unter: http://www.landesplanung-hessen.de/; zuletzt geprüft am: 27.05.2009].

Regionalplan Mittelhessen. [Online verfügbar unter: http://www.landesplanung-hessen.de/; zuletzt geprüft am: 27.05.2009].

Rohlmann, R. (2001): Rechtsformen. In: Arnold, R. (Hrsg.): Wörterbuch Erwachsenen-pädagogik. Bad Heilbrunn/Obb.: Klinkhardt, S. 272.

Schauhoff, S. (2010): Handbuch der Gemeinnützigkeit. Verein, Stiftung, GmbH; Recht, Steuern, Personal. 3. Auflage. München: Verlag C.H. Beck.

Schemmann, M. (2011): Das Konzept der institutionellen Staffelung nach Hans Tietgens. Eine Re-Interpretation aus neo-institutionalistischer Sicht. In: Gieseke, W./Ludwig, J. (Hrsg.): Hans Tietgens. Ein Leben für die Erwachsenenbildung. (Erwachsenen-pädagogischer Report/Humboldt-Universität zu Berlin; 16) Berlin: Humboldt-Universität. S. 337-344.

Schemmann, M./Herbrechter, D. (2011): Lernen im Lebenslauf. Programmatik. Empirie. Theorie. Studienbrief im Rahmen des Studienprogramms Bildungsmanagement der Universität Kassel. Kassel: UNIKIMS.

Schemmann, M./Seitter, W.: Weiterbildungsbericht Hessen 2010. Hrsg. vom Landesku-ratorium für Weiterbildung und Lebensbegleitendes Lernen in Zusammenarbeit mit dem Hessischen Kultusministerium. Wiesbaden 2011.

Schierenbeck, H./Wöhle, C. B. (2008): Grundzüge der Betriebswirtschaftslehre. 17., überarbeitete und aktualisierte Auflage. München: Oldenbourg Verlag.

Schlutz, E. (1997): Enttraditionalisierung, Modernisierung – oder ist die neue Weiterbil-dung noch die alte? Empirische Aufschlüsse aus der Bremer Untersuchung zum Weiterbildungsangebot. In: Derichs-Kunstmann, K./Faulstich, P./Tippelt, R. (Hrsg.): Enttraditionalisierung der Erwachsenenbildung. Dokumentation der Jahres-tagung 1996 der Kommission Erwachsenenbildung der Deutschen Gesellschaft für Erziehungswissenschaft. (Beiheft zum Report). Frankfurt am Main: Deutsches Institut für Erwachsenenbildung, S. 217-232.

Schlutz, E./Schrader, J. (1997): Systembeobachtung in der Weiterbildung. Zur Angebots-entwicklung im Lande Bremen.

Schöneck, Nadine M.; Voß, Werner (2005): Das Forschungsprojekt. Planung, Durchfüh-rung und Auswertung einer quantitativen Studie. 1. Aufl. Wiesbaden: VS Verlag für Sozialwissenschaften.

Schrader, J. (2001): „Auf dem Weg zum System? Institutioneller Wandel in der Weiter-bildung seit der Bildungsreform." In: Faulstich, P./Wiesner, G./Wittpoth, J. (Hrsg.): Wissen und Lernen, didaktisches Handeln und Institutionalisierung. Befunde und Perspektiven der Erwachsenenbildungsforschung. Dokumentation der Jahrestagung 2000 der Sektion Erwachsenenbildung der Deutschen Gesellschaft für Erziehungs-wissenschaft. Beiheft zum Report. Bielefeld. 225-238.

Schrader, J. (2011): Struktur und Wandel der Weiterbildung. (Theorie und Praxis der Erwachsenenbildung). Bielefeld: W. Bertelsmann Verlag.

Seitter, W. (2007): Geschichte der Erwachsenenbildung. Eine Einführung. (Theorie und Praxis der Erwachsenenbildung) 3. Auflage. Bielefeld: W. Bertelsmann Verlag.

Seitter, W. (2011): Ministerielle Steuerungsformen. Adressierungen, Gestaltungsimpulse und Steuerungsmodi hessischer Ministerien für die Weiterbildung in Hessen. In: Hof, Ch./Ludwig, J./Schäffer, B. (Hrsg.): Steuerung – Regulation – Gestaltung. Governance-Prozesse in der Erwachsenenbildung zwischen Struktur und Handlung. Hohengehren, S. 53-65.

Seitter, W. (2013): Weiterbildungsforschung als kommunikativer Darstellungs- und Aushandlungsprozess. Der Hessische Weiterbildungsbericht zwischen Politik, Praxis und Wissenschaft. In: Felden, H. von/Hof, Ch./Schmidt-Lauff, S. (Hrsg.): Erwachsenenbildung im Spannungsfeld von Wissenshaft, Politik und Praxis. Hohengehren, S. 24-33.

Sozialforschungsstelle Dortmund sfs (Hrsg.) (2005): Evaluation der Wirksamkeit des Hessischen Weiterbildungsgesetzes HWBG. Dortmund.

Statistisches Bundesamt (2006): Mikrozensus 2006. Qualitätsbericht. [Online verfügbar unter: https://www.destatis.de/DE/Publikationen/Qualitaetsberichte/Bevoelkerung/Mikro zensus2006.pdf?__blob=publicationFile. Zuletzt geprüft: 12.04.2013.]

Strunk, G. (2005): Institutionenforschung in der Erwachsenenbildung/Weiterbildung. In: Tippelt, R. (Hrsg.): Handbuch Erwachsenenbildung, Weiterbildung. Wiesbaden: VS Verlag für Sozialwissenschaften. S. 443-454.

Tietgens, H. (1979): Einleitung in die Erwachsenenbildung. (Die Erziehungswissenschaft. Einführung in Gegenstand, Methoden und Ergebnisse ihrer Teildisziplinen und Hilfswissenschaften) Darmstadt: Wissenschaftliche Buchgesellschaft.

Tietgens, H. (1981): Die Erwachsenenbildung.(Grundfragen der Erziehungswissenschaft; 14) München: Juventa Verlag.

Tietgens, H. (1991): Institutionelle Strukturen der Erwachsenenbildung. In: Pädagogische Arbeitsstelle Deutscher Volkshochschul-Verband (Hrsg.): Gesellschaftliche Voraussetzungen der Erwachsenenbildung. Zusammengestellt von Hans Tietgens. (Studienbibliothek für Erwachsenenbildung, Band 1). Frankfurt am Main: Pädagogische Arbeitsstelle des DVV.

Weidmann, C./Kohlhepp, R. (2011): Die gemeinnützige GmbH. Errichtung und Besteuerung einer gGmbH. 2. Auflage. Wiesbaden: Gabler Verlag.

Weishaupt, Horst/Böhm-Kasper, Oliver (2009): Weiterbildung in regionaler Differenzierung. In: Tippelt, Rudolf/Hippel, Aiga von (Hg.): Handbuch Erwachsenenbildung/Weiterbildung. Wiesbaden: VS Verlag für Sozialwissenschaften. S. 789-799.

Widany, Sarah (2009): Lernen Erwachsener im Bildungsmonitoring. Operationalisierung der Weiterbildungsbeteiligung in empirischen Studien. Wiesbaden: VS Verlag für Sozialwissenschaften.

Willke, H. (2001): Systemtheorie III: Steuerungstheorie. 3. Auflage. Stuttgart.

Wirtz, Markus A.; Nachtigall, Christof (2002): Deskriptive Statistik. Statistische Methoden für Psychologen Teil 1. 2. Aufl. Weinheim: Juventa Verlag.

Wittpoth, J. (2003): Einführung in die Erwachsenenbildung. (Einführungstexte Erziehungswissenschaft; 4) Opladen: Leske u. Budrich.

Wittpoth, J. (2006): Einführung in die Erwachsenenbildung. 2., aktual. Aufl. (UTB Erziehungswissenschaft, 8244). Opladen: Budrich (.

Wöhe, G. (2002): Einführung in die Allgemeine Betriebswirtschaftslehre. 21., neubearbeitete Auflage. München: Verlag Franz Vahlen.

Zwischenbericht der sfs 2007-2010 (Manuskript).

Anhang

1 Datenbanken und Verzeichnisse zur Recherche von Weiterbildungsanbietern (zu I)

Anmerkung: Die Liste bildet die zur Zeit der Erhebungsphase (Juli 2010 – Juli 2011) abrufbaren Datenbanken ab. Da Rechercheportale häufigen Veränderungen unterliegen, wird kein Anspruch auf Aktualität und Vollständigkeit erhoben.

Überregionale Datenbanken

- Weiterbildung Hessen e.V.   http://www.wb-hessen.de
- Bundesverband der Träger beruflicher Bildung (Bildungsverband) e. V.   http://www.bildungsverband-online.de/
- Hessische Weiterbildungsdatenbank (Weiterbildung Hessen e.V.)   http://www.hessen-weiterbildung.de/
- Datenbank zum Thema Qualifizierungsschecks (Weiterbildung Hessen e.V.)   http://www.qualifizierungsschecks.de/
- Hochschulportal für wissenschaftliche Weiterbildung in Hessen   http://www.wissweit.de/
- Portal für berufliche Aus- und Weiterbildung der Bundesagentur für Arbeit   http://www.kursnet.arbeitsagentur.de/kurs/index.html
- Metasuchmaschine InfoWeb Weiterbildung   http://www.iwwb.de/metasuche/
- Datenbank zum Angebot von Volkshochschulen   http://www.meine-vhs.de/
- Ev. Landesorganisation für Erwachsenenbildung in Hessen   http://www.eebhessen.de/
- Katholische Bundesarbeitsgemeinschaft für Erwachsenenbildung   http://www.kbe-bonn.de/index.php?id=1

- Arbeitskreis deutscher Bildungs- http://datenbank.adbildungsstaetten.de/
  stätten

- ver.di Bildungsstätten http://www.verdi.de/bildung/ver.di-
                          bildungsstaetten
                          http://www.bwbtq.de/bw/

- Arbeit und Leben Landesarbeits- http://www.aul-hessen.de/bildungsar-
  gemeinschaft Hessen   beit/bu_programm.htm

Regionale Datenbanken

- Liste mit regionalen Datenbanken http://nordwesthessen.kursportal.info/
  in Hessen   glossar.php?id=2964

- Datenbank des Lahn-Dill-Kreises http://www.rwb-mittelhessen.de/

- Datenbank des Vogelsbergkreises http://www.weiterbildung-
                                   vogelsberg.de/

- Weiterbildungsportal des Land- http://www.weiterbildung-giessen.de/
  kreises Gießen

- Bildungsmarktplatz Waldeck- http://www.bildung-machts-bunt.de/
  Frankenberg

- Weiterbildungsdatenbank Star- http://www.weiterbildung-
  kenburg   starkenburg.de/

- Bildungsnetz Hessen-West http://www.bildungsnetz-hessen-
                            west.de/

- Bildungsnetz Rhein-Main http://www.bildungsnetz-rhein-
                           main.de

Themen- oder berufsbezogene Datenbanken

- Portal Zweite Chance Online http://www.zweite-chance-
  (Lernportal in den Bereichen Al- online.de/index.php?id=kursfinder
  phabetisierung, Grundbildung und
  Nachholen von Schulabschlüssen
  inkl. Datenbank von Anbietern)

- Lehrerfortbildung in Hessen https://akkreditierung.hessen.de/akkre
                               ditierung-online-iq/init.jsp

- Arbeitsgemeinschaft Natur und http://www.umweltbildung.de/
  Umweltbildung

- Landfrauenvereine in Hessen   http://www.land-frauen-initiativen.de/
- Datenbank zu Mitgliedsvereinen   http://www.vlf-
  des Landesverbandes Landwirt-   hessen.de/mitgliedsvereine
  schaftlicher Fachschulabsolventen
  Hessen

- Verzeichnis mit Adressen von   http://www.familienatlas.de/ca/a/uk/
  Familienbildungsstätten

Branchen- und Telefonverzeichnisse

- Branchenbuch Gelbe Seiten   http://www.gelbeseiten.de
- Branchenbuch KlickTel   http://www.klicktel.de/

2   Fragebogen zur Erhebung der Anbietermerkmale (zu I)

Hessischer Weiterbildungsbericht 2009
Fragebogen

Fragebogennummer	

Regionale Zuordnung

Landkreis/Kreisfreie Stadt	
Regierungsbezirk	

Adressdaten des Anbieters

Name	
Straße + Hausnummer	
Postleitzahl	
Ort	
Telefonnummer	
Faxnummer	
E-Mail-Adresse	
Homepage	

Treffen folgende Kriterien auf den Anbieter zu?

☐	der Anbieter ist institutionalisiert bzw. betriebsförmig organisiert?
☐	Weiterbildung wird als Haupt- oder Nebenaufgabe angeboten?
☐	ein regelmäßig o. wiederkehrendes seminarförmiges Angebot liegt vor?
☐	das Angebot ist offen zugänglich?

Allgemeine Angaben zum Anbieter – institutionelle Struktur

Bieten Sie Weiterbildung oder Erwachsenenbildung an?

☐	Ja
☐	Nein (Nebenaufgabe)

Bieten Sie Weiterbildung als Hauptaufgabe an?
(Ja; Nein= Nebenaufgabe; keine Antwort

☐	Ja
☐	Nein (Nebenaufgabe)
☐	Keine Antwort

Träger

☐	Kommune, Land, Bund	☐	Gewerkschaften, Arbeiter-Kammern
☐	Uni, Bundesanstalt, Forschungs-institut	☐	Wohlfahrts-, Sportverbände, Stif-tungen
☐	Kirchen, konfessioneller Träger	☐	Initiativen, Vereine
☐	IHK, HK	☐	Kapital-, Personengesellschaften
☐	Berufsverbände, Innungen, Kammern	☐	Betriebe
☐	Arbeitgeberverbände, Unter-nehmen	☐	Keine Antwort

Kommentar (Träger bitte genau nennen)

Was bieten Sie an?

☐	allgemeine, politische oder kulturelle Weiterbildung
☐	berufliche Weiterbildung (Fortbildung, Umschulung, Meister-/Techniker-/Betriebsassistentenausbildung)
☐	beides
☐	ausschließlich Sport- und Hobbykurse
☐	ausschließlich Berufsvorbereitung und Berufsausbildung
☐	ausschließlich Angebote für Kinder und Jugendliche (z.B. Hausaufgaben-hilfe)

☐ | ich arbeite ausschließlich als Trainer, Dozent oder Honorarkraft für Weiterbildungseinrichtungen

☐ | Keine Antwort

Sind sie ...?

☐ | ein eigenständiger Anbieter ohne Filialen?

☐ | die Zentrale eines Anbieters mit weiteren Filialen oder Niederlassungen? Wie viele Filialen oder Niederlassungen haben Sie? (Sind diese organisatorisch selbstständig?)

☐ | Eine Filiale oder Niederlassung eines größeren Anbieters? Wo befindet sich der Hauptsitz? _____

Welchem Anbietertyp würden Sie sich zuordnen?

☐ | 1. Privater Bildungsanbieter

☐ | 2. Volkshochschule

☐ | 3. Schule für Erwachsene

☐ | 4. Einrichtung der Wirtschaft (Arbeitgeber, Kammern)

☐ | 5. Einrichtung der Gewerkschaft (z.B. Arbeit und Leben)

☐ | 6. Einrichtung der Kirchen, eines konfessionellen Verbandes

☐ | 7. Einrichtung einer politischen Partei oder Stiftung

☐ | 8. Einrichtung eines anderen Vereins oder Verbandes (hier: _____)

☐ | 9. Berufliche Schule

☐ | 10. Hochschule, Universität, Fachhochschule

☐ | 11. Andere Öffentliche Einrichtung, z.B. Gemeinde, Bücherei, Museum

☐ | 12. Selbstständiger hauptberuflicher Trainer

☐ | 13. Personalberatungs- und Vermittlungsagentur

Kommentar

Gründungsjahr	
Öffentliche Finanzie-rung	☐ Ja ☐ Nein
Anzahl hauptberufli-cher Mitarbeiter (Angabe der <u>Personen</u>, nicht Stellen!)	
Anzahl Honorarmit-arbeiter (Angabe der <u>Personen</u>, nicht Stel-len!)	
Anzahl Ehrenamtli-che Mitarbeiter	
Anerkennung (H)WBG	☐ Ja ☐ Nein ☐ Träger anerkannt
Rechtsform	
Programmart	
Anzahl Fachbereiche	
Größe der Einrich-tung (Unterrichts-stunden pro Jahr)	☐ kleine Anbieter (1-500 Ustd.) ☐ mittlere Anbieter (501-1500 Ustd.) ☐ große Anbieter (1501-5000 Ustd.) ☐ sehr große Anbieter (über 5000 Ustd.)
Erwerbszweck	☐ gemeinnützig ☐ erwerbswirtschaftlich

Inhaltliches Profil

Ziele	

Thematischer Schwerpunkt	

Ergänzend: *In welchen Themenbereichen bieten Sie Weiterbildung an? (Mehrfachnennungen möglich)*

☐ Kaufmännischer/ betriebswirtschaftlicher Bereich
☐ Gewerblich-technischer Bereich
☐ EDV-Bereich
☐ Führung
☐ Organisationsentwicklung/ Personalentwicklung
☐ Sprachen
☐ Medienkompetenz
☐ Kommunikation
☐ Schlüsselqualifikation und Kernkompetenzen
☐ sozialer/medizinischer Bereich
☐ Dienstleistungsbereich
☐ Nachholen schulischer Abschlüsse

☐ Alphabetisierung
☐ Kindererziehung/ Erziehungshilfen/ Elternschule/Familienbildung
☐ Religion, religiöse Themen
☐ Hauswirtschaft etc.
☐ Frauenthemen
☐ Ökologie/Umweltschutz
☐ Kunst/Musik/Kultur
☐ Sport
☐ Gesundheit
☐ Geographie/Landes- und Völkerkunde
☐ Geschichte/Politik/Soziologie/ Pädagogik/Philosophie etc.
☐ Mathematik/ Naturwissenschaften

Arbeitsformen

Zielgruppe

3   Tabellen

3.1   Tabellen zu I

	Einwohner (Absolute Häufigkeiten, Stand: 31.12.2009)	Anbieter (Absolute Häufigkeiten)	Anbieterdichte (Anbieter pro 10.000 Einwohner)
RB Kassel (Nordhessen)	1.224.741	295	2,4
KfS Kassel	194.774	107	5,5
Fulda	217.759	51	2,3
Hersfeld-Rotenburg	122.812	24	2,0
Landkreis Kassel	237.973	28	1,2
Schwalm-Eder-Kreis	183.714	31	1,7
Waldeck-Frankenberg	163.129	30	1,8
Werra-Meißner-Kreis	104.580	23	2,2
RB Gießen (Mittelhessen)	1.044.269	278	2,7
Gießen	255.765	99	3,9
Lahn-Dill-Kreis	254.878	47	1,8
Limburg-Weilburg	171.487	41	2,4
Marburg-Biedenkopf	251.150	69	2,7
Vogelsbergkreis	110.989	22	2,0
RB Darmstadt (Südhessen)	3.792.941	905	2,4
KfS Darmstadt	143.332	84	5,9
KfS Frankfurt am Main	671.927	291	4,3
KfS Offenbach	118.770	51	4,3
KfS Wiesbaden	277.493	102	3,7
Bergstraße	262.796	32	1,2
Darmstadt-Dieburg	288.918	29	1,0
Groß-Gerau	253.599	33	1,3
Hochtaunuskreis	226.290	57	2,5
Main-Kinzig-Kreis	407.022	60	1,5
Main-Taunus-Kreis	226.647	29	1,3
Odenwaldkreis	97.502	19	1,9
Offenbach	337.163	41	1,2
Rheingau-Taunus-Kreis	183.303	28	1,5
Wetteraukreis	298.179	49	1,6
Hessen	6.061.951	1478	2,4

Tabelle 1:   Vergleichende Übersicht der Anbieter, Einwohner und Anbieterdichte pro Landkreis

Anbietertyp	Mittelwert	n	Standard-abweichung
Hochschule, Universität, Fach-hochschule	99	24	124,1
Berufliche Schule	83	92	48,5
VHS	62	28	21,3
Einrichtung eines anderen Ver-eins/Verbandes	48	206	33,2
Schule für Erwachsene	47	18	14,8
Einrichtung der Kirchen/ kon-fess. Vereins	44	93	25,4
Einrichtung der Wirtschaft	44	84	33,5
Andere öffentliche Einrichtung	40	87	38,5
Sonstige Anbieter	38	13	35,2
Vereine	36	200	31,4
Einrichtung einer polit. Par-tei/Stiftung	30	5	17,2
Einrichtung der Gewerkschaften	30	21	20,4
Privater Bildungsanbieter	20	458	19,9
Insgesamt	39	1329	38,5

Tabelle 2:   Durchschnittliches „Organisationsalter" in Jahren nach Anbie-tertyp

Anbietertyp	Mittelwert	n	Standard-abweichung
Schule für Erwachsene	2	20	1,6
Privater Bildungsanbieter	4	491	2,9
Berufliche Schule	4	105	2,5
Sonstige Anbieter	4	13	2,9
Vereine	4	196	3,1
Einrichtung eines anderen Vereins/Verbandes	5	216	3,6
Einrichtung der Wirtschaft	5	95	3,7
Andere öffentliche Einrichtung	5	94	4,1
Einrichtung der Gewerkschaften	5	20	2,8
Hochschule, Universität, Fachhochschule	6	1	.
Einrichtung der Kirchen/ konfess. Vereins	6	106	3,8
Einrichtung einer polit. Partei/Stiftung	8	5	6,1
Volkshochschule	16	31	4,6
Gesamt	5	1393	3,8

Tabelle 3:   Durchschnittliche Anzahl der angebotenen Themen pro Anbietertyp

Thema	Antworten		Prozentanteil der Anbieter
	n	Prozent	
Alphabetisierung	74	1%	5%
Geographie/ Landes- und Völkerkunde	104	2%	7%
Mathematik/ Naturwissenschaften	112	2%	8%
Religion, religiöse Themen	119	2%	9%
Sport	121	2%	9%
Hauswirtschaft	125	2%	9%
Nachholen schulischer Abschlüsse	129	2%	9%
Frauenthemen	185	3%	13%
Ökologie/ Umweltschutz	190	3%	14%
Dienstleistungsbereich	218	3%	16%
Kunst/ Musik/ Kultur	231	4%	17%
Kindererziehung/ Erziehungshilfen/ Elternschule/ Familienbildung	247	4%	18%
Medienkompetenz	262	4%	19%
Organisationsentwicklung/ Personalentwicklung	294	5%	21%
Gewerblich-technischer Bereich	296	5%	21%
Sprachen	309	5%	22%
Geschichte/ Politik/ Soziologie/ Pädagogik/ Philosophie etc.	313	5%	23%
Sozialer/ medizinischer Bereich	335	5%	24%
Führung	346	5%	25%
Gesundheit	412	6%	30%
Kaufmännischer/ betriebswirtschaftlicher Bereich	449	7%	32%
EDV-Bereich	463	7%	33%
Kommunikation	533	8%	38%
Schlüsselqualifikation und Kernkompetenzen	543	8%	39%
Gesamt	6410	100%	

Tabelle 4   Thematische Schwerpunkte – Auswertung der Mehrfachantworten

3.2 Tabelle zu III

| Projektgruppen | Jahr | Marketingverbund | |
		Entwicklungsworkshops	Innokonferenzen
• Kundenbindung • Trendforschung- Angebotsinnovation • Angebote für Jugendliche Angebote für 50+	2005	Schwächen und Erfolgsfaktoren	Angebotsinnovation in der Weiterbildung
• Allgemeine und Berufliche Bildung	2006	Boxenstopp 06	Lernzeiten: vhs-Bildungsplan 0-80
• Entwicklung modularisierter, standardisierter und zertifikatsorientierter Angebote • Blended learning • ProfilPASS	2007	Wege in die Zukunft	Lebensbegleitendes Lernen 50-80
• Kursleiterbindung modularisierte Kursleiter-Fortbildung • Controlling • Qualitätsmanagement-verfahren	2008	Imageuntersuchung 2007 – Handlungsfelder/Maßnahmen	Demographischer Wandel und die Kooperation von Volkschulen und Unternehmen
• Kampagne 0809	2009		Normal Anders Normal – Integration und Weiterbildung
	2010	Vom Marketingwissen zum Marketinghandeln/Standardlösungen für das Krisenjahr 2010	Lernen

Tabelle 1:   Professionelle Reflexionskultur (Kapitel 4). Beispiel öffentliche Träger (Volkshochschulen) Teil 1

Arbeitskreise der Volkshochschulen		
Jahr **großstädtisch**	**mittelstädtisch**	**regional**
2005 • „Demografischer Wandel - Konsequenzen für die Weiterbildung" • „Qualität durch Kompetenz. Aktuelle Qualifizierungs- und Professionalisierungsmodelle in der Weiterbildung"	• „Volkshochschulen profilieren"	• „Volles Programm auf dem Lande!?"
2006 • „Gesellschaftliche Teilhabe ist kulturelle Teilhabe" • „Jugend - Schule – Weiterbildung"	• „Das öffentliche Interesse an Volkshochschulen"	• „Perspektive Kultur – Zukunft für die Volkshochschulen?!"
2007 • „Profilbildung unter Wirtschaftlichkeitsdruck" • „Brauchen wir ein PISA für Erwachsene? – Grundbildung in neuen Kontexten"	• „Entgrenzung der Bildungsbereiche – Neue Aufgaben für die Weiterbildung –- "	• „Auf zu neuen Ufern! Von der europäischen Bildungsvision zur vhs-Praxis. Was bringen uns die europäischen Programme?" • Die Bedeutung von Bildung für die Bürger- und Sozialkultur im ländlichen Raum (2007)
2008 • „Kooperation und eigenständiges Profil – Volkshochschulen in der Netzwerkgesellschaft" • „Integration und Stadtentwicklung – Was leisten Volkshochschulen für den Zusammenhalt der Stadtgesellschaft"	• „Entwicklung kommunaler Bildungslandschaften – die Position der Volkshochschulen"	• „Kooperation, Vernetzung, Zusammenlegung – Königsweg in die Zukunft oder Verlust der VHS Identität"
2009 • Wo aber Gefahr ist, wächst das Rettende auch. Strategien der Volkshochschulen gegen die Krise" • „Neue Lernarchitekturen – Lernorte der Zukunft"	• „Kulturelle Bildung an Volkshochschulen – Spitzenposition im Schattendasein – "	• „Erfolg durch Vielfalt – die Volkshochschulen gestalten die Zukunft" • Bildung und Gesundheit in ländlichen Räumen (2009)
2010 • Stellung und Aufgabe der Volkshochschule – Standortbestimmung 2011	• „Ist die Volkshochschule ihr Geld noch wert – Aufgabe und Stellung in der kommunalen Bildungslandschaft von morgen"	• „Stellung und Aufgabe der Volkshochschulen in kommunalen Bildungslandschaften – Die neue Standortbestimmung der Volkshochschulen"

Tabelle 1:   Professionelle Reflexionskultur (Kapitel 4). Beispiel öffentliche Träger (Volkshochschulen) Teil 2

3.3   Tabellen zu IV

	Absolute Häufigkeiten	Relative Häufigkeiten
Haupt-/Volksschulabschluss	18.508	43
Abschluss der allgemeinbildenden polytechnischen Oberschule der DDR	390	1
Realschulabschluss (Mittlere Reife) oder gleichwertiger Abschluss	11.419	27
Fachhochschulreife	2.516	6
Allgemeine oder fachgebundene Hochschulreife (Abitur)	10.033	23
Gesamt	42.866	100

Tabelle 1:   Absolute und relative Häufigkeiten – Schulbildung (höchster allgemeiner Schulabschluss)

	Absolute Häufigkeiten	Relative Häufigkeiten
Anlernausbildung oder berufliches Praktikum	855	3
Berufsvorbereitungsjahr	92	0
Abschl. Lehrausbildung, Vorbereitungsdienst, mittlerer Dienst öffentliche Verwaltung	20.482	65
Berufsqualifizierender Abschluss an einer BFS/KS	945	3
Meister-,Techniker- oder gleichwertiger Abschluss	2.633	8
Abschluss der Fachschule der DDR	122	0
Abschluss einer Verwaltungsfachhochschule	299	1
Fachhochschulabschluss (auch Ingenieurschulabschluss)	2.058	7
Abschluss einer Universität (wiss. Hochschule, auch Kunst-HS)	3.659	12
Promotion	571	2
Gesamt	31.716	100

Tabelle 2:   Absolute und relative Häufigkeiten – Berufsbildung (höchster beruflicher Ausbildungs-, Hochschul-/Fachhochschulabschluss)

	Absolute Häufigkeiten	Relative Häufigkeiten
Erwerbstätige	24.519	45
Erwerbslose	2.094	4
Arbeitsuchende Nichterwerbspersonen	518	1
Sonstige Nichterwerbspersonen	26.919	50
Gesamt	54.050	100

Tabelle 3:   Absolute und relative Häufigkeiten – Erwerbstätigkeit

	Absolute Häufigkeiten	Relative Häufigkeiten
Selbstständiger ohne Beschäftigte	1.707	7
Selbstständiger mit Beschäftigten	1.244	5
Mithelfender Familienangehöriger	243	1
Beamter, Richter	1.337	5
Angestellter	13.721	55
Arbeiter, Heimarbeiter	5.519	22
kaufmännischer/technischer Auszubildender	565	2
gewerblicher Auszubildender	401	2
Zeit-/Berufssoldat (mit Bundes- und Bereitschaftspolizei)	46	0
Grundwehrdienstleistender	19	0
Zivildienstleistender	30	0
Gesamt	24.832	100

Tabelle 4:   Absolute und relative Häufigkeiten – Berufliche Stellung

	Absolute Häufigkeiten	Relative Häufigkeiten
Erwerbstätigkeit/Berufstätigkeit	22.206	41
Arbeitslosengeld I, II	2.106	4
Rente, Pension	12.010	22
Unterhalt d. Eltern/Ehepartner(in)/ Lebenspartner(in)/a. Ang.	16.240	30
Eigenes Vermögen, Vermietung, Zinsen, Altenteil etc.	383	1
Sozialhilfe, -geld, Grundsicherung, Asylbewerberleistungen	704	1
Leistungen aus einer Pflegeversicherung	82	0
Sonst. Unterstützung (z.B. BAföG/Vorruhestandsgeld/Stipendium)	319	1
Gesamt	54.050	100

Tabelle 5:   Absolute und relative Häufigkeiten – Überwiegender Lebensunterhalt

	Absolute Häufigkeiten	Relative Häufigkeiten
0 € bis unter 500 €	6.627	17
500 € bis unter 1.100 €	10.472	27
1.100 € bis unter 2.000 €	13.515	35
2.000 € bis unter 3.200 €	5.357	14
3.200 € bis unter 4.500 €	1.465	4
4.500 € bis unter 6.000 €	499	1
6.000 € bis unter 7.500 €	161	0
7.500 € bis unter 10.000 €	118	0
10.000 € bis unter 18.000 €	67	0
18.000 € und mehr ...€	48	0
Gesamt	38.329	100

Tabelle 6:   Absolute und relative Häufigkeiten – Höhe des Nettoeinkommens im letzten Monat

Erwerbstyp	Mittelwert	n	Standard-abweichung
Erwerbstätige	77	5.284	137,3
Erwerbslose	189	237	252,9
Arbeitsuchende Nichterwerbspersonen	271	46	338,9
Sonstige Nichterwerbspersonen	157	508	266,0
Gesamt	90	6.075	163,7

Tabelle 7:   Durchschnittliches Weiterbildungsvolumen gruppiert nach Erwerbstyp

Regierungsbezirk	Mittelwert	n	Standardab-weichung
Regierungsbezirk Kassel (Nordhessen)	107	926	187,5
Regierungsbezirk Gießen (Mittelhessen)	88	1.350	164,4
Regierungsbezirk Darmstadt (Südhessen)	86	3.799	156,9
Gesamt	90	6.075	163,7

Tabelle 8:   Durchschnittliches Weiterbildungsvolumen gruppiert nach Regierungsbezirk

4   „Gesetz zur Förderung der Weiterbildung und des lebensbegleitenden Lernens im Lande Hessen (Hessisches Weiterbildungsgesetz – HWBG)"

4.1   Synopse „neue" und „alte" Rechtsnormen

„neues" HWBG	„altes" HWBG
Gesetz zur Förderung der Weiterbildung und des lebensbegleitenden Lernens im Lande Hessen (Hessisches Weiterbildungsgesetz – HWBG) Vom 25. August 2001 (GVBl. I S. 370) GVBl. II 73-19 Zuletzt geändert durch Art. 4 SchulverwaltungsorganisationsstrukturreformG vom 27. 9. 2012 (GVBl. S. 299)	Gesetz zur Förderung der Weiterbildung und des lebensbegleitenden Lernens im Lande Hessen (Hessisches Weiterbildungsgesetz – HWBG) vom 25. August 2001 (GVBl. I S. 370) geändert durch Gesetz vom 26. Juni 2006 (GVBl. I S. 342)
Verkündungsstand: 13.02.2013 in Kraft ab: 01.01.2013	Verkündungsstand: 30.06.2006 in Kraft ab: 01.07.2006
Inhaltsübersicht	Inhaltsübersicht
I. Teil Grundsätze § 1 Einrichtungen der Weiterbildung und des lebensbegleitenden Lernens § 2 Aufgaben der Einrichtungen der Weiterbildung und des lebensbegleitenden Lernens § 3 Sicherung der Weiterbildung § 4 Zusammenarbeit im Bereich des lebensbegleitenden Lernens § 5 Förderung § 6 Unterrichtsstunde, Unterricht in Internatsform, E-Learning § 7 Weitere Verantwortlichkeiten für Weiterbildung und lebensbegleitendes Lernen	**I. Teil Grundsätze** § 1 Einrichtungen der Weiterbildung und des lebensbegleitenden Lernens § 2 Aufgaben der Einrichtungen der Weiterbildung und des lebensbegleitenden Lernens § 3 Sicherung der Weiterbildung § 4 Zusammenarbeit im Bereich des lebensbegleitenden Lernens § 5 Prüfungen § 6 Förderung § 7 Unterrichtsstunde/Unterricht in Internatsform § 8 Weitere Verantwortlichkeiten für Weiterbildung und lebensbegleitendes Lernen
II. Teil Einrichtungen der Weiterbildung in der Trägerschaft von kreisfreien Städten, Landkreisen und kreisangehörigen Gemeinden mit mehr als 50000 Einwohnern sowie Heimvolkshochschulen § 8 Errichtung und Unterhaltung von	**II. Teil Einrichtungen der Weiterbildung in der Trägerschaft von kreisfreien Städten, Landkreisen und kreisangehörigen Gemeinden mit mehr als 50000 Einwohnern sowie Heimvolkshochschulen** § 9 Errichtung und Unterhaltung von

„neues" HWBG	„altes" HWBG
Einrichtungen der Weiterbildung § 9 Grundversorgung und Pflichtange- bot § 10 Mitarbeiterinnen und Mitarbeiter § 11 Zuweisungen des Landes § 12 Hessische Heimvolkshochschule Burg Fürsteneck e.V. § 13 Landesweite Organisation der öffentlichen Träger und Landesarbeits- gemeinschaften	Einrichtungen der Weiterbildung § 10 Grundversorgung und Pflichtange- bot § 11 Mitarbeiterinnen und Mitarbeiter § 12 Zuweisungen des Landes § 13 Hessische Heimvolkshochschule Burg Fürsteneck § 14 Landesweite Organisation der öffentlichen Träger und Landesarbeits- gemeinschaften
III. Teil Einrichtungen der Weiterbil- dung in freier Trägerschaft § 14 Anerkennung von landesweiten Organisationen in freier Trägerschaft § 15 Rücknahme und Widerruf § 16 Voraussetzungen der Förderung § 17 Finanzierung von Einrichtungen der Weiterbildung in freier Trägerschaft	**III. Teil Einrichtungen der Weiterbil- dung in freier Trägerschaft** § 15 Anerkennung von landesweiten Organisationen in freier Trägerschaft § 16 Rücknahme und Widerruf § 17 Voraussetzungen der Förderung § 18 Finanzierung von Einrichtungen der Weiterbildung in freier Trägerschaft
IV. Teil Ergänzende Bestimmungen § 18 Förderungsvoraussetzungen und -verfahren § 19 Landeskuratorium für Weiterbil- dung und lebensbegleitendes Lernen § 20 Regionale Bildungskoordination § 21 Erprobung neuer pädagogischer und organisatorischer Formen § 22 Weiterbildungsstatistik	**IV. Teil Ergänzende Bestimmungen** § 19 Innovationspool § 20 Bauunterhaltungskosten § 21 Förderungsvoraussetzungen und -verfahren § 22 Landeskuratorium für Weiterbil- dung und lebensbegleitendes Lernen § 23 Regionale Ausgestaltung § 24 Erprobung neuer pädagogischer und organisatorischer Formen
V. Teil Schlussbestimmungen § 23 Inkrafttreten, Außerkrafttreten Anlage zu § 15 Abs. 4	**V. Teil Schlussbestimmungen** § 25 Aufhebung bisherigen Rechts § 26 In-Kraft-Treten, Außer-Kraft-Treten Anlage zu § 15 Abs. 4
I. Teil Grundsätze	**I. Teil Grundsätze**
§ 1 Einrichtungen der Weiterbildung und des lebensbegleitenden Lernens (1) Einrichtungen der Weiterbildung im Sinne dieses Gesetzes sind Bildungsstät- ten in öffentlicher Trägerschaft, insbeson- dere Volkshochschulen, sowie anerkannte landesweite Organisationen und ihre Mit- gliedseinrichtungen in freier Trägerschaft, in denen Lehrveranstaltungen zur Fort- setzung und Wiederaufnahme organi- sierten Lernens geplant und durchgeführt werden, die einen Bedarf an Bildung ne-	**§ 1 Einrichtungen der Weiterbildung und des lebensbegleitenden Lernens** (1) Einrichtungen der Weiterbildung im Sinne dieses Gesetzes sind Bildungsstät- ten in öffentlicher Trägerschaft, insbeson- dere Volkshochschulen, sowie anerkannte landesweite Organisationen und ihre Mit- gliedseinrichtungen in freier Trägerschaft, in denen Lehrveranstaltungen zur Fort- setzung und Wiederaufnahme organi- sierten Lernens geplant und durchgeführt werden, die einen Bedarf an Bildung ne-

„neues" HWBG	„altes" HWBG
ben Schule, Hochschule, Berufsausbildung und außerschulischer Jugendbildung decken. Daneben können auch rechtlich selbstständige berufliche Schulen nach § 127e des Schulgesetzes in der Fassung vom 14. Juni 2005 (GVBl. I S. 441), zuletzt geändert durch Gesetz vom 21. November 2011 (GVBl. I S. 673), und Verbünde des HESSENCAMPUS nach § 4 Abs. 2, soweit sie der Weiterbildung dienen, einbezogen werden. Der Bereich der Weiterbildung ist ein bedeutsamer Teil des Bildungswesens. Jede und jeder soll die Möglichkeit haben, die zur freien Entfaltung der Persönlichkeit und zur freien Berufswahl erforderlichen Kompetenzen und Qualifikationen zu erwerben und zu vertiefen.	ben Schule, Hochschule, Berufsausbildung und außerschulischer Jugendbildung decken. Daneben können auch Regionale Zentren des lebensbegleitenden Lernens und Lernende Regionen, soweit sie der Weiterbildung dienen, einbezogen werden. Dieser Bereich der Weiterbildung ist ein bedeutsamer Teil des Bildungswesens. Jede und jeder soll die Möglichkeit haben, die zur freien Entfaltung der Persönlichkeit und zur freien Berufswahl erforderlichen Kenntnisse und Qualifikationen zu erwerben und zu vertiefen.
(2) Einrichtung im Sinne dieses Gesetzes ist auch die Hessische Heimvolkshochschule Burg Fürsteneck e.V. – Akademie für musisch-kulturelle Weiterbildung –, an deren Trägerschaft das Land Hessen durch das Hessische Kultusministerium beteiligt ist. Sie ist eine überregionale Einrichtung der Weiterbildung im Sinne dieses Gesetzes. Sie unterhält einen Internats- und Wirtschaftsbetrieb, der fester Bestandteil ihrer besonderen Arbeitsweise ist.	(2) Einrichtung im Sinne dieses Gesetzes ist auch die Hessische Heimvolkshochschule Burg Fürsteneck e.V. – Akademie für musisch-kulturelle Weiterbildung – an deren Trägerschaft das Land Hessen durch das Hessische Kultusministerium beteiligt ist. Sie ist eine überregionale Einrichtung der Weiterbildung im Sinne dieses Gesetzes. Sie unterhält einen Internats- und Wirtschaftsbetrieb, der fester Bestandteil ihrer besonderen Arbeitsweise ist.
(3) Die von Einrichtungen der Weiterbildung angebotenen Lehrveranstaltungen sind allgemein zugänglich. Die Teilnahme an Lehrveranstaltungen kann aus pädagogischen Gründen oder nach dem Willen eines Auftraggebers von bestimmten Vorkenntnissen oder anderen Bedingungen abhängig gemacht werden.	(3) Die von Einrichtungen der Weiterbildung angebotenen Lehrveranstaltungen sind allgemein zugänglich. Die Teilnahme an Lehrveranstaltungen kann aus pädagogischen Gründen oder nach dem Willen eines Auftraggebers von bestimmten Vorkenntnissen oder anderen Bedingungen abhängig gemacht werden.
(4) Die Veranstaltungsräume sollen nach den örtlichen Verhältnissen so ausgewählt und eingerichtet werden, dass allen Nutzern, insbesondere Menschen mit Behinderungen, die Teilnahme möglichst erleichtert wird. Der Veranstalter teilt frühzeitig mit, welche Veranstaltungsräume barrierefrei im Sinne des § 3 des Hessischen Behinderten-Gleichstellungsgesetzes vom 20. Dezember 2004 (GVBl. I S. 482), zuletzt geändert durch Gesetz vom 14. Dezember 2009 (GVBl. I S. 729), sind.	(4) Die Veranstaltungsräume sollen nach den örtlichen Verhältnissen so ausgewählt und eingerichtet werden, dass allen Nutzern, insbesondere Menschen mit Behinderungen und anderen Menschen mit Mobilitätsbeeinträchtigungen, die Teilnahme möglichst erleichtert wird. Der Veranstalter teilt frühzeitig mit, welche Veranstaltungsräume barrierefrei im Sinne des § 3 des Hessischen Behinderten-Gleichstellungsgesetzes vom 20. Dezember 2004 (GVBl. I S. 482) sind.

„neues" HWBG	„altes" HWBG
§ 2 **Aufgaben der Einrichtungen der Weiterbildung und des lebensbegleitenden Lernens** (1) Die Einrichtungen der Weiterbildung haben als Bildungsdienstleister die Aufgabe, die Grundversorgung an Weiterbildung sicherzustellen und durch ihre Angebote die Weiterbildungsbeteiligung zu fördern. Ihr Bildungsangebot umfasst Inhalte, die die Entfaltung der Persönlichkeit fördern, die Fähigkeit zur Mitgestaltung des demokratischen Gemeinwesens stärken und die Anforderungen der Arbeitswelt bewältigen helfen. Es umfasst die Bereiche der allgemeinen, politischen, beruflichen und kulturellen Weiterbildung sowie der Weiterbildung im Zusammenhang mit der Ausübung eines Ehrenamtes und schließt die Vorbereitung auf den Erwerb von Schulabschlüssen sowie Gesundheitsbildung, Eltern-, Familien-, Frauen- und Männerbildung unter Berücksichtigung des Gender Mainstreaming Prinzips ein.	**§ 2** **Aufgaben der Einrichtungen der Weiterbildung und des lebensbegleitenden Lernens** (1) Die Einrichtungen der Weiterbildung als Bildungsdienstleister im Sinne des lebensbegleitenden Lernens haben die Aufgabe, die Grundversorgung an Weiterbildung sicherzustellen. Ihr Bildungsangebot umfasst Inhalte, die die Entfaltung der Persönlichkeit fördern, die Fähigkeit zur Mitgestaltung des demokratischen Gemeinwesens stärken und die Anforderungen der Arbeitswelt bewältigen helfen. Es umfasst die Bereiche der allgemeinen, politischen, beruflichen und kulturellen Weiterbildung sowie der Weiterbildung im Zusammenhang mit der Ausübung eines Ehrenamtes und schließt die Vorbereitung auf den Erwerb von Schulabschlüssen sowie Gesundheitsbildung, Eltern-, Familien-, Frauen- und Männerbildung ein. Behinderten Menschen ist die Teilnahme an Weiterbildungsmaßnahmen durch einen möglichst barrierefreien Zugang zu ermöglichen.
(2) Weiterbildung ist als Teil lebensbegleitenden Lernens für die Bildung von Erwachsenen kontinuierlich weiterzuentwickeln. Lebensbegleitendes Lernen der Erwachsenen ist auf die individuellen, regionalen und gesellschaftlichen Bildungsbedürfnisse auszurichten. Diesen Grundsätzen ist auch die Weiterbildungsberatung verpflichtet.	(2) Weiterbildung ist Teil des lebensbegleitenden Lernens und von dessen Anforderungen her weiterzuentwickeln. Dabei geht es um das Erkennen von Lernbedarf, die Realisierung von Lernbedürfnissen und Lernmöglichkeiten in erreichbarer Nähe zur Lebens- und Arbeitswelt sowie entlang der Lernbiografie.
(3) Die Einrichtungen der Weiterbildung haben das Recht auf selbstständige Gestaltung der Curricula und Bildungsstandards.	(3) Die Einrichtungen der Weiterbildung haben das Recht auf selbstständige Lehrplangestaltung.
§ 3 **Sicherung der Weiterbildung** Die Sicherung eines bedarfsdeckenden Angebots an Lehrveranstaltungen zur Weiterbildung wird durch Einrichtungen der kreisfreien Städte, Landkreise und kreisangehörigen Gemeinden mit mehr als 50 000 Einwohnern (§ 8) sowie durch anerkannte landesweite Organisationen in freier Trägerschaft (§ 14) gewährleistet.	**§ 3** **Sicherung der Weiterbildung** Die Sicherung eines bedarfsdeckenden Angebots an Lehrveranstaltungen zur Weiterbildung wird durch Einrichtungen der kreisfreien Städte, Landkreise und kreisangehörigen Gemeinden mit mehr als 50 000 Einwohnern (§ 9) sowie durch nach § 15 anerkannte landesweite Organisationen in freier Trägerschaft gewährleistet.

„neues" HWBG	„altes" HWBG
§ 4 **Zusammenarbeit im Bereich des lebensbegleitenden Lernens** (1) Bei den Bildungsdienstleistungen im Sinne dieses Gesetzes können die Einrichtungen der Weiterbildung regional und landesweit bildungsbereichs- und trägerübergreifend zusammenarbeiten.	**§ 4** **Zusammenarbeit im Bereich des lebensbegleitenden Lernens** (1) Bei den Bildungsangeboten im Sinne dieses Gesetzes arbeiten die Einrichtungen der Weiterbildung mit den Schulen, insbesondere den beruflichen Schulen und den Schulen für Erwachsene, den Hochschulen, den Agenturen für Arbeit, den örtlichen Trägern der Sozial- und Jugendhilfe und den zuständigen Stellen in der Berufsbildung sowie den privaten und gewerblichen Anbietern von Weiterbildung zusammen. Die Möglichkeiten der Nutzung des Medienverbundes und des Internets sind durch das Hessische Wissensnetz und die Hessische Weiterbildungsdatenbank ausgebaut worden und sollen von den Trägern neben der Nutzung der Weiterbildungsdatenbank KURSNET der Bundesagentur für Arbeit verstärkt genutzt werden.
(2) Berufliche Schulen, Schulen für Erwachsene und Volkshochschulen können zur Verbesserung und zur Ausweitung ihrer Bildungsdienstleistungen regionale Verbünde bilden. Die Verbünde tragen den Namen HESSENCAMPUS mit einem regionalen Zusatz. Sie können mit weiteren öffentlichen Einrichtungen wie Beschäftigungsgesellschaften, der Sozial- und Jugendhilfe, der Agentur für Arbeit und mit privaten Einrichtungen der Aus- und Weiterbildung kooperieren.	(2) Zur Zusammenarbeit können auch bildungsbereichs- und trägerübergreifende Netzwerke sowie bildungsbereichs- und trägerübergreifende Kompetenzzentren des lebensbegleitenden Lernens regional und überregional gebildet werden. An ihnen kann sich das Land, insbesondere durch berufliche Schulen und Schulen für Erwachsene, beteiligen.
(3) Rechtlich selbstständige berufliche Schulen nach § 127e des Schulgesetzes sind Bestandteil des regionalen Verbundes von HESSENCAMPUS.	
(4) Zum Betrieb und zur Weiterentwicklung von HESSENCAMPUS arbeiten das Land und die jeweiligen kreisfreien Städte, Landkreise und kreisangehörigen Gemeinden auf vertraglicher Grundlage zusammen.	
	§ 5 **Prüfungen** (1) Für Prüfungen zum nachträglichen Erwerb des Hauptschulabschlusses und des mittleren Abschlusses beruft das zuständige Staatliche Schulamt für Schu-

„neues" HWBG	„altes" HWBG
	len für Erwachsene den Prüfungsausschuss und die Vorsitzende oder den Vorsitzenden. Lehrkräfte der Schulen für Erwachsene sollen mit einbezogen werden. Das Staatliche Schulamt kann die Lehrkräfte der Vorbereitungskurse als Fachprüferinnen oder Fachprüfer in den Prüfungsausschuss berufen, sofern sie die Lehrbefähigung für das jeweilige Prüfungsfach oder eine entsprechende Qualifikation besitzen. (2) Für die auf Prüfungen zum nachträglichen Erwerb von Schulabschlüssen vorbereitenden Lehrveranstaltungen gelten die entsprechenden Lehrpläne und Prüfungsordnungen der Schulen für Erwachsene.
§ 5 **Förderung** Das Land beteiligt sich aufgrund seiner öffentlichen Verantwortung nach den §§ 9 und 11 an den Kosten für die Maßnahmen im Rahmen des Pflichtangebots, die nach durchgeführten Unterrichtsstunden im Sinne des Pflichtangebots berechnet werden.	**§ 6** **Förderung** Das Land ist nach Maßgabe dieses Gesetzes zur Förderung der Weiterbildung verpflichtet. Es beteiligt sich nach den §§ 10 und 12 an den Kosten für die Maßnahmen im Rahmen des Pflichtangebots, die nach durchgeführten Unterrichtsstunden im Sinne des Pflicht-angebots berechnet werden.
§ 6 **Unterrichtsstunde, Unterricht in Internatsform, E-Learning** (1) Eine Unterrichtsstunde ist eine Lehrveranstaltung von fünfundvierzig Minuten Dauer.	**§ 7** **Unterrichtsstunde/Unterricht in Internatsform** (1) Eine Unterrichtsstunde ist eine Lehrveranstaltung von fünfundvierzig Minuten Dauer.
(2) Bei mehrtägigen Lehrveranstaltungen in Internatsform mit einer Dauer von mindestens zwölf Unterrichtsstunden werden je Tag maximal acht Unterrichtsstunden bezogen auf eine teilnehmende Person angerechnet.	(2) Bei mehrtägigen Lehrveranstaltungen in Internatsform mit einer Dauer von mindestens zwölf Unterrichtsstunden werden je Tag maximal acht Unterrichtsstunden bezogen auf eine teilnehmende Person angerechnet.
(3) Online-Unterrichtsstunden und Kurse, die Bestandteil eines systematischen Weiterbildungsangebotes im Rahmen von E-Learning-Angeboten sind, werden bei der Förderung berücksichtigt, wenn qualitative und quantitative kriterien- und indikatorengestützte Nachweise der Durchführung vorliegen.	

„neues" HWBG	„altes" HWBG
§ 7 **Weitere Verantwortlichkeiten für Weiterbildung und lebensbegleitendes Lernen** (1) Die Hochschulen beteiligen sich an den Ausbildungsaufgaben in der Weiterbildung nach § 3 Abs. 3 und § 16 des Hessischen Hochschulgesetzes vom 14. Dezember 2009 (GVBl. I S. 666), geändert durch Gesetz vom 21. Dezember 2010 (GVBl. I S. 617), in der jeweils geltenden Fassung.	**§ 8** **Weitere Verantwortlichkeiten für Weiterbildung und lebensbegleitendes Lernen** (1) Die Hochschulen beteiligen sich an den Ausbildungsaufgaben in der Weiterbildung nach den §§ 3 Abs. 3 und 21 des Hessischen Hochschulgesetzes in der Fassung vom 31. Juli 2000 (GVBl. I S. 374), zuletzt geändert durch Gesetz vom 15. Dezember 2005 (GVBl. I S. 843), in der jeweils geltenden Fassung.
(2) Die in der Zuständigkeit des Sozialministeriums und des Ministeriums für Wirtschaft, Verkehr und Landesentwicklung liegenden Bereiche der Weiterbildung und des lebensbegleitenden Lernens bleiben unberührt.	(2) Die in der Zuständigkeit des Sozialministeriums und des Ministeriums für Wirtschaft, Verkehr und Landesentwicklung liegenden Bereiche der Weiterbildung und des lebensbegleitenden Lernens bleiben unberührt.
II. Teil **Einrichtungen der Weiterbildung in der Trägerschaft von kreisfreien Städten, Landkreisen und kreisangehörigen Gemeinden mit mehr als 50000 Einwohnern sowie Heimvolkshochschulen**	**II. Teil** **Einrichtungen der Weiterbildung in der Trägerschaft von kreisfreien Städten, Landkreisen und kreisangehörigen Gemeinden mit mehr als 50000 Einwohnern sowie Heimvolkshochschulen**
§ 8 **Errichtung und Unterhaltung von Einrichtungen der Weiterbildung** (1) Kreisfreie Städte, Landkreise und kreisangehörige Gemeinden mit mehr als 50 000 Einwohnern sind verpflichtet, für ihr Gebiet Einrichtungen der Weiterbildung zu errichten und zu unterhalten.	**§ 9** **Errichtung und Unterhaltung von Einrichtungen der Weiterbildung** (1) Kreisfreie Städte, Landkreise und kreisangehörige Gemeinden mit mehr als 50 000 Einwohnern sind verpflichtet, für ihr Gebiet Einrichtungen der Weiterbildung zu errichten und zu unterhalten.
(2) Werden Einrichtungen als juristische Personen des privaten Rechts geführt, muss sichergestellt sein, dass die jeweilige Gebietskörperschaft die bestimmenden Entscheidungsbefugnisse innehat.	(2) Werden Einrichtungen als juristische Personen des privaten Rechts geführt, muss sichergestellt sein, dass die jeweilige Gebietskörperschaft die bestimmenden Entscheidungsbefugnisse innehat.
(3) Kreisfreie Städte, Landkreise und kreisangehörige Gemeinden mit mehr als 50.000 Einwohnern können untereinander zur gemeinsamen Erfüllung der Aufgaben nach Abs. 1 Zweckverbände bilden oder öffentlich-rechtliche Vereinbarungen schließen.	(3) Kreisfreie Städte, Landkreise und kreisangehörige Gemeinden mit mehr als 50.000 Einwohnern können untereinander zur gemeinsamen Erfüllung der Aufgaben nach Abs. 1 Zweckverbände bilden oder öffentlich-rechtliche Vereinbarungen schließen.
§ 9 **Grundversorgung und Pflichtangebot** (1) Die Grundversorgung mit Weiterbildungsangeboten wird durch das Pflichtangebot der Einrichtungen in öffentlicher	**§ 10** **Grundversorgung und Pflichtangebot** (1) Die Grundversorgung mit Weiterbildungsangeboten wird durch das Pflichtangebot der Einrichtungen in öffentlicher

„neues" HWBG	„altes" HWBG
Trägerschaft und weitere Angebote nach § 2 gewährleistet.	Trägerschaft und weitere Angebote nach § 2 gewährleistet.
(2) Zum Pflichtangebot der Einrichtungen in öffentlicher Trägerschaft zählen in der Regel Lehrveranstaltungen der politischen Bildung, der Alphabetisierung, der arbeitswelt- und berufsbezogenen Weiterbildung, der kompensatorischen Grundbildung, der abschluss- und schulabschlussbezogenen Bildung, Angebote zur lebensgestaltenden Bildung und zu Existenzfragen einschließlich des Bereichs der sozialen und interkulturellen Beziehungen sowie Angebote zur Förderung von Schlüsselqualifikationen mit den Komponenten Sprachen-, Kultur- und Medienkompetenz. Zum Pflichtangebot gehören auch Bildungsangebote zur Förderung einer nachhaltigen Entwicklung unserer Gesellschaft, ebenso Bildungsangebote im Bereich der Gesundheitsbildung, auch soweit sie dem Arbeitsschutz dienen, und Bildungsangebote der Eltern- und Familienbildung, des Gender Mainstreamings sowie für das Ehrenamt und zur sozialen Teilhabe von Menschen mit Behinderungen.	(2) Zum Pflichtangebot der Einrichtungen in öffentlicher Trägerschaft zählen in der Regel Lehrveranstaltungen der politischen Bildung, der Alphabetisierung, der arbeitswelt- und berufsbezogenen Weiterbildung, der kompensatorischen Grundbildung, der abschluss- und schulabschlussbezogenen Bildung, Angebote zur lebensgestaltenden Bildung und zu Existenzfragen einschließlich des Bereichs der sozialen und interkulturellen Beziehungen sowie Angebote zur Förderung von Schlüsselqualifikationen mit den Komponenten Sprachen-, Kultur- und Medienkompetenz. Zum Pflichtangebot gehören auch Bildungsangebote im Bereich der Eltern-, Familien- und Frauen- und Männerbildung sowie für das Ehrenamt und zur sozialen Teilhabe von Menschen mit Behinderungen. Darüber hinaus zählen Angebote der Gesundheitsbildung dann zum Pflichtangebot, wenn sie im Bereich der Gesundheitsvorsorge der Primärprävention und dem Arbeitsschutz dienen und mindestens zur Hälfte der maßnahmenbezogenen Kosten durch Teilnahmebeiträge und/oder Drittmittel gedeckt sind.
(3) Im geförderten Pflichtangebot der öffentlichen Träger müssen mindestens 25 vom Hundert der Maßnahmen aus den Bereichen Arbeit und Beruf oder Grundbildung oder Schulabschlüsse enthalten sein.	(3) Im geförderten Pflichtangebot der öffentlichen Träger müssen mindestens 25 vom Hundert der Maßnahmen aus den Bereichen Arbeit und Beruf oder Grundbildung oder Schulabschlüsse enthalten sein.
(4) Der Umfang des vom Land geförderten jährlichen Pflichtangebots der öffentlichen Träger bemisst sich nach dem Anteil an den vom Land geförderten Unterrichtsstunden im Verhältnis der Einwohnerzahl des jeweiligen Gebiets zur Gesamteinwohnerzahl des Landes. Als Stichtag für die Einwohnerzahl gilt der 30. Juni des jeweils vorangegangenen Jahres.	(4) Der Umfang des vom Land geförderten jährlichen Pflichtangebots der öffentlichen Träger bemisst sich nach dem Anteil an den vom Land geförderten Unterrichtsstunden im Verhältnis der Einwohnerzahl des jeweiligen Gebiets zur Gesamteinwohnerzahl des Landes. Als Stichtag für die Einwohnerzahl gilt der 30. Juni des jeweils vorangegangenen Jahres.
(5) Die Förderung der Familienbildung nach dem Kinder- und Jugendhilfegesetz des Bundes bleibt unberührt.	(5) Die Förderung der Familienbildung nach dem Kinder- und Jugendhilfegesetz des Bundes bleibt unberührt.

„neues" HWBG	„altes" HWBG
§ 10 **Mitarbeiterinnen und Mitarbeiter** (1) Für die Erfüllung ihrer Bildungsaufgaben haben die Einrichtungen fachlich geeignete Mitarbeiterinnen und Mitarbeiter zu verpflichten.	**§ 11** **Mitarbeiterinnen und Mitarbeiter** (1) Für die Erfüllung ihrer Bildungsaufgaben haben die Einrichtungen fachlich geeignete Mitarbeiterinnen und Mitarbeiter zu verpflichten.
(2) Die Einrichtungen der Weiterbildung sind von fachlich geeigneten, hauptberuflichen Mitarbeiterinnen und Mitarbeitern zu leiten.	(2) Die Einrichtungen der Weiterbildung sind von fachlich geeigneten, hauptberuflichen Mitarbeiterinnen und Mitarbeitern zu leiten.
§ 11 **Zuweisungen des Landes** (1) Die Träger der öffentlichen Einrichtungen haben Anspruch auf Bezuschussung der ihnen im Rahmen des Pflichtangebots entstehenden Kosten für Unterrichtsstunden. Das Nähere wird in einer Vereinbarung zwischen dem Land und den Trägern der öffentlichen Einrichtungen geregelt. Der Abschluss der Vereinbarung ist eine Voraussetzung für eine Förderung durch das Land.	**§ 12** **Zuweisungen des Landes** (1) Die Träger der öffentlichen Einrichtungen haben Anspruch auf Bezuschussung der ihnen im Rahmen des Pflichtangebots entstehenden Kosten für Unterrichtsstunden. Das Nähere wird in einer Vereinbarung zwischen dem Land und den Trägern der öffentlichen Einrichtungen geregelt. Der Abschluss der Vereinbarung ist eine Voraussetzung für eine Förderung durch das Land.
(2) Das Land fördert 200.000 Unterrichtsstunden jährlich nach Maßgabe der jeweiligen Haushaltsgesetze.	(2) Das Land fördert 200.000 Unterrichtsstunden ab dem Haushaltsjahr 2002 nach Maßgabe der jeweiligen Haushaltsgesetze.
§ 12 **Hessische Heimvolkshochschule Burg Fürsteneck e.V.** (1) Das Land gewährt der Hessischen Heimvolkshochschule Burg Fürsteneck e.V. – Akademie für musisch-kulturelle Weiterbildung – nach Maßgabe des § 5 einen Zuschuss zu den Unterrichtsstunden, die in den Bereichen nach § 9 Abs. 2 durchgeführt werden, zu ihrer Akademieaufgabe. Die Abrechnung erfolgt nach Maßgabe des § 6 Abs. 2. Das Nähere wird in einer Vereinbarung zwischen dem Land und dem Trägerverein geregelt. Der Abschluss der Vereinbarung ist eine Voraussetzung für eine Förderung durch das Land.	**§ 13** **Hessische Heimvolkshochschule Burg Fürsteneck** (1) Das Land gewährt der Hessischen Heimvolkshochschule Burg Fürsteneck e.V. – Akademie für musisch-kulturelle Weiterbildung – nach Maßgabe des § 6 einen Zuschuss zu den Unterrichtsstunden, die in den Bereichen nach § 10 Abs. 2 durchgeführt werden, und zu ihrer Akademieaufgabe. Die Abrechnung erfolgt nach Maßgabe des § 7 Abs. 2. Das Nähere wird in einer Vereinbarung zwischen dem Land und dem Trägerverein geregelt. Der Abschluss der Vereinbarung ist eine Voraussetzung für eine Förderung durch das Land.
(2) Es werden 50 000 Teilnehmerstunden jährlich nach Maßgabe der jeweiligen Haushaltsgesetze gefördert.	(2) Es werden 50 000 Teilnehmerstunden nach Maßgabe der jeweiligen Haushaltsgesetze gefördert.
(3) Das Land leistet nach Maßgabe des Haushaltsgesetzes Zuschüsse zu den Bauunterhaltungskosten der Heimvolks-	

„neues" HWBG	„altes" HWBG
hochschule Burg Fürsteneck e.V. nach § 5.	
§ 13 **Landesweite Organisation der öffentlichen Träger und Landesarbeitsgemeinschaften** (1) Die öffentlichen Träger bilden eine landesweite Organisation, den Hessischen Volkshochschulverband.	**§ 14** **Landesweite Organisation der öffentlichen Träger und Landesarbeitsgemeinschaften** (1) Die öffentlichen Träger bilden eine landesweite Organisation, den Hessischen Volkshochschulverband.
(2) Der Hessische Volkshochschulverband erhält einen Zuschuss zu Leistungen für die Einrichtungen der Weiterbildung in öffentlicher Trägerschaft. Dazu zählen insbesondere Leistungen und Maßnahmen zur Fortbildung und Weiterbildung der Lehrenden, der Organisations- und Qualitätsentwicklung mit dem Ziel der Akkreditierung und Zertifizierung, zur pädagogischen Beratung, zur Weiterentwicklung von konzeptioneller Planung und Qualifizierung der Praxis, zur Projektdurchführung und -koordination und zum Aufbau und Erhalt eines Medienverbundes.	(2) Dieser erhält einen Zuschuss zu Leistungen für die Einrichtungen der Weiterbildung in öffentlicher Trägerschaft. Dazu zählen insbesondere Leistungen und Maßnahmen zur Fortbildung und Weiterbildung der Lehrenden, der Organisations- und Qualitätsentwicklung mit dem Ziel der Akkreditierung und Zertifizierung, zur pädagogischen Beratung, zur Weiterentwicklung von konzeptioneller Planung und Qualifizierung der Praxis, zur Projektdurchführung und -koordination und zum Aufbau und Erhalt eines Medienverbundes.
(3) Vom Hessischen Volkshochschulverband zu erbringende Leistungen für Fortbildung und Weiterbildung der Lehrenden der Weiterbildungseinrichtungen sind mindestens zur Hälfte der maßnahmenbezogenen Kosten durch Teilnahmebeiträge und/oder Drittmittel zu finanzieren.	(3) Vom Hessischen Volkshochschulverband zu erbringende Leistungen für Fortbildung und Weiterbildung der Lehrenden der Weiterbildungseinrichtungen sind mindestens zur Hälfte der maßnahmenbezogenen Kosten durch Teilnahmebeiträge und/oder Drittmittel zu finanzieren.
(4) Das Land fördert den Hessischen Volkshochschulverband in der Höhe des Zuschusses des Jahres 2000. Für die Förderung zusätzlicher Leistungen und Projekte hinsichtlich der Unterstützung des lebensbegleitenden Lernens kann das Land auf Antrag weitere Zuschüsse gewähren.	(4) Das Land fördert den Hessischen Volkshochschulverband in der Höhe des Zuschusses des Jahres 2000. Für die Förderung zusätzlicher Leistungen und Projekte kann das Land auf Antrag weitere Zuschüsse gewähren.
(5) Die Landesarbeitsgemeinschaften „Erwachsenenbildung im Justizvollzug" sowie „Arbeit und Leben" werden vom Land entsprechend Abs. 4 gefördert.	(5) Die Landesarbeitsgemeinschaften „Erwachsenenbildung im Justizvollzug" sowie „Arbeit und Leben" werden vom Land entsprechend Abs. 4 gefördert.
III. Teil **Einrichtungen der Weiterbildung in freier Trägerschaft**	**III. Teil** **Einrichtungen der Weiterbildung in freier Trägerschaft**
§ 14 **Anerkennung von landesweiten Organisationen in freier Trägerschaft** (1) Eine landesweite Organisation von	**§ 15** **Anerkennung von landesweiten Organisationen in freier Trägerschaft** (1) Eine landesweite Organisation von

„neues" HWBG	„altes" HWBG
Einrichtungen der Weiterbildung in freier Trägerschaft wird auf Antrag vom Hessischen Kultusministerium nach Anhörung des Landeskuratoriums für Weiterbildung und lebensbegleitendes Lernen als förderungsberechtigt anerkannt, wenn sie folgende Bedingungen erfüllt: 1. Sie wird von einer juristischen Person des öffentlichen Rechts oder einer gemeinnützigen juristischen Person des Privatrechts getragen, 2. ihre Mitgliedsorganisationen sind in allen hessischen Regierungsbezirken vertreten, 3. das Bildungsangebot deckt mindestens drei Bereiche des Pflichtkatalogs im Sinne des § 9 Abs. 2 ab, 4. ihre Mitgliedsorganisationen haben drei Jahre lang Weiterbildungsleistungen nach § 9 Abs. 2 im Umfang von mindestens 2 800 Stunden jährlich erbracht, 5. sie und ihre Mitgliedsorganisationen verpflichten sich zur Zusammenarbeit nach § 4, 6. sie und ihre Mitgliedsorganisationen legen ihre Lernziele, Organisations- und Arbeitsformen, Personalausstattung, Teilnehmerzahl und Finanzierung gegenüber dem Lande offen und bieten die Gewähr für die ordnungsgemäße Verwendung der Fördermittel.	Einrichtungen der Weiterbildung in freier Trägerschaft wird auf Antrag vom Hessischen Kultusministerium nach Anhörung des Landeskuratoriums für Weiterbildung als förderungsberechtigt anerkannt, wenn sie folgende Bedingungen erfüllt: 1. Sie wird von einer juristischen Person des öffentlichen Rechts oder einer gemeinnützigen juristischen Person des Privatrechts getragen. 2. Ihre Mitgliedsorganisationen sind in allen drei hessischen Regierungsbezirken vertreten. 3. Das Bildungsangebot deckt mindestens drei Bereiche des Pflichtkatalogs im Sinne des § 10 Abs. 2 ab. 4. Ihre Mitgliedsorganisationen haben drei Jahre lang Weiterbildungsleistungen nach § 10 Abs. 2 im Umfang von mindestens 2800 Stunden jährlich erbracht. 5. Sie und ihre Mitgliedsorganisationen verpflichten sich zur Zusammenarbeit nach § 4. 6. Sie und ihre Mitgliedsorganisationen legen ihre Lernziele, Organisations- und Arbeitsformen, Personalausstattung, Teilnehmerzahl und Finanzierung gegenüber dem Lande offen und bieten die Gewähr für die ordnungsgemäße Verwendung der Förderungsmittel.
(2) Die Anerkennung bedarf der Schriftform; sie kann rückwirkend zum Beginn des Jahres der Antragstellung ausgesprochen werden.	(2) Die Anerkennung bedarf der Schriftform; sie kann rückwirkend zum Beginn des Jahres der Antragstellung ausgesprochen werden.
(3) Das Angebot an Lehrveranstaltungen dieser Einrichtungen soll die in § 2 und § 9 Abs. 2 genannten Inhalte und Bereiche umfassen.	(3) Das Angebot an Lehrveranstaltungen dieser Einrichtungen soll die in § 2 und § 10 Abs. 2 genannten Inhalte und Bereiche umfassen.
(4) Die in der Anlage zu diesem Gesetz genannten Landesorganisationen sind im Sinne des Abs. 1 anerkannt. § 15 bleibt unberührt.	(4) Die in der Anlage zu diesem Gesetz genannten Landesorganisationen sind im Sinne des Abs. 1 anerkannt. § 16 bleibt unberührt.
§ 15 **Rücknahme und Widerruf** Die Anerkennung kann zurückgenommen werden, wenn die Voraussetzungen nicht	**§ 16** **Rücknahme und Widerruf** Die Anerkennung kann zurückgenommen werden, wenn die Voraussetzungen nicht

„neues" HWBG	„altes" HWBG
vorlagen; sie kann widerrufen werden, wenn die Voraussetzungen nicht mehr vorliegen.	vorlagen; sie kann widerrufen werden, wenn die Voraussetzungen nicht mehr vorliegen.

§ 16 **Voraussetzungen der Förderung** Das Land fördert eine landesweite Organisation von Weiterbildungseinrichtungen in freier Trägerschaft, wenn folgende Voraussetzungen erfüllt werden:	**§ 17** **Voraussetzungen der Förderung** Das Land fördert eine landesweite Organisation von Weiterbildungs-einrichtungen in freier Trägerschaft, wenn folgende Voraussetzungen erfüllt werden:
1. Sie muss als landesweite Organisation anerkannt sein. 2. Sie muss die Anforderungen des § 2 erfüllen und nach Art und Umfang ihrer Tätigkeit die Gewähr der Dauerhaftigkeit bieten. 3. Sie muss ihren Sitz und Tätigkeitsbereich im Land haben. 4. Sie muss ein Mindestangebot auf dem Gebiet der Weiterbildung im Sinne des § 9 Abs. 2 von 2 800 Unterrichtsstunden jährlich in ihrem Einzugsbereich innerhalb des Landes durchführen. 5. Sie muss ausschließlich dem Zweck der Weiterbildung dienen. 6. Ihr Angebot an Lehrveranstaltungen darf nicht vorrangig Zwecken einzelner Betriebe oder Organisationen dienen. 7. Ihr Angebot an Lehrveranstaltungen darf nicht der Gewinnerzielung dienen. 8. Sie muss von einer hauptberuflichen Mitarbeiterin oder einem hauptberuflichen Mitarbeiter geleitet oder beraten werden, die oder der nach Vorbildung oder beruflichem Werdegang hierzu geeignet ist.	1. Sie muss als landesweite Organisation anerkannt sein. 2. Sie muss die Anforderungen des § 2 erfüllen und nach Art und Umfang ihrer Tätigkeit die Gewähr der Dauerhaftigkeit bieten. 3. Sie muss ihren Sitz und Tätigkeitsbereich im Land haben. 4. Sie muss ein Mindestangebot auf dem Gebiet der Weiterbildung im Sinne des § 10 Abs. 2 von 2 800 Unterrichtsstunden jährlich in ihrem Einzugsbereich innerhalb des Landes durchführen. 5. Sie muss ausschließlich dem Zweck der Weiterbildung dienen. 6. Ihr Angebot an Lehrveranstaltungen darf nicht vorrangig Zwecken einzelner Betriebe oder Organisationen dienen. 7. Ihr Angebot an Lehrveranstaltungen darf nicht der Gewinnerzielung dienen. 8. Sie muss von einer hauptberuflichen Mitarbeiterin oder einem hauptberuflichen Mitarbeiter geleitet oder beraten werden, die oder der nach Vorbildung oder beruflichem Werdegang hierzu geeignet ist.
§ 17 **Finanzierung von Einrichtungen der Weiterbildung in freier Trägerschaft** (1) Die anerkannten Träger der Einrichtungen der Weiterbildung haben Anspruch auf Bezuschussung durch das Land.	**§ 18** **Finanzierung von Einrichtungen der Weiterbildung in freier Trägerschaft** (1) Die anerkannten Träger der Einrichtungen der Weiterbildung haben Anspruch auf Bezuschussung durch das Land.
(2) Die Träger nach Abs. 1 erhalten denselben Stundenzuschuss wie die öffentlichen Träger. 2Das Nähere wird in einer Vereinbarung zwischen dem Land und	(2) Sie erhalten denselben Stundenzuschuss wie die öffentlichen Träger. Das Nähere wird in einer Vereinbarung zwischen dem Land und den anerkannten

„neues" HWBG	„altes" HWBG
den anerkannten landesweiten Organisationen der freien Träger geregelt. Der Abschluss der Vereinbarung ist eine Voraussetzung für eine Förderung durch das Land.	landesweiten Organisationen der freien Träger geregelt. Der Abschluss der Vereinbarung ist eine Voraussetzung für eine Förderung durch das Land.
(3) § 11 Abs. 1 Satz 1 gilt entsprechend. Das Land fördert jährlich 90 000 Unterrichtsstunden nach Maßgabe der jeweiligen Haushaltsgesetze.	(3) § 12 Abs. 1 Satz 1 gilt entsprechend. Das Land fördert ab dem Haushaltsjahr 2002 90 000 Unterrichtsstunden nach Maßgabe der jeweiligen Haushaltsgesetze.
(4) Die Abrechnung kann im Rahmen der nach Abs. 5 bestimmten Haushaltsmittel auch entsprechend § 6 Abs. 2 erfolgen.	(4) Die Abrechnung kann im Rahmen der nach Abs. 5 bestimmten Haushaltsmittel auch entsprechend § 7 Abs. 2 erfolgen.
(5) Der Landeszuschuss wird gemäß dem jeweils für das letzte Haushaltsjahr gültigen Verteilungsschlüssel aufgeteilt.	(5) Der Landeszuschuss wird gemäß dem jeweils für das letzte Haushaltsjahr gültigen Verteilungsschlüssel aufgeteilt. Neu anerkannte Einrichtungen erhalten eine jährliche Förderung höchstens in Höhe von 2 800 Unterrichtsstunden.
IV. Teil Ergänzende Bestimmungen	IV. Teil Ergänzende Bestimmungen
	§ 19 Innovationspool (1) Das Land richtet im Rahmen des jeweiligen Haushaltsplanes einen Innovationspool ein. Der Innovationspool hat ein Volumen von mindestens 2,5 vom Hundert des staatlichen Fördervolumens für die Weiterbildung im Sinne dieses Gesetzes. Finanzmittel, die für das förderfähige Angebot der öffentlichen und freien Träger nicht in Anspruch genommen werden, können dem Innovationspool zugeschlagen werden; die Entscheidung trifft das Hessische Kultusministerium. (2) Zweck des Innovationspools ist es, die Entwicklung der hessischen Weiterbildung, die Qualitätsentwicklung an den Weiterbildungseinrichtungen und ihre Zusammenarbeit gezielt zu fördern sowie die Beteiligung von Weiterbildungseinrichtungen aus Hessen an Programmen des Bundes und der Europäischen Union zu erleichtern. (3) Das Hessische Kultusministerium vergibt die entsprechenden Mittel. In der Regel werden Projekte ausgeschrieben, um die sich Einrichtungen der Weiterbildung trägerübergreifend bewerben können.

„neues" HWBG	„altes" HWBG
	(4) Das Hessische Kultusministerium beruft eine Kommission mit drei Vertretern aus der Fachwissenschaft, die über die Förderungsanträge entscheidet. Beratend werden eine Vertreterin oder ein Vertreter des Hessischen Volkshochschulverbandes für die Einrichtungen in öffentlicher Trägerschaft und eine Vertreterin oder ein Vertreter der landesweiten Organisationen in freier Trägerschaft hinzugezogen. Dem Hessischen Kultusministerium sowie der Weiterbildungskonferenz nach § 22 Abs. 2 ist über die Auswahl und den Erfolg der geförderten Projekte zu berichten. Der Kulturpolitische Ausschuss des Hessischen Landtags wird frühzeitig vor Beginn der geförderten Projekte über die Projektauswahl informiert. (5) Bei Ausschreibungen und der Förderauswahl von Projekten der beruflichen Weiterbildung ist das zuständige Ressort zu beteiligen.
	§ 20 **Bauunterhaltungskosten** (1) Das Land leistet Zuschüsse zu den Bauunterhaltungskosten der Heimvolkshochschule Burg Fürsteneck nach Maßgabe des § 6. (2) Das Land kann Einrichtungen der Weiterbildung in öffentlicher und freier Trägerschaft nach Maßgabe des § 6 Zuschüsse zu den notwendigen Investitionskosten gewähren.
§ 18 **Förderungsvoraussetzungen und -verfahren** (1) Die öffentlichen Träger des Pflichtangebots nach § 8 Abs. 1 erhalten die Zuweisungen für das Pflichtangebot in vierteljährlichen Teilbeträgen im Voraus.	§ 21 **Förderungsvoraussetzungen und -verfahren** (1) Die öffentlichen Träger des Pflichtangebots nach § 9 Abs. 1 erhalten die Zuweisungen für das Pflichtangebot in vierteljährlichen Teilbeträgen im Voraus.
(2) Die freien Träger beantragen den Zuschuss beim Hessischen Kultusministerium. Der Zuschuss wird für die Dauer eines Haushaltsjahres festgesetzt. Dem Zuschussantrag sind die Angaben über die für die Landesförderung maßgeblichen Unterrichtsstunden beizufügen.	(2) Die freien Träger beantragen den Zuschuss beim Hessischen Kultusministerium. Der Zuschuss wird für die Dauer eines Haushaltsjahres festgesetzt. Dem Zuschussantrag sind die Angaben über die für die Landesförderung maßgeblichen Unterrichtsstunden beizufügen.
(3) Die öffentlichen und freien Träger sind verpflichtet, die zur Festsetzung des Zuschusses erforderlichen Auskünfte zu	(3) Die öffentlichen und freien Träger sind verpflichtet, die zur Festsetzung des Zuschusses erforderlichen Auskünfte zu

„neues" HWBG	„altes" HWBG
erteilen und die entsprechenden Verwendungsnachweise zu erbringen.	erteilen und die entsprechenden Verwendungsnachweise zu erbringen.

§ 19
Landeskuratorium für Weiterbildung und lebensbegleitendes Lernen
(1) Das Hessische Kultusministerium beruft ein Landeskuratorium für Weiterbildung und lebensbegleitendes Lernen. Dieses hat die Aufgabe,
1. die Landesregierung in Fragen der Weiterbildung zu beraten, Empfehlungen und Vorschläge zur Weiterentwicklung und zur Zusammenarbeit der Bildungseinrichtungen und landesweiten Organisationen zu unterbreiten und die Koordinierung ihres Bildungsangebotes zu fördern;
2. zur engen Zusammenarbeit zwischen den Bildungseinrichtungen im Sinne dieses Gesetzes und den Hochschulen, den Schulen, den Rundfunk- und Fernsehanstalten, den Einrichtungen der außerschulischen Jugendbildung, den zuständigen Stellen nach dem Berufsbildungsgesetz vom 23. März 2005 (BGBl. I S. 931), zuletzt geändert durch Gesetz vom 5. Februar 2009 (BGBl. I S. 160), sowie anderen Institutionen beizutragen;
3. die Weiterbildung durch Gutachten, Empfehlungen und Untersuchungen zu fördern und zu entwickeln und in der Regel alle vier Jahre gemeinsam mit dem Hessischen Kultusministerium einen Weiterbildungsbericht vorzulegen, der qualitative und quantitative Aussagen zur Zielerreichung dieses Gesetzes trifft;
4. in Zusammenarbeit mit dem Hessischen Kultusministerium In der Regel alle drei Jahre eine Weiterbildungskonferenz durchzuführen;
5. die ihm nach diesem Gesetz zugewiesenen Mitwirkungsrechte wahrzunehmen.
Das Landeskuratorium besteht aus stimmberechtigten und nicht stimmberechtigten Mitgliedern.

§ 22
Landeskuratorium für Weiterbildung und lebensbegleitendes Lernen
(1) Das Hessische Kultusministerium beruft ein Landeskuratorium für Weiterbildung und lebensbegleitendes Lernen. Dieses hat die Aufgabe,
1. die Landesregierung in Fragen der Weiterbildung zu beraten, Empfehlungen und Vorschläge zur Weiterentwicklung und zur Zusammenarbeit der Bildungseinrichtungen und landesweiten Organisationen zu unterbreiten und die Koordinierung ihres Bildungsangebotes zu fördern;
2. zur engen Zusammenarbeit zwischen den Bildungseinrichtungen im Sinne dieses Gesetzes und den Hochschulen, den Schulen, den Rundfunk- und Fernsehanstalten, den Einrichtungen der außerschulischen Jugendbildung, den zuständigen Stellen nach dem Berufsbildungsgesetz sowie anderen Institutionen beizutragen;
3. die Weiterbildung durch Gutachten, Empfehlungen und Untersuchungen zu fördern und zu entwickeln und alle vier Jahre gemeinsam mit dem Hessischen Kultusministerium einen Weiterbildungsbericht vorzulegen, der Aussagen zur Zielerreichung auf der Grundlage eines qualitativen und betriebswirtschaftlichen Kennzahlensystems trifft;
4. die ihm nach diesem Gesetz zugewiesenen Mitwirkungsrechte wahrzunehmen.

„neues" HWBG	„altes" HWBG
	(2) Das Landeskuratorium führt in Zusammenarbeit mit dem Hessischen Kultusministerium alle zwei Jahre eine Weiterbildungskonferenz durch, zu der die an der Ausführung dieses Gesetzes Beteiligten eingeladen werden.
(2) Stimmberechtigte Mitglieder des Landeskuratoriums sind 1. je eine Vertreterin oder ein Vertreter der nach § 14 anerkannten, landesweiten Organisationen, 2. je eine Vertreterin oder ein Vertreter aus den Regierungspräsidien Kassel, Gießen und Darmstadt, die oder der aus dem Kreis der Träger von öffentlichen Einrichtungen der Weiterbildung oder den Einrichtungen der Weiterbildung kommen sollte, 3. je zwei Vertreterinnen oder Vertreter der nach § 13 gebildeten landesweiten Organisationen der öffentlichen Träger und 4. eine Vertreterin oder ein Vertreter der Heimvolkshochschule Burg Fürsteneck e.V. (3) Nicht stimmberechtigte Mitglieder des Landeskuratoriums sind je eine Vertreterin oder ein Vertreter 1. des Hessischen Landkreistags, 2. des Hessischen Städtetags, 3. des Hessischen Rundfunks, 4. der hessischen Hochschulen, 5. des Hessischen Jugendrings, 6. der Hessischen Landeszentrale für politische Bildung, 7. des Landesausschusses für Berufsbildung, 8. der Arbeitsgemeinschaft hessischer Industrie- und Handelskammern, 9. der Arbeitsgemeinschaft der hessischen Handwerkskammern, 10. der beiden Landesringe der Schulen für Erwachsene, 11. des Landesbetriebs Landwirtschaft Hessen, 12. des Vereins Weiterbildung Hessen e. V., 13. der im Landtag vertretenen Parteien	(3) Das Landeskuratorium besteht aus 1. je einer Vertreterin oder einem Vertreter der nach § 15 anerkannten, landesweiten Organisationen, 2. je einer Vertreterin oder einem Vertreter der Planungsregionen Süd-, Mittel- und Nordhessen, die oder der aus dem Kreis der Träger von öffentlichen Einrichtungen der Weiterbildung oder den Einrichtungen der Weiterbildung kommen sollte, je einer Vertreterin oder einem Vertreter der nach § 14 gebildeten landesweiten Organisationen der öffentlichen Träger sowie der Heimvolkshochschule Fürsteneck, 3. je einer Vertreterin oder einem Vertreter des Hessischen Landkreistags, des Hessischen Städtetags, des Hessischen Rundfunks, der hessischen Hochschulen, des Hessischen Jugendrings, der Hessischen Landeszentrale für politische Bildung, des Landesausschusses für Berufsbildung, der Arbeitsgemeinschaft hessischer Industrie- und Handelskammern, der Arbeitsgemeinschaft der hessischen Handwerkskammern, der beiden Landesringe der Schulen für Erwachsene, des Instituts für Qualitätsentwicklung, des Landesbetriebs Landwirtschaft Hessen, der Lernenden Regionen und Weiterbildung Hessen e. V. sowie der im Landtag vertretenen Parteien. (4) Das Landeskuratorium fasst seine Beschlüsse mit Stimmenmehrheit; stimmberechtigt sind nur die in Abs. 3 Nr. 1 und 2 genannten Mitglieder. Bei Stimmengleichheit gilt ein Antrag als abgelehnt.

„neues" HWBG	„altes" HWBG
sowie je zwei Vertreterinnen oder Vertreter des Landesschulamtes und der Verbünde nach § 4 Abs. 2 auf Landesebene.	
(4) Die Mitglieder des Landeskuratoriums werden vom Hessischen Kultusministerium auf Vorschlag der in Abs. 2 und 3 genannten Institutionen und Verbände für die Dauer von drei Jahren berufen. Das Hessische Kultusministerium kann nach Anhörung des Landeskuratoriums weitere Mitglieder ohne Stimmrecht berufen.	(5) Die Mitglieder des Landeskuratoriums werden vom Hessischen Kultusministerium auf Vorschlag der genannten Institutionen und Verbände auf die Dauer von drei Jahren berufen. Vertreterinnen und Vertreter des Hessischen Kultus-ministeriums, des Hessischen Sozialministeriums, des Hessischen Ministeriums für Wirtschaft, Verkehr und Landesentwicklung, des Hessischen Ministeriums für Wissenschaft und Kunst können mit beratender Stimme an den Sitzungen des Landeskuratoriums teilnehmen. Das Hessische Kultusministerium kann nach Anhörung des Landeskuratoriums weitere Mitglieder ohne Stimmrecht berufen.
(5) Die Leitung der Koordinationsstelle für Weiterbildung und Lebensbegleitendes Lernen des Hessischen Kultusministeriums übt die Geschäftsführung des Landeskuratoriums aus und nimmt in dieser Funktion beratend an den Sitzungen des Landeskuratoriums teil.	
(6) In der Regel nimmt eine Vertreterin oder ein Vertreter des Hessischen Kultusministeriums mit beratender Stimme an den Sitzungen des Landeskuratoriums teil. Vertreterinnen und Vertreter anderer Ministerien der Landesregierung können mit beratender Stimme an den Sitzungen des Landeskuratoriums teilnehmen.	
(7) Das Landeskuratorium gibt sich eine Geschäftsordnung, die insbesondere Bestimmungen über Einberufung, Vorsitz und Geschäftsführung enthält.	(6) Das Landeskuratorium gibt sich eine Geschäftsordnung, die insbesondere Bestimmungen über Einberufung, Vorsitz und Geschäftsführung enthält.
(8) Das Landeskuratorium fasst seine Beschlüsse mit Stimmenmehrheit. Bei Stimmengleichheit gilt ein Antrag als abgelehnt.	
(9) Das Landeskuratorium wird aus Mitteln des Landeshaushalts finanziert.	(7) Das Landeskuratorium wird aus Mitteln des Landeshaushalts finanziert.
§ 20 **Regionale Bildungskoordination** (1) Von den kreisfreien Städten, Landkreisen und kreisangehörigen Gemeinden über 50.000 Einwohner können regionale	**§ 23** **Regionale Ausgestaltung** In den kreisfreien Städten, Landkreisen und kreisangehörigen Gemeinden über 50.000 Einwohner können regionale Ku-

„neues" HWBG	„altes" HWBG
Koordinationsgremien der Weiterbildung und des lebensbegleitenden Lernens gebildet werden.	ratorien der Weiterbildung und des lebensbegleitenden Lernens gebildet werden.
(2) Die regionalen Koordinationsgremien haben die Aufgabe, den regionalen Bedarf für das Lernen der Erwachsenen zu ermitteln, Vorschläge für die regionale Bildungsplanung zu entwickeln und die Bildungsangebote in der Region abzustimmen. Sie kooperieren mit den Berufsbildungsausschüssen der zuständigen Stellen und den regionalen Koordinatorinnen und Koordinatoren der Schulen sowie des Programms zur Optimierung der lokalen Vermittlungsarbeit bei der Schaffung und Besetzung von Ausbildungsplätzen in Hessen.	
(3) Die Federführung bei der Bildungskoordination in den regionalen Koordinationsgremien liegt bei der jeweiligen kreisfreien Stadt oder den jeweiligen Landkreisen und kreisangehörigen Gemeinden. Sie können bei der Erfüllung dieser Aufgabe geeignete Partner einbeziehen.	
(4) Die regionalen Verbünde des HESSENCAMPUS sind jeweils Mitglied in den regionalen Koordinationsgremien.	
§ 21 **Erprobung neuer pädagogischer und organisatorischer Formen** Zur Erprobung neuer pädagogischer und organisatorischer Formen, insbesondere für die Entwicklung des lebensbegleitenden Lernens nach den §§ 2 und 4 Abs. 2 und 4, kann für die Einrichtungen der Weiterbildung nach den §§ 8, 12 und 14 von den Vorgaben dieses Gesetzes abgewichen werden. Die Erprobungsmodelle müssen gewährleisten, dass allgemein anerkannte didaktische Grundsätze und Standards gesichert sind sowie die Ziele der Weiterbildung und des lebensbegleitenden Lernens erreicht werden. Das Hessische Kultusministerium gestattet die Erprobung auf Antrag eines Trägers nach Prüfung der Vorgaben nach Satz 2 auf der Grundlage einer Vereinbarung nach § 11 Abs. 1, § 12 Abs. 1 oder § 17 Abs. 1 und 2 und unter Einhaltung eines nach diesen Bestimmungen möglichen Finanzrahmens.	§ 24 **Erprobung neuer pädagogischer und organisatorischer Formen** Zur Erprobung neuer pädagogischer und organisatorischer Formen, insbesondere für die Entwicklung des lebensbegleitenden Lernens nach § 2 und nach § 4 Abs. 2, kann für die Einrichtungen der Weiterbildung nach § 9 und § 13 von den Vorgaben dieses Gesetzes abgewichen werden. Die Modelle müssen gewährleisten, dass allgemein anerkannte didaktische Grundsätze und Standards gesichert sind sowie die Ziele der Weiterbildung und des lebensbegleitenden Lernens erreicht werden. Die Erprobung gestattet das Kultusministerium auf Antrag eines Trägers nach Prüfung der Vorgaben von Satz 2 auf der Grundlage einer Vereinbarung nach § 12 Abs. 1, § 13 Abs. 1 oder § 14 Abs. 2 und unter Einhaltung eines nach diesen Bestimmungen möglichen Finanzrahmens.

„neues" HWBG	„altes" HWBG
§ 22 **Weiterbildungsstatistik** Durch Rechtsverordnung der Kultusministerin oder des Kultusministers können die Einrichtungen der Weiterbildung nach § 1 Abs. 1 und 2 verpflichtet werden, für statistische Zwecke Daten, insbesondere über das Personal, die Finanzierung, Art und Umfang der durchgeführten Maßnahmen der Weiterbildung und die Teilnehmenden an Bildungsveranstaltungen sowie über weiterbildungsbezogene Tatbestände zur Evaluierung, Bildungsberichterstattung und Bildungsplanung an das Kultusministerium und an das Statistische Landesamt zu übermitteln.	
V. Teil **Schlussbestimmungen**	**V. Teil** **Schlussbestimmungen**
	§ 25 **Aufhebung bisherigen Rechts** Das Gesetz über Volkshochschulen in der Fassung vom 21. Mai 1981 (GVBl. I S. 198) und das Erwachsenenbildungsgesetz in der Fassung vom 9. August 1978 (GVBl. I S. 502), zuletzt geändert durch Gesetz vom 28. März 1995 (GVBl. I S. 294), werden aufgehoben.
§ 23 **Inkrafttreten, Außerkrafttreten** Dieses Gesetz tritt am 1. Juli 2001 in Kraft. Es tritt mit Ablauf des 31. Dezember 2020 außer Kraft.	**§ 26** **In-Kraft-Treten, Außer-Kraft-Treten** Dieses Gesetz tritt am 1. Juli 2001 in Kraft. Es tritt mit Ablauf des 31. Dezember 2011 außer Kraft.
Anlage zu § 15 Abs. 4	**Anlage** zu § 14 Abs. 4
1. Gemeinnütziges Bildungswerk Hessen des Deutschen Gewerkschaftsbundes e.V. 2. Bildungswerk der Vereinigten Dienstleistungsgewerkschaft (ver.di) im Lande Hessen e.V. 3. Bildungswerk der Hessischen Wirtschaft e.V. 4. Evangelische Landesorganisation für Erwachsenenbildung in Hessen 5. Katholische Erwachsenenbildung Hessen – Landesarbeitsgemeinschaft e.V. 6. Verein für Landvolkbildung e.V.	1. Gemeinnütziges Bildungswerk Hessen des Deutschen Gewerkschaftsbundes e.V. 2. Bildungswerk der Vereinigten Dienstleistungsgewerkschaft (ver.di) im Lande Hessen e.V. 3. Bildungswerk der Hessischen Wirtschaft e.V. 4. Evangelische Landesorganisation für Erwachsenenbildung in Hessen 5. Katholische Erwachsenenbildung Hessen – Landesarbeitsgemeinschaft e.V.

„neues" HWBG	„altes" HWBG
7. Bildungswerk der Arbeiterwohlfahrt Hessen e.V. 8. Paritätisches Bildungswerk Hessen e.V. 9. Bildungswerk des Landessportbundes Hessen e.V.	6. Verein für Landvolkbildung e.V. 7. Bildungswerk der Arbeiterwohlfahrt Hessen e.V. 8. Paritätisches Bildungswerk Hessen e.V. 9. Bildungswerk des Landessportbundes Hessen e.V.

4.2 Änderungen der Rechtsnormen im Einzelnen

Gesetz zur Förderung der Weiterbildung und des lebensbegleitenden Lernens im Lande Hessen
(Hessisches Weiterbildungsgesetz – HWBG)[1] [2] [3]
Vom 25. August 2001
(GVBl. I S. 370)
GVBl. II 73-19
Zuletzt geändert durch Art. 4 SchulverwaltungsorganisationsstrukturreformG vom 27. 9. 2012 (GVBl. S. 299)

[1] Das Gesetz tritt mit Ablauf des 31. 12. 2020 außer Kraft, vgl. § 23 Satz 2.

[2] Verkündet als Art. 1 G zur Förderung der Weiterbildung im Lande Hessen (Hessisches Weiterbilungsgesetz – HWBG) u. zur Änd. des Hess. G über den Anspruch auf Bildungsurlaub v. 25. 8. 2001 (GVBl. I S. 370).

[3] Titel geänd. mWv 1. 7. 2006 durch G v. 26. 6. 2006 (GVBl. I S. 342).

Lfd. Nr.	Änderndes Gesetz	Datum	Fundstelle	Betroffen	Hin- weis
1.	Art. 1 G zur Änd. des Weiterbil- dungsG u. des Bil- dungsurlaubsG	26.6.2006	GVBl. I S. 342	Titel, Inhalts- übersicht, §§ 1, 2, 4, 5, 8, 10, 12, 13, 18, 19, 22, 23, 24, V. Teil, § 26, Anl.	
2.	Art. 4 Abs. 12 Hess. HochschulG und G zur Änd. des TUD-G sowie weiterer Rechtsvorschriften	14.12.2009	GVBl. I S. 666	§ 8	mW v 1. 1. 201 0
3.	Art. 1 G zur Änd. des Hessischen WeiterbildungsG	21.11.2011	GVBl. I S. 673	Inhaltsüber- sicht, §§ 1, 2, 3, 4, 5, 6, 7, 8, 9, 10, 11, 12, 13, 14, 15, 16, 17, 18, 19, 20, 21, 22, 23, 24	mW v 26. 11. 201 1
4.	Art. 4 Schulverwal- tungsorganisations- strukturreformG	27.9.2012	GVBl. S. 299	§§ 19, 23	mW v 1. 1. 201 3

NORM	ÄNDERUNG
I. Teil **Grundsätze**	
§ 1 [1] Einrichtungen der Weiterbildung und des lebensbegleitenden Lernens	[1] § 1 Überschr. neu gef., Abs. 1 Satz 2 eingef., bish. Sätze 2 und 3 werden Sätze 3 und 4, neuer Satz 3 geänd., Abs. 2 Satz 1 geänd., Abs. 4 angef. mWv 1. 7. 2006 durch G v. 26. 6. 2006 (GVBl. I S. 342); Abs. 1 Sätze 2–4, Abs. 2 Satz 1 sowie Abs. 4 Sätze 1 und 2 geänd. mWv 26. 11. 2011 durch G v. 21. 11. 2011 (GVBl. I S. 673).
§ 2 [1] Aufgaben der Einrichtungen der Weiterbildung und des lebensbegleitenden Lernens	[1] § 2 Überschr. neu gef., Abs. 1 geänd., Abs. 2 eingef., bish. Abs. 2 wird Abs. 3 mWv 1. 7. 2006 durch G v. 26. 6. 2006 (GVBl. I S. 342); Abs. 1 Satz 1 neu gef., Satz 3 geänd., Satz 4 aufgeh., Abs. 2 neu gef. und Abs. 3 geänd. mWv 26. 11. 2011 durch G v. 21. 11. 2011 (GVBl. I S. 673).
§ 3 [1] Sicherung der Weiterbildung	[1] § 3 geänd. mWv 26. 11. 2011 durch G v. 21. 11. 2011 (GVBl. I S. 673).
§ 4 [1] Zusammenarbeit im Bereich des lebensbegleitenden Lernens	[1] § 4 neu gef. mWv 26. 11. 2011 durch G v. 21. 11. 2011 (GVBl. I S. 673).
§ 5 [1] Förderung	[1] Bish. § 5 aufgeh., bish. § 6 wird § 5 und neu gef. mWv 26. 11. 2011 durch G v. 21. 11. 2011 (GVBl. I S. 673).
§ 6 [1] Unterrichtsstunde, Unterricht in Internatsform, E-Learning	[1] Bish. § 7 wird § 6, Überschr. neu gef., Abs. 3 angef. mWv 26. 11. 2011 durch G v. 21. 11. 2011 (GVBl. I S. 673).
§ 7 [1] Weitere Verantwortlichkeiten für Weiterbildung und lebensbegleitendes Lernen	[1] Früherer § 8 Überschr. neu gef., Abs. 2 angef., bish. Wortlaut wird Abs. 1 und geänd. mWv 1. 7. 2006 durch G v. 26. 6. 2006 (GVBl. I S. 342); Abs. 1 geänd. mWv 1. 1. 2010 durch G v. 14. 12. 2009 (GVBl. I S. 666); bish. § 8 wird § 7 und Abs. 1 neu gef. mWv 26. 11. 2011 durch G v. 21. 11. 2011 (GVBl. I S. 673).

II. Teil
Einrichtungen der Weiterbildung in der Trägerschaft von kreisfreien Städten, Landkreisen und kreisangehörigen Gemeinden mit mehr als 50 000 Einwohnern sowie Heimvolkshochschulen

§ 8 [1] Errichtung und Unterhaltung von Einrichtungen der Weiterbildung	[1] Bish. § 9 wird § 8 mWv 26. 11. 2011 durch G v. 21. 11. 2011 (GVBl. I S. 673).
§ 9 [1] Grundversorgung und Pflichtangebot	[1] Früherer § 10 Abs. 2 Satz 2 geänd. mWv 1. 7. 2006 durch G v. 26. 6. 2006 (GVBl. I S. 342); bish. § 10 wird § 9 und Abs. 2 neu gef. mWv 26. 11. 2011 durch G v. 21. 11. 2011 (GVBl. I S. 673).
§ 10 [1] Mitarbeiterinnen und Mitarbeiter	[1] Bish § 11 wird § 10 mWv 26. 11. 2011 durch G v. 21. 11. 2011 (GVBl. I S. 673).
§ 11 [1] Zuweisungen des Landes	[1] Früherer § 12 Abs. 1 Satz 2 geänd. mWv 1. 7. 2006 durch G v. 26. 6. 2006 (GVBl. I S. 342); bish. § 12 wird § 11 und Abs. 2 geänd. mWv 26. 11. 2011 durch G v. 21. 11. 2011 (GVBl. I S. 673).
§ 12 [1] Hessische Heimvolkshochschule Burg Fürsteneck e.V.	[1] Früherer § 13 Abs. 1 Satz 1 geänd. mWv 1. 7. 2006 durch G v. 26. 6. 2006 (GVBl. I S. 342); bish. § 13 wird § 12 und Überschr., Abs. 1 Sätze 1 und 2 sowie Abs. 2 geänd., Abs. 3 angef. mWv 26. 11. 2011 durch G v. 21. 11. 2011 (GVBl. I S. 673).
§ 13 [1] Landesweite Organisation der öffentlichen Träger und Landesarbeitsgemeinschaften	[1] Bish. § 14 wird § 13, Abs. 2 Satz 1 und Abs. 4 Satz 2 geänd. mWv 26. 11. 2011 durch G v. 21. 11. 2011 (GVBl. I S. 673).

III. Teil
Einrichtungen der Weiterbildung in freier Trägerschaft

§ 14 [1] Anerkennung von landesweiten Organisationen in freier Trägerschaft	[1] Bish § 15 wird § 14, Abs. 1 neu gef., Abs. 3 und Abs. 4 Satz 2 geänd. mWv 26. 11. 2011 durch G v. 21. 11. 2011 (GVBl. I S. 673).
§ 15 [1] Rücknahme und Widerruf	[1] Bish. § 16 wird § 15 mWv 26. 11. 2011 durch G v. 21. 11. 2011 (GVBl. I S. 673).
§ 16 [1] Voraussetzungen der Förderung	[1] Bish. § 17 wird § 16 und Nr. 4 geänd. mWv 26. 11. 2011 durch G v. 21. 11. 2011 (GVBl. I S. 673).
§ 17 [1] Finanzierung von Einrichtungen der Weiterbildung in freier Trägerschaft	[1] Früherer § 18 Abs. 2 Satz 2 geänd. mWv 1. 7. 2006 durch G v. 26. 6. 2006 (GVBl. I S. 342); bish. § 18 wird § 17, Abs. 2 Satz 1, Abs. 3 Sätze 1 und 2

	sowie Abs. 4 geänd., Abs. 5 Satz 2 aufgeh. mWv 26. 11. 2011 durch G v. 21. 11. 2011 (GVBl. I S. 673).
§ 18 [1] Förderungsvoraussetzungen und – verfahren	[1] Bish. §§ 19 und 20 aufgeh., bish. § 21 wird § 18 und Abs. 1 geänd. mWv 26. 11. 2011 durch G v. 21. 11. 2011 (GVBl. I S. 673).
§ 19 [1] Landeskuratorium für Weiterbildung und lebensbegleitendes Lernen	[1] Bish. § 22 wird § 19 und neu gef. mWv 26. 11. 2011 durch G v. 21. 11. 2011 (GVBl. I S. 673); Abs. 3 neu gef. mWv 1. 1. 2013 durch G v. 27. 9. 2012 (GVBl. S. 299).
§ 20 [1] Regionale Bildungskoordination	[1] Bish. § 23 wird § 20 und neu gef. mWv 26. 11. 2011 durch G v. 21. 11. 2011 (GVBl. I S. 673).
§ 21 [1] Erprobung neuer pädagogischer und organisatorischer Formen	[1] Bish. § 24 wird § 21 und neu gef. mWv 26. 11. 2011 durch G v. 21. 11. 2011 (GVBl. I S. 673).
§ 22 [1] Weiterbildungsstatistik	[1] § 22 eingef. mWv 26. 11. 2011 durch G v. 21. 11. 2011 (GVBl. I S. 673).

V. Teil [1]
Schlussbestimmungen

[1] Fünfter Teil (§ 23) neu gef. mWv 26. 11. 2011 durch G v. 21. 11. 2011 (GVBl. I S. 673).

§ 23 [1] Inkrafttreten, Außerkrafttreten	[1] Fünfter Teil (§ 23) neu gef. mWv 26. 11. 2011 durch G v. 21. 11. 2011 (GVBl. I S. 673); Satz 2 geänd. mWv 1. 1. 2013 durch G v. 27. 9. 2012 (GVBl. S. 299).
§ 24 [1] [nicht mehr belegt]	[1] Fünfter Teil neu gef., bish. § 24 wird § 21 mWv 26. 11. 2011 durch G v. 21. 11. 2011 (GVBl. I S. 673).
§ 25 [1] [nicht mehr belegt]	[1] Fünfter Teil neu gef., bish. § 25 aufgeh. mWv 26. 11. 2011 durch G v. 21. 11. 2011 (GVBl. I S. 673).
§ 26 [1] [nicht mehr belegt]	[1] Fünfter Teil neu gef., bish. § 26 wird § 23 mWv 26. 11. 2011 durch G v. 21. 11. 2011 (GVBl. I S. 673).
Anlage[1] zu § 15 Abs. 4	[1] Anl. geänd. mWv 1. 7. 2006 durch G v. 26. 6. 2006 (GVBl. I S. 342).

Verzeichnis der Autorinnen und Autoren

Dörthe Herbrechter, Deutsches Institut für Erwachsenenbildung – Leibniz-Zentrum für Lebenslanges Lernen e.V., Arbeitsschwerpunkte: Institutionen- und Strukturentwicklung in der Weiterbildung, Organisationssoziologie, Führungsforschung. Kontakt: herbrechter@die-bonn.de

Franziska Loreit, wissenschaftliche Mitarbeiterin an der Justus-Liebig-Universität Gießen, Fachbereich Sozial- und Kulturwissenschaften, Institut Erziehungswissenschaft, Professur für Weiterbildung, Arbeitsschwerpunkte: Struktur- und Anbieterforschung in der Weiterbildung; Regulative der Weiterbildungsbeteiligung. Kontakt: franziska.loreit@erziehung.uni-giessen.de

Michael Schemmann, Professor für Erziehungswissenschaft mit dem Schwerpunkt Erwachsenenbildung/Weiterbildung an der Universität zu Köln, Humanwissenschaftliche Fakultät, Institut I, Professur für Erwachsenenbildung/Weiterbildung, Arbeitsschwerpunkte: Strukturforschung in der Weiterbildung, Organisationsforschung in der Weiterbildung, International-vergleichende Forschung in der Weiterbildung. Kontakt: Michael.Schemmann@uni-koeln.de

Wolfgang Seitter, Professor für Erwachsenenbildung/Weiterbildung an der Philipps-Universität Marburg. Arbeitsschwerpunkte: Geschichte der Erwachsenenbildung, Institutionen- und Professionsforschung, Theorie der Erwachsenenbildung und des Lebenslangen Lernens. Kontakt: seitter@uni-marburg.de

MIX

Papier aus verantwortungsvollen Quellen
Paper from responsible sources

FSC
www.fsc.org

FSC® C105338

If you have any concerns about our products,
you can contact us on
ProductSafety@springernature.com

In case Publisher is established outside the EU,
the EU authorized representative is:
Springer Nature Customer Service Center GmbH
Europaplatz 3, 69115 Heidelberg, Germany

Printed by Libri Plureos GmbH
in Hamburg, Germany